U0109638

古典文獻研究輯刊

三一編

潘美月・杜潔祥 主編

第9冊

明代女教書研究

王光宜 著

國家圖書館出版品預行編目資料

明代女教書研究／王光宜 著 -- 初版 -- 新北市：花木蘭文化
事業有限公司，2020〔民 109〕
目 4+214 面；19×26 公分
（古典文獻研究輯刊 三一編；第 9 冊）
ISBN 978-986-518-149-9（精裝）
1. 修身 2. 女性 3. 明代
011.08   109010390

ISBN-978-986-518-149-9

9 789865 181499

古典文獻研究輯刊
三一編 第 九 冊   ISBN：978-986-518-149-9

明代女教書研究

作　　者　王光宜
主　　編　潘美月、杜潔祥
總 編 輯　杜潔祥
副總編輯　楊嘉樂
編　　輯　許郁翎、張雅淋　美術編輯　陳逸婷
出　　版　花木蘭文化事業有限公司
發 行 人　高小娟
聯絡地址　235 新北市中和區中安街七二號十三樓
　　　　　電話：02-2923-1455／傳真：02-2923-1452
網　　址　http://www.huamulan.tw 信箱 hml 810518@gmail.com
印　　刷　普羅文化出版廣告事業
初　　版　2020 年 9 月
全書字數　185497 字
定　　價　三一編 9 冊（精裝）台幣 26,000 元
版權所有・請勿翻印

明代女教書研究

王光宜 著

作者簡介

王光宜，生於高雄市，國立中興大學歷史系，國立臺灣師範大學歷史研究所碩士班畢業，研究明史、明代社會文化史與婦女史相關領域，承蒙恩師林麗月教授悉心提點、鼓勵與批閱，使拙著得以順利完成。現任教於國立華僑高中。

提　　要

　　本文所探討的明代女教書，包括明人編纂及刊刻流傳的女教讀本，有單行本或數種女訓讀本合輯的問世，不論篇幅多寡，均為本文研析的對象。

　　在史料運用方面，本文除了分析明代各官、私修的女教書外，尚及於士人家訓，以及文人為婦女撰述的墓誌銘、行狀等文獻，三者均為建構明代女教思想與婦女生活的重要史料。此外，為探討女教書的出版概況，採用了明代的圖書印刷與版畫史等相關文獻，期使對明代女教書的刊刻品質與文化形貌有更進一步地了解。至於方志中對婦女傳記的記載，同樣也代表了明人對婦女的期許，故清初陳夢雷所編纂《古今圖書集成》，亦為本文探討婦女行為的重要文獻。

　　在章節安排上，本文共分六章，除緒論與結論外，首論明代女教書的類別及其成書背景，並就各類女教書在體例與內容兩方面作一概括的分析與比較。次論女教書的刊刻特色與流布概況，進而對女教書閱讀市場的分佈作一蠡測。再論女教書揭示的教化思想，分別從德性觀、貞節觀與才智觀三方面探析士人意圖建構的理想婦女形象之內涵，最後考察明代婦女的禮教行為與女教書之間的關聯與影響。希望藉由本文的探析，可稍補明代婦女社會文化史的不足，對瞭解明代婦德與女教書之間的關係裨有助益。

目
次

圖次

緒　論

　　近二十年來，由於歐美學術界對婦女問題與兩性關係的意識逐漸提升，加以女性主義思潮的蓬勃發展，使得明清婦女社會與文化的研究蔚為顯學。各方探討的主題，諸如家庭與婚姻制度的演變，作為商品的婦女，節婦與殉節問題，社會對女性角色的曖昧態度及焦慮不安，婦女在文化發展過程中的地位，包括她們的識字率與文藝作品等相關議題，〔註1〕顯見西方漢學家在研究中國婦女史問題的多樣性，研究成果亦相當可觀。

　　就台海兩岸對明清婦女史的研究成果而言，其視野雖未如西方漢學家的多元化，但學界對於家族與婚姻、貞節觀念、女主政治以及婦女文學上等方面的研究興趣至今仍歷久不衰，且頗有進展。〔註2〕

　　事實上，明清婦女生活的各種面相並非僅止於上述課題，仍有許多領域尚待開拓，〔註3〕倘能進一步從性別的角度重新審思傳統史學與社會的互動關係，當可加強婦女史研究與現實社會對話的可能性。

　　整體而言，明代婦女的形象大抵不脫「貞孝節烈」的範疇，而促成此種

〔註1〕Paul Ropp 著，梁其姿譯，〈明清婦女研究：評介最近有關之英文著作〉，《新史學》，2：4（1991.12），頁77～116。

〔註2〕李貞德，〈超越父系家族的藩籬：台灣地區「中國婦女史研究」（1945～1995）〉，頁139～1787，《新史學》，7：2（1996.6）；衣若蘭，〈近十年兩岸明代婦女史研究評述（1986～1996）〉，《國立台灣師範大學歷史學報》，第25期（1997.6），頁349～353。

〔註3〕如從史學的角度探討明清下階層的婦女角色（如妓妾）與生活的論述並不多見，至今這方面的研究可見：衣若蘭，〈從「三姑六婆」看明代婦女與社會〉，國立台灣師範大學歷史研究所碩士論文，1997.6。

形象的背後動力，除了朝廷透過制度化的旌表，企圖以道德表彰與免除本家勞役的雙重利益，推動婦女的守節與強化貞節觀之外，〔註4〕宋元以來經濟因素的改變，也使寡婦的地位大不如前，由於明律規定婦人不得繼承家產，再醮時，其妝奩亦須聽令原夫家處置，不得攜奩再嫁，在重重限制之下，寡婦守節似乎是較符合經濟原則的一種權宜之計。〔註5〕

明代貞節烈女的擴張與持續固然可說是來自各方力量在不同動機驅使之下的參與，〔註6〕而在這種種外在因素的因勢利導下，朝廷與士大夫對女教的宣揚亦不容忽視。有明一代，不僅由朝廷御製的女教書凌駕各朝，民間刊刻女教書的數量亦居歷朝之冠，〔註7〕其背後的動機為何？又對婦女的生活與行為帶來何種影響？都是值得深思的課題。

傳統中國社會的婦女教育雖未如男子教育一般，有著複雜的體制和源遠流長的規模，然而我們若欲了解中國婦女的生活與社會文化的種種面相，就傳統女教對婦女所起潛移默化的深遠影響，即不得不予以重視。

先秦時期，儒家經籍中即有關於女教的思想。據《周禮·九嬪》載：「九嬪掌婦學之法，以教九御：婦德、婦言、婦容、婦功」，〔註8〕點出了女教的「四德」之綱，《儀禮·喪服》提出婦女須秉遵「三從」之義，要婦女「未嫁從父，既嫁從夫，夫死從子」，〔註9〕摒除專用之道。又據《周易》載：「象曰：

〔註4〕 安碧蓮，〈明代婦女貞節觀的強化與實踐〉，中國文化大學史學研究所博士論文，1995。

〔註5〕 詳閱 Jennifer Holmgren, "The Economic Foundations of Virtue: Widow-Remarriage in Early and Modern China," *The Australian Journal of Chinese Affairs*, No.13（1985.1），pp.1-27.

〔註6〕 費絲言，〈由典範到規範──從明代貞節烈女的辨識與流傳看貞節觀念的嚴格化〉，國立台灣大學歷史學研究所碩士論文，1997.6，頁278。

〔註7〕 除清朝外，山崎純一統計歷朝的女訓書，以明代為數最多，共計48部。其中官修占10部，私修則有38部之多。又是書對明末王相編纂的《女四書》的各部內容（即《女誡》、《女論語》、《內訓》、《女範捷錄》）以及清初陸圻的《新婦譜》，陳確、查琪的《新婦譜補》均作了詳細的註解與說明。見氏著，《教育からみた中國女性史資料の研究：「女四書」と「新婦譜」三部書》（東京：明治書院，1986.10）。

〔註8〕 漢·鄭玄注，唐·賈公彥疏，清·阮元校勘，《周禮注疏》，收於《十三經注疏附校勘記本》（台北：大化書局，據清嘉慶二十年南昌府學堂重刊宋本影印，1977），卷7，〈九嬪〉，頁17b。

〔註9〕 漢·鄭玄注，唐·賈公彥疏，清·阮元校勘，《周禮注疏》，收於《十三經注疏附校勘記本》（台北：大化書局，據清嘉慶二十年南昌府學堂重刊宋本影印，1977），卷30，〈喪服〉，頁15b。

婦人貞吉，從一而終也。」〔註10〕透露了「婦不二適」的觀點。至於《禮記》的〈曲禮〉與〈內則〉兩篇載示「男女有別」及婦女從出生至出嫁後的種種規範，以上論點可視為早期女教之雛型。

　　至漢代，不僅為禮法形成的重要時代，同時也是女教觀念正式奠基的關鍵時代。前後漢各出現了劉向和班昭兩位「女教的聖人」，〔註11〕分別撰述了《列女傳》和《女誡》兩本女教書，開啟了論女教的專著之風。前者把先秦至漢初的聖后賢母，分為「母儀」、「賢明」、「仁智」、「貞順」、「節義」、「辯通」與「孽嬖」七種，善惡並立，希望藉此樹立女德的典範，使婦女觀覽之餘，能興見賢思齊之思。〔註12〕至於班昭的女誡則專闢「卑弱」、「夫婦」、「敬慎」、「婦行」、「專心」、「曲從」、「和叔妹」七篇，把先秦以來男尊女卑，夫為妻綱以及三從四德的思想觀念有系統的彙整起來，作為專訓女子的教本。

　　值得注意的是，劉向為列女立傳的體例一開，〔註13〕不僅使後世重視女教的風氣為之開展，且進而影響日後正史的體例加錄婦女於列傳之中。二十四正史中，南朝宋范曄所修纂的《後漢書》乃正史為列女立傳之嚆矢，其後《晉書》、《魏書》、《北史》、《隋書》、《新唐書》、《舊唐書》、《宋史》、《遼史》、《金史》、《元史》、《明史》繼之，從《明史列女傳·序》曰：「劉向傳列女，……范氏宗之。」可見正史列女傳與劉向《列女傳》一脈相承之關係。又正史列女傳的記述目的與採錄準則，亦大抵不出劉向《列女傳》的勸誡範疇，多為宣揚閨範，綜成其事，以昭婦則為目的。〔註14〕

　　迨至唐朝，又出現兩本著名的女教書，即《女孝經》與《女論語》。前者由侯莫陳邈之妻鄭氏所撰，其撰述緣由，係因其姪女被冊封為永王妃，鄭氏乃編纂《女孝經》贈之以勸勵為婦之道。是書分為「開宗明義」、「后妃」、「夫人」、「邦君」、「庶人」、「事舅姑」、「三才」、「孝治」、「賢明」、「紀德行」、

〔註10〕魏·王弼、韓康伯注，唐·孔穎達等正義，清·阮元校勘，《周易正義》，收於《十三經注疏附校勘記本》（台北：大化書局，據清嘉慶二十年南昌府學堂重刊宋本影印，1977），卷4，〈恆〉，頁6b。

〔註11〕陳東原，《中國婦女生活史》（台北：台灣商務印書館，1990.12），頁45～50。

〔註12〕對於劉向《列女傳》的細部分析與研究可詳閱，姜賢敬，〈劉向《列女傳》探微〉，國立台灣師範大學國文研究所碩士論文，1986.5。

〔註13〕敘人物以為傳，始自西漢司馬子長的《史記》，至於專為婦女立傳者，則始自劉向的《列女傳》。

〔註14〕李美娟，〈正史列女傳研究〉，國立政治大學中國文學研究所碩士論文，1983。

「五刑」、「廣要道」、「廣守信」、「廣揚名」、「諫諍」、「胎教」、「母儀」、「舉惡」共十八章，〔註15〕與《孝經》的編排有異曲同工之妙。其行文模擬曹大家（班昭）與諸女答問口氣，內容則大量採自《禮記・內則》與《列女傳》的故事而成。

至於《女論語》十篇則由宋若華、宋若昭合撰，訓誡對象為一般婦女。今日所傳計十二章。篇目依序為「立身」、「學作」、「學禮」、「早起」、「事父母」、「事舅姑」、「事夫」、「訓男女」、「營家」、「待客」、「和柔」與「守節」。〔註16〕觀其內容，對女子立身處世的規範至為詳盡且繁瑣，較班昭的《女誡》有過之而無不及，加以用字淺顯，採四字一句的韻文形式，故一般以為比《女孝經》的流傳更廣。

唐代的《女孝經》與《女論語》同為訓誡女子為女、為婦之道的女訓教本。然而兩者在對「婦」的角色期許上略有不同。前者專闢「后妃」、「夫人」、「邦君」等篇目，期使婦人以做夫君的「賢內助」為己任，在角色的扮演上趨向積極，而後者較侷限婦女「主於內」的角色，故在角色扮演上比《女孝經》平民化而略顯退縮。〔註17〕筆者檢閱明代士人為婦女撰述的墓誌銘等文獻時，多可窺見許多婦女於少艾時即已誦讀過《女孝經》，如明永樂時，受朝廷敕封為孺人的張氏，對「《女訓》、《女孝經》，率了大旨，既嬪，逮事舅姑，舅姑悉其敬愛驩甚」。〔註18〕又如弘治時，受敕封為孺人的周氏，「貞淑聰慧，通《女孝經》、《列女傳》大義，……曲盡孝養翁」。〔註19〕由此可見《女孝經》雖然撰述於唐，但流傳至明，顯見受到後人極大的重視。至於《女論語》則主要藉由明末王相編纂的《女四書》而廣泛流傳於後世。

傳統的女教思想，歷經兩宋時期的理學發展，至明代愈臻成熟。此時，不論朝廷或地方，官、私修女教書的刊刻均達於鼎盛之階段。其中，在朝廷御製女訓書籍方面的研究，日本學界中山八郎氏於〈明朝內廷の女訓書につ

〔註15〕唐・鄭氏，《女孝經》，收入明・陶宗儀，《說郛》（《景印文淵閣四庫全書》第880 冊，台北：台灣商務印書館，1989.2），卷 70 下，頁 9a-18b。

〔註16〕唐・宋若華、宋若昭合撰，《女論語》，收入明・陶宗儀，《說郛》（《景印文淵閣四庫全書》第 880 冊，台北：台灣商務印書館，1989.2），卷 70 下，頁 19a-27a。

〔註17〕對於《女孝經》與《女論語》的內容分析，可詳閱徐秀芳，〈以教育和法律的角度試論唐代婦女的角色〉，國立清華大學歷史研究所碩士論文，1988.6。

〔註18〕明・張元禎撰，張默編，《東白張先生文集》（台北：漢學研究中心藏日本內閣文庫景照本，明刊本），卷 16，頁 19b，「劉孺人張氏墓誌銘」條。

〔註19〕前揭書，卷 15，頁 10a，「張處士既孺人周氏墓誌銘」條。

いて〉一文，對仁孝文皇后徐氏的《內訓》有詳盡的介紹。〔註 20〕而酒井忠夫於《中國善書の研究》一書中，對明朝敕撰的女訓書也有部分論及。〔註 21〕至於較全面的論述明代宮廷的婦教文獻，則以 Ellen Felicia Soulliere 的《*Palace Women in the Ming Dynasty*：1368-1644》為代表。該書的前半部除詳細介紹每本宮廷女訓書的編纂緣由與內容外，並就傳記體的宮廷女教書所揭示上層婦女的行為作了細部的分析。同時作者還指出，明廷的女訓書之所以值得研究的原因有三：其一，該等書籍為明代宮廷婦女提供了一套清晰且富啟發內在意識的行為規範。第二，出版女教書籍的基本目的，除為呼籲宮廷婦女遵守基本的行為規範外，並使皇后與皇太后的地位得以正統地承當。第三，女教書籍展現了明代婦女應如何去置處與適應當代思潮，以及明代歷朝對婦女看法的變遷情形。特別有趣的是，女教書反映了當代主流思潮的轉變，初期由朝廷引導的智識活動，至晚明時，朝廷已不再居領導之位。〔註 22〕由此可知，明廷御製的女訓書，不僅提供明代上層婦女的行為規範與準則，同時，由皇后或皇太后親纂女訓書，也可使其本身具有女德典範的象徵意義，又從刊印的時間上來看，至明代後期，私修女教書已儼然超越了官修之數，其原因為何？亦是值得深入探討的問題。

　　有明一代，除了帝后重視女教外，士人階層亦大力倡揚，認為閨教的良窳實繫家國興衰之樞紐，不可小覷。詹康於〈明代的教化思想〉一文中提出，明代士人主張推廣女教的理由有二：一為歷史淵源，因古時閨門之內，即有女師專教婦女之典故，其二為事實需要，若能讓占一半人口的婦女，知曉「婦道」的重要，使她們時時依循禮法處世，如此一來，禍亂自然可減低到最低的程度。〔註 23〕緣於上述兩項理由，明代女教書的編纂，除受帝后重視外，士大夫亦為主要的關鍵。

〔註 20〕該文除詳論《內訓》的撰述動機與內容外，對於其他明廷的女訓書，如《女誡》、《高皇后傳》、《女訓》、《女鑑》等亦有部分論述。詳閱中山八郎，〈明朝內廷の女訓書について〉，《明代史研究》，第 2 號（1975.3）。

〔註 21〕如對《女誡》、《古今列女傳》、《內訓》、《高皇后傳》、《女訓》等官修女訓書的刊刻與典藏處有部分提及，詳閱酒井忠夫，《中國善書の研究》（豐島：國書刊行會，1972.12），頁 8～27。

〔註 22〕Ellen Felicia Soulliere, "*Palace Women in the Ming Dynasty*: 1368-1644," （Ph. D. dissertation, Princeton University, 1987），pp.1-158。

〔註 23〕詹康，〈明代的教化思想〉，國立台灣大學政治研究所碩士論文，1993.7，頁 177～181。

今人論述明代女教書多以仁孝文皇后徐氏的《內訓》、呂得勝的《女小兒語》、呂坤（呂得勝子）的《閨範》、明末溫璜為其母筆錄的《溫氏母訓》為主。其中馬濤專論呂坤的《閨範》，對呂坤於《閨範》中反映不同於時人的婦女觀甚為激賞。〔註24〕而其他女教書則多納入女子教育或婦女生活史的通論中討論。〔註25〕杜學元的《中國女子教育通史》論及《溫氏母訓》時，對其書點出了寡婦守節與後娘居處之難的同情態度，認為是一部相當開明且深諳物情的女訓書，故視《溫氏母訓》為平民女子教育理論的重要代表。〔註26〕

又其他私修的女教書，如明末王相母的《女範捷錄》，主要是藉由其子王相編纂的《女四書》而間接擴大其影響力。安碧蓮比較《溫氏母訓》與《女範捷錄》兩本由庶婦所撰女教書的內容時，得知兩者對婦女守節的看法上頗有差異。〔註27〕前者以為守節與否應由寡婦自己做決定，後者則以為婦人不幸夫亡，應遵循「烈女不更二夫」的規條而秉持「從一而終」的節操，萬萬不可有再醮的念頭，由此顯見兩者不同的貞節觀。

至於明末王相編纂的《女四書》，乃是四部女教書的合輯。分別為《女誡》、《女論語》、《內訓》、與《女範捷錄》。張鳴岐撰〈中國古代的女子教育課本：《女四書》〉，分別簡述了《女四書》的各部內容，認為《女四書》的教化內容，以今日的眼光來看，雖不免覺得封建與陳舊。然而書中所揭示的某些觀點，如提昇社會重視女教的風氣、培育德才相輔的婦女或是在胎養育子的方法上，仍然有開明與增益世道人心的作用。尤其由《女四書》的撰注、彙編和傳世，一方面可見女子教育已漸由宮廷后妃、名門閨媛進而推廣於庶民之家；另一方面，女子教材由無專書到有專著的單行本，乃至於彙編為整套系列的女教叢書，足可反映中國古代女教思想的發展，至明代實已達到頗為成熟的階段。〔註28〕

〔註24〕馬濤，〈論呂坤的閨範圖說〉，《河北師院學報（社會科學版）》，1991 年第 1 期，頁 30～36。

〔註25〕相關討論可參閱雷良波、陳陽鳳、熊賢軍合著，《中國女子教育史》（湖北：武漢出版社，1993.5），頁 135～163；杜學元，《中國女子教育通史》（貴州：貴州教育出版社，1995），頁 176～205；以及陳東原《中國婦女生活史》，頁 178～188。

〔註26〕杜學元，《中國女子教育通史》，頁 188～190。

〔註27〕安碧蓮，〈明代婦女貞節觀的強化與實踐〉，中國文化大學史學研究所博士論文，1995，頁 62～63。

〔註28〕張鳴岐，〈中國古代的女子教育課本：《女四書》〉，《文史知識》，1988 年第 6 期，頁 69～72。

其他明代士人編纂的女訓讀本或藉詩歌、書簡等體裁顯現的女訓規範之介紹，有姜賢敬的〈中韓女誡文學之研究〉，論文以「女誡文學」為題，係有鑒於班昭《女誡》之影響後代深遠而稱之。姜氏且認為中韓兩國傳統婦女的生活形貌與禮教規範息息相關，而女誡書籍的流傳與閱讀，實是傳統禮教得以維持不衰的主因。〔註 29〕此文蒐羅的史料相當豐富，但對中韓兩國女誡文學的整體趨勢，以及各個形式女誡文學內容的比較，似仍有許多空間可再深入探討。至於一些穿插於明人文集中的訓女規條，雖不易掌握，但倘能加以爬梳利用，當可更全面地窺知明人對女教重視態度之一斑。〔註 30〕

以上是近人論及明代女教書在「內容」方面的相關論述，除此之外，歐美學界並把女教書置於明清社會與文化環境的角度探討，其研究成果亦相當豐碩。如 Dorothy Ko（高彥頤）於《Teachers of the Inner Chambers：Women and Culture in Seventeenth-Century China》一書中的前半部，點出了明末清初在經濟繁榮與文化勃興的社會背景下，直接影響到出版業的蓬勃發展，其中教誡婦女道德類型的傳記書刊，也於此時納入書籍市場而被大量地印製。〔註 31〕Handlin 於〈"Lü Kun's New Audience: The Influence of Women's Literacy on Sixteenth-Century Thought"〉一文中，除提出呂坤編纂的《閨範》所蘊涵進步的婦女觀外，也強調十七世紀識字率的提升，使得訓誡性質的道德書刊，其讀者群亦更加擴展，即使婦女亦不例外。〔註 32〕

而 Carlitz 於〈"Writing for Women and Writing for Oneself: Lü Kun's Gui Fan Tu Shuo and Shen Yin Yu"〉一文中，提出晚明時期大量婦女傳記的出現，反映了兩種現象：其一，因當時社會的繁榮與婦女識字率的提升，使婦女閱讀市場得以愈益擴大。其二，晚明精英階層對日益活躍的市場經濟，以及日漸模糊的社會分界感到焦慮不安，雖然呂坤自纂女訓書刊的銷售，也得依賴市場經濟的運作，但是他也同樣與當時許多文人一樣，反對奢侈的消費行為。〔註 33〕

〔註 29〕 姜賢敬，〈中韓女誡文學之研究〉，國立台灣師範大學國文研究所博士論文，1990.4。

〔註 30〕 李媛珍，〈明代的命婦生活〉，國立中正大學歷史學研究所碩士論文，1997，頁 5～33。

〔註 31〕 Dorothy Ko（高彥頤），*Teachers of the Inner Chambers：Women and Culture in Seventeenth-Century China*（Stanford：Stanford University Press, 1994），pp.29-67.

〔註 32〕 Joanna F. Handlin, "Lü Kun's New Audience: The Influence of Women's Literacy on Sixteenth-Century Thought," Margery Wolf（eds.），*Women in Chinese Society*,（Taipei: Caves Books, Ltd, 1988），pp.39-66.

〔註 33〕 Katherine N Carlitz, "Writing for Women and Writing for Oneself: Lü Kun's Gui

又 Carlitz 的另一篇〈"The Social Uses of Female Virtue in Late Ming Editions of <u>Lienü Zhuan</u>"〉一文,更詳細地描述了晚明蓬勃發展的出版事業。她蒐羅十一種明刊列女傳並附精美插圖的版本為例,認為這些精美的板刻,把婦女的貞節故事注入了更多的感情。同時從這些文獻中可窺知入傳的女性,主要是對丈夫忠貞的節婦,而較少見具諫議能力的積極性婦女,〔註34〕說明了婦女形象在晚明《列女傳》中的整體趨勢。

此外,Carlitz 於〈"Desire, Danger, and the Body: Stories of Women's Virtue in Late Ming China"〉一文中,透過晚明方志、正史、文人筆錄、繪像人物傳略、小說及戲劇中的女德故事,所展現的婦女形貌作一統整的分析與討論。她指出,晚明女德故事的類型,大致不脫「貞孝節烈」四項範疇。節婦烈女或為抗暴,或為拒嫁,或為孝順,均不惜採取毀容、毀體,甚至犧牲生命等極端狂熱的道德行為。而貫穿這些女德故事的內容,可以窺見女性的美德藉助於肉體的種種磨難,得以更為深刻地凸顯出來,即婦女在面臨抗辱或拒姦的危難下,均表現出大義凜然且寧死不屈的高貴節操,而在這激烈化的道德實踐中,婦女不僅表現了對夫家的忠誠,抵制了危險的、使人動搖的慾念(不論來自他人或己身),進而成就了自我,並因此獲得朝廷的旌表、鄉里的稱頌而流芳百世。〔註35〕此文披露了晚明女德故事所顯現的大致輪廓與模式,並反映了明代社會賦予婦德的內涵與認同標準。綜合 Carlitz 這三篇把思想變化放入社會趨勢中來探討的論文,可使我們對晚明時期,婦女與社會文化變遷的複雜關係有更深一層的了解。

總而言之,明代社會文化環境的轉變與女教書愈益通俗化、普及化的發展相結合,使女教思想得以更為深刻的影響明代婦女的生活。〔註36〕

至於就婦女貞烈行為與孝道實踐的研究成果而言,安碧蓮於〈明代婦女

Fan Tu Shuo(閨範圖說) and Shen Yin Yu,(呻吟語),"《性別的文化建構:性別、文本、身體、政治國際學術研討會論文集》第 6 篇(新竹:國立清華大學兩性與社會研究室,1997.5),pp.1-35.

〔註34〕 Katherine N Carlitz, "The Social Uses of Female Virtue in Late Ming Editions of <u>Lienü Zhuan</u>," *Late Imperial China*,12:2(1991.12), pp.117-152.

〔註35〕 Katherine N Carlitz, "Desire, Danger, and the Body: Stories of Women's Virtue in Late Ming China," Christina K. Gilmartin(eds.), *Engendering China: Women, Culture, and the State*(Cambridge: Harvard University Press, 1994), pp.101-124.

〔註36〕 丁偉忠,〈明代的婦女教育〉,《中國典籍與文化》,1994 年第 3 期,頁 72~75。

貞節觀的強化與實踐〉一文，把婦女守節與殉節的動機與形式作了細部的歸類與分析。〔註37〕而周婉窈則以為婦女的貞節成為絕對的道德價值，是北宋以後的現象，至明清愈趨嚴格、極端。不僅婦女殉夫的事例不勝枚舉，甚至室女殉婿或守志亦屢見不鮮。誠如陳東原所言：此時的貞節觀念趨向「宗教化」，意指貞節觀愈益狹隘，演變至只有迷信，不顧事實、不講理性的地步。〔註38〕周婉窈並以為明清婦女的貞烈之舉與宋明儒學宗教化的傾向有著極為密切的關係。蓋理學即在強調個人於道德上的自我完成，其道德實踐遂成為個人的「終極關懷」（ultimate concern），也是生命意義之所在，故不僅士人於鼎革之際有足夠的道德勇氣來對抗政治迫害，即使婦女在面對逆境時，亦不惜以生命體踐之。〔註39〕

　　此外，費絲言的〈由典範到規範──從明代貞節烈女的辨識與流傳看貞節觀念的嚴格化〉一文指出，婦女節烈傳記的書寫，在明代社會意識的提升下備受矚目，而這些入傳的貞節烈女，大部分都是來自於當代人所生活的現實世界。這些具體切近之真人實事的大量出現，大大提升了節烈行為在實踐上的「可行性」，也就是說，「典範」與「規範」之間的距離被大幅度地縮減，人們開始以這樣的標準來觀看、評量自己或是身邊的婦女，經過這樣的轉變，「貞節觀」遂有嚴格化的發展趨勢，並進而造成婦女節烈實踐的激烈化。〔註40〕

　　另一方面，關於中國婦女孝行的研究，有李飛的〈中國婦女孝行史考論〉。該文以清初陳夢雷編纂的《古今圖書集成》閨孝部傳記的資料，分析傳統中國婦女的孝行之類型與背景，並綜觀婦女孝行史的特徵，計有五大項：即延續性，積累性，求異性，普遍性（指行孝者不分階層與地區）以及神學性（指刲股行孝多致孝感動天，故治癒率極高）。〔註41〕林麗月亦據《古今圖書集成》明代閨孝列傳及方志列女傳等資料，側重「孝婦」角色，探討「婦人之孝」的倫理規範及其實踐，並由孝婦的傳記書寫，分析其孝行的種類與文化意義，

〔註37〕安碧蓮，〈明代婦女貞節觀的強化與實踐〉，中國文化大學史學研究所博士論文，1995，頁110～175。
〔註38〕陳東原，《中國婦女生活史》，頁245。
〔註39〕周婉窈，〈清代桐城學者與婦女的極端道德行為〉，《大陸雜誌》，87：4（1993.10），頁13～38。
〔註40〕費絲言，〈由典範到規範──從明代貞節烈女的辨識與流傳看貞節觀念的嚴格化〉，國立台灣大學歷史學研究所碩士論文，1997.6。
〔註41〕李飛，〈中國古代婦女孝行史考論〉，《中國史研究》，1994年第3期，頁73～82。

對傳統儒家倫理與性別文化之間的互動作了較深入的考察。〔註42〕

　　實際上，明代婦女「貞孝節烈」形象的流傳與行為的激烈化，與女教書的刊印有著極為密切的關係。藉由圖文並茂、印刷精美的女教圖書，不僅可使雅俗共賞，並使閱讀者觀覽之餘，留下更為深刻的印象，繼而潛移默化於婦女的立身處世上，建構了一套依循的準則與規範，因此女教書的刊印，對婦女的行為與生活之影響實不可小覷。

　　本文所探討的明代女教書，包括明人編纂及刊刻流傳的女教讀本，有單行本或數種女訓讀本合輯的問世，不論篇幅多寡，均為本文研析的對象。

　　在史料運用方面，本文除了分析明代各官、私修的女教書外，尚及於士人家訓，以及文人為婦女撰述的墓誌銘、行狀等文獻，三者均為建構明代女教思想與婦女生活的重要史料。此外，為探討女教書的出版概況，採用了明代的圖書印刷與版畫史等相關文獻，期使對明代女教書的刊刻品質與文化形貌有更進一步地了解。至於方志中對婦女傳記的記載，同樣也代表明人對婦女的期許，故清初陳夢雷所編纂《古今圖書集成》，亦為本文探討婦女行為的重要文獻。然而婦女史研究在資料的蒐集上，往往較難掌握。明代女教書流傳至今，許多刊本多散佚或失傳，故本文僅就目前國內可蒐求得見的明代女教書作為探討範疇，或許不免有遺珠之憾，期盼日後發現更豐富的史料，再作進一步的補充。

　　在章節安排上，本文共分六章，除緒論與結論外，首論明代女教書的類別及其成書背景，並就各類女教書在體例與內容兩方面作一概括的分析與比較。次論女教書的刊刻特色與流布概況，進而對女教書閱讀市場的分佈作一蠡測。再論女教書揭示的教化思想，分別從德性觀、貞節觀與才智觀三方面探析士人意圖建構的理想婦女形象之內涵，最後考察明代婦女的禮教行為與女教書之間的關聯與影響。希望藉由本文的探析，可稍補明代婦女社會文化史的不足，對瞭解明代婦德與女教書之間的關係裨有助益。

〔註42〕林麗月，〈孝道與婦道：明代孝婦的文化史考察〉，《近代中國婦女史研究》第6期（台北：中央研究院近代史研究所，1998.8），頁 1～29。

第一章　明代女教書的類別及
　　　　其成書背景

　　　明太祖立國之初，為揭櫫漢民族的正統性，強調「復先王之教以敘彝倫」，[註1]乃力革胡元弊習，亟欲恢復華夏傳統。首先，「斟酌先王之典，以復中國之舊」，[註2]並頒制禮法，以倫理綱常與程朱理學為王朝價值系統之依據，推展一連串的王朝教化政策。其中，對於宮壼妃嬪的教育尤深表關切。據《明史·后妃傳》載：「明太祖鑒前代女禍，立綱陳紀，首嚴內教」，[註3]並於洪武元年（1368）三月，命翰林學士朱升（1299～1370）纂修《女戒》，曉諭其嚴防后妃預政的目的：

> 治天下者，修身為本，正家為先。正家之道，始於謹夫婦。后妃雖母儀天下，然不可使預政事，至於嬪嬙之屬，不過備職事、侍巾櫛，若寵之太過，則驕恣犯分，上下失序。觀歷代宮閫，政由內出，鮮有不為禍亂者也。夫內嬖惑人，甚於鴆毒，惟賢明之主，能察之於未然，其他未有不為所惑者。卿等為我纂述《女戒》及古賢妃之事可為法者，使後世子孫知所持守。[註4]

此外，洪武五年（1372），太祖又命工部將這些戒諭后妃之辭鑴鑄成紅牌，

〔註1〕《明太祖實錄》，（台北：中央研究院歷史語言研究所，1968.6），卷232，頁4b，洪武二十七年三月癸亥條。

〔註2〕《明太祖實錄》，卷80，頁2a，洪武六年三月甲辰條。

〔註3〕清·張廷玉撰，《明史》（台北：鼎文書局，1991），卷113，〈后妃傳〉，頁3503。

〔註4〕《明太祖實錄》，卷31，頁1a，洪武元年三月辛未條；另朱升，《朱楓林集》（台北：國家圖書館善本室藏，明萬曆歙邑朱氏刊本），卷9，〈翼通續略〉，頁17b-18a，原文《女戒》作「誡」。

懸於宮中。〔註5〕日後英宗張太皇太后嘗以此告諭:「諸后妃家並須遵奉皇祖訓戒,不許干預國政。」〔註6〕可見祖訓對后妃預政有其警示與約束的作用。即由於太祖立國之初,奠下對後宮妃嬪預政的種種防範措施,使得有明一代,宮壼為之肅清,《明史・后妃傳》嘗贊曰:「論者謂其家法之善,超軼漢唐」〔註7〕,實為太祖防微杜漸的政策使然。

第一節　官修女教書

在明廷重視教化政策的影響下,官修女教書的刊行備受重視,其中以后妃的貢獻尤為卓著。本節擬由作者性別的不同,對官修女教書的修纂作一概括性的分類與探討。

一、女性著述者

就女性著述者而言,女教書的編撰,分別有成祖仁孝皇后徐氏的《內訓》與《貞烈事實》、世宗生母章聖太后蔣氏的《女訓》、神宗生母慈聖太后李氏的《女鑑》以及神宗時貴妃鄭氏重刊的《閨範圖說》,除了最後一部是由貴妃所提倡,其餘四部皆由皇后或太后為之親纂。

首先,就成祖徐皇后所撰的《內訓》來說,徐氏為濠州人,中山武寧王徐達之女,「幼貞靜,好讀書,稱女諸生」,〔註8〕生平著述頗多,計有《內訓》、《貞烈事實》、《勸善書》、《勸善感應》以及《勸善嘉言》等,〔註9〕是明朝歷任皇后中著述最多的一位。其中,撰述《內訓》一書的動機,主要源於為完成太祖馬皇后之遺教,其序稱:「仰惟我高皇后教訓之言,卓越往昔,足以垂法萬世,吾耳熟而心藏之,乃於永樂二年冬,用述高皇后之教以廣之,為《內訓》二十篇,以教宮壼。」〔註10〕另一方面,徐皇后也大感女德之教

〔註5〕《明太祖實錄》,卷74,頁9b,洪武五年六月甲辰條;另可參閱《明史》,卷113,〈后妃傳〉,頁3503。

〔註6〕《明英宗實錄》,卷97,頁7b,正統七年十月乙巳條。

〔註7〕《明史》,卷113,〈后妃傳〉,頁3504。

〔註8〕《明史》,卷113,〈后妃一・成祖仁孝徐皇后傳〉,頁3509。

〔註9〕胡文楷,《歷代婦女著作考》(台北:鼎文書局,1973.5),卷6,〈明代二〉,頁109~111。

〔註10〕明・仁孝文皇后徐氏,《內訓》,收入清・紀昀等編,《景印文淵閣四庫全書》第709冊(台北:台灣商務印書館,1983~86),頁1~2,〈內訓原序〉。

的不容忽視，遂進一步指出編纂此書的目的說：

> 常觀史傳，求古賢婦貞女，雖稱德性之懿，亦未有不由於教而成者。
> 然古者教必有方，男子八歲而入小學，女子十年而聽姆教，小學之
> 書無傳，晦庵朱子爰編輯成書，為小學之教者，始有所入。獨女教
> 未有全書，世惟取范曄《後漢書》、曹大家《女戒》為訓，恆病其略，
> 有所謂《女憲》、《女則》，皆徒有其名耳。〔註11〕

即鑑於前代女教之書的過於簡略與失傳，亦是徐皇后親撰《內訓》的動機之
一。是書於永樂三年（1405）撰成，最初不過是諭示皇太子諸王，〔註12〕至
永樂五年（1407）七月，皇后駕崩，成祖為追念皇后之賢德，乃於同年十一
月將此書廣為刊行，頒賜臣民。〔註13〕《內訓》的宗旨與內容可由其序文知
其梗概：

> 夫人之所以克聖者，莫嚴於養其德性，以修其身，故首之以「德性」，
> 而次之以「修身」。而修身莫切於謹言行，故次之以「慎言」、「謹
> 行」。推而至於「勤勵」、「警戒」，而又次之以「節儉」。人之所以
> 獲久長之慶者，莫加於積善；所以無過者，莫加於遷善，又次之以
> 「積善」、「遷善」之。數者皆身之要，而所以取法者，則必守我高
> 皇后之教也，故繼之以「崇聖訓」，遠而取法於古，故次之以「景
> 賢範」，上而至於「事父母」、「事君」、「事舅姑」、「奉祭祀」，又推
> 而至於「母儀」、「睦親」、「慈幼」、「逮下」，而終之於「待外戚」。
> 顧以言辭淺陋，不足以發揚深旨，而其條目亦粗備矣，觀者於此不
> 必泥於言，而但取於意，其於治內之道或有裨於萬一云。〔註14〕

《內訓》一書，共有二十篇的章目，即「德性」、「修身」、「慎言」、「謹
行」、「勤勵」、「警戒」、「節儉」、「積善」、「遷善」、「崇聖訓」、「景賢範」、「事
父母」、「事君」、「事舅姑」、「奉祭祀」、「母儀」、「睦親」、「慈幼」、「逮下」
以及「待外戚」。此書內容可謂集歷朝女訓條規之大成，涵蓋了婦女所應遵行
的一切禮教規範。徐皇后以為婦女修身養性的重點，蓋不脫「女德有常，不
踰貞信；婦德有常，不踰孝敬」〔註15〕的範疇；其撰述旨趣雖亦論及士庶人

〔註11〕前揭書，頁1，〈內訓原序〉。
〔註12〕前揭書，頁2，〈內訓提要〉。
〔註13〕同前註。
〔註14〕同前註。
〔註15〕前揭書，頁27b，「母儀章第十六」條。

妻，但實際上所規範的對象仍以上層婦女為主。〔註16〕又此書原是為訓誡宮中諸王妃嬪而作，故有專關「事君」、「母儀」以及「待外戚」等章目，無非希冀諸王妃嬪觀覽之餘，皆能知曉「明達侍君」、「謹飭外戚」的重要，而能時時惕勵以成為萬民景仰的母儀典範。

此外，徐皇后另著有《貞烈事實》二卷，錄有八十八條貞烈故事，〔註17〕同屬朝廷女教的一環，惜已付之闕如，無由得知其成書年代與詳細內容。

除了明初成祖仁孝文皇后徐氏所著《內訓》與《貞烈事實》外，明代中後期尚有世宗生母章聖太后蔣氏所著《女訓》、神宗生母慈聖太后李氏的《女鑑》以及神宗時貴妃鄭氏重刊呂坤的《閨範圖說》。其中，《女訓》一書，由章聖太后蔣氏所著。蔣氏為大興人，通詩書。弘治五年（1492）冊為興王妃之前，著《女訓》十二篇，迨世宗即位，以此書諭示輔臣，並親為序，令與《高皇后傳》、《內訓》一起刊行。〔註18〕世宗並御製跋語，於嘉靖九年（1530）頒行天下。〔註19〕此書全貌今已不可考，但由其序文，仍可窺知其撰述目的：

> ……近世始有女教之書，大要撮〈曲禮〉、〈內則〉之言，〈周南〉、〈召南〉之旨，卓越往昔，足以垂法萬載，但文理奧妙，恐婦人女子，未能盡知其義，而率由是道也，吾自選入內庭，榮配睿主，躬謁祖廟之餘，上受聖慈仁壽太皇太后暨皇太后、皇太妃睿母之教，令耳濡目染，服膺弗失者久矣。不特三宮教令諄複也，至於頒賜御物，有加無已，恩義之隆何如哉！厥後隨侍之國，綜理內政，日多間暇，間嘗侍睿主之側，聽其議論，畫誦夜味，豁然貫通。乃采古人之教，〈周南〉、〈召南〉之文，為《女訓》拾貳篇。……為女婦者，誠能於古今之訓，家習互誦，則風俗自然淳龐，彝倫自然敦厚，齊家範俗，吾不敢知其有補云。〔註20〕

〔註16〕中山八郎，〈明朝內廷の女訓書について〉，《明代史研究》，第 2 號（1975.3），頁 7。

〔註17〕清‧黃虞稷編，《千頃堂書目》（台北：廣文出版社，1972），卷 10，〈史部‧傳記類〉，頁 39a。

〔註18〕明‧沈德符，《萬曆野獲編》，收入《筆記小說大觀》第 15 編（台北：新興書局，1976），卷 3，〈宮闈〉，總頁 3265，「頒行女訓」條。

〔註19〕清‧毛奇齡，《勝朝彤史拾遺記》，收入周駿富輯，《明代傳記叢刊》第 70 冊（台北：明文書局，1991），卷 5，頁 070～172，「世宗嘉靖朝」條。

〔註20〕胡文楷，《歷代婦女著作考》，卷 6，〈明代二〉，頁 159～160。

可見章聖太后認為內教的修持與否實繫風俗淳厚之要端，加以明代前期女教書雖多，但文理奧妙，恐婦人女子難明其義，遂親撰《女訓》，作為女德的修持教本。

是書共有十二章，即「閨訓」、「修德」、「受命」、「夫婦」、「孝舅姑」、「敬夫」、「愛妾」、「慈幼」、「妊子」、「教子」、「慎靜」以及「節儉」等篇目。世宗第二后張氏於未廢之前，「日講章聖太后《女訓》于宮中，嘗誦翰林所撰〈內則新詩〉，使宮人歌之，以當古房中之樂，如是者六年」，〔註21〕成為當時宮中女子必當誦習之書。又次輔桂萼曾上疏建議於兩京布政司、府州縣設習《女訓》之所，教令女子講解背誦，以廣教化。〔註22〕但因朝廷「恐聚女子而教于一學，恐有群居之憂」，〔註23〕乃未予採納。

此外，神宗生母李太后於生前，曾撰有《女鑑》一卷，此書今已失傳，撰述年代與全貌均不詳，惟據《萬曆野獲編》稱其內容「尤詳明典要」，神宗並嘗「親灑宸翰序之」，堪稱當時宮闈中之盛事。〔註24〕

另一方面，萬曆十八年（1590）呂坤任山西按察使時，曾編纂《閨範》一書，書中記載了從唐虞三代至宋明賢德婦人之事蹟，後經刻印刊行，於民間頗為流傳，太監陳矩由坊間購得，將之進呈鄭貴妃，〔註25〕妃讀後大悅，命人增補十二人，首篇為漢明帝明德馬皇后，終篇則為鄭貴妃本人，並囑其伯父鄭承恩另加重刻，於萬曆二十三年（1595）七月為此書撰序曰：

> 嘗聞閨門者，萬化之原，自古聖帝明皇咸慎重之。予賦性不敏，

〔註21〕清‧毛奇齡，《勝朝彤史拾遺記》，卷5，頁070～174，「世宗嘉靖朝」條。

〔註22〕據沈德符對此事載述：「次輔桂萼復獻諛，謂：『《女訓》一書，臣拜觀詳味，知天啟中興，聖賢繼出，胚胎於此矣。宜仿古胎教，妊子及月，將二南詩、古詩，編成簡明說詞，選哲婦十餘人，以備輪直。凡中宮圖畫、花鳥寓目之物，尤當一一揀擇，又令兩京布政司、府州縣各修官女學設廟，奉先代女師之神，傍有廊，為習女工之所；中一堂，為聽教之堂，選行義父老掌其事，每年十月開學，十二月止。其教矇瞽之人以《女訓》一書，教令講解背誦，量與餼給。提學官歲考閱之，又欲選大家有家法之人為媒氏，凡女七歲以上，入學習《女訓》者，書其年月、名籍，令之收掌。國有大嘉禮，按籍而取之，則太子必得聖女，諸王及士大夫家，亦有士行之女配矣。』沈氏對此疏，認為實「諛悅取寵而迂誕不經」，見氏著，《萬曆野獲編》，卷3，〈宮闈〉，總頁3265～66，「頒行女訓」條。

〔註23〕《明世宗實錄》，卷118，頁5a，嘉靖九年十月壬戌條。

〔註24〕明‧沈德符，《萬曆野獲編》，卷3，〈宮闈〉，總頁3249，「母后聖製」條。

〔註25〕清‧毛奇齡，《勝朝彤史拾遺記》，卷5，頁070～185，「神宗萬曆朝」條。

幼承母師之訓，時誦詩書之言。及其十有五年，躬逢聖母廣嗣之恩，遂備九嬪之選，恪執巾櫛，倚蒙帝眷，誕育三王暨諸公主。慚叨皇號，愧無圖報微功，前因儲位久懸，脫簪待罪，賴乾綱獨斷，出閣講學，天人共悅，疑義盡解，益自勤勵。侍御少暇，則敬捧我慈聖皇太后《女鑑》，莊誦效法，夙夜兢兢，且時聆我皇上諄諄誨以《帝鑒圖說》，與凡訓誡諸書，庶幾勉修厥德，以肅宮闈。尤思正己宜正人，齊家當治國，欲推廣是心，公諸天下，求諸明白易簡，足為民法者。近得呂氏坤《閨範》一書，是書也，首列四書五經，旁及諸子百家，上溯唐虞三代，下迄漢宋我朝，賢后哲妃、貞婦烈女，不一而足。嘉言善行，照耀簡編，清風高節，爭光日月，真所謂：扶持綱常，砥礪名節，羽翼王化者是已。然且一人繪一圖，一圖敘一事、附一贊，事核言直，理明詞約，真閨壼之箴鑑也。雖不敢上擬仁孝之《女誡》、章聖之《女訓》，藉令繼是編而並傳，亦庶乎繼述之一事也。獨惜傳播未廣，激勸有遺，願出宮貲，命官重梓，頒布中外，永作法程。嗟嗟！予昔觀「河南飢民圖」，則捐金賑濟，今觀「閨範圖」，則用廣教言，無非欲民不失其教與養耳。斯世斯民，有能觀感興起，毅然以往哲自勵，則是圖之刻不為徒矣。〔註26〕

此序文中不僅說明了鄭貴妃重刊《閨範》之理由，在於其書圖文並茂，說理簡約，足可作為教化婦女、砥礪名節之教本；同時藉由此書的重刊，企盼臣民對鄭氏有蠱惑聖聽、易儲之嫌，加以澄清。雖然《閨範》一書的重刊，仍復引發軒然大波，導致兩次的朝野政爭，〔註27〕但無庸置疑地，鄭貴妃師法高皇后、仁孝皇后及章聖太后等賢后廣布教化，推行女教之舉，對於《閨範》一書在民間的流傳的確起了推波助瀾的功效。

〔註26〕明・沈德符，《萬曆野獲編》，「補遺」，卷3，〈刑部〉，總頁4052～3，「重刊閨範序」條。

〔註27〕由於明代朝廷的女教多由皇后、太后著書立說並加以推動，而鄭氏以一貴妃之身亦欲效行前代賢后推行女教，此舉難免有僭越之嫌。沈德符即載曰：鄭貴妃「擬其書仁孝后之《女誡》、章聖后之《女訓》，說者遂有僭偪之疑，致啟大獄，貽禍迄今未解，是時不知何人視草，不識忌諱乃爾。」見氏著，《萬曆野獲編》，卷3，〈宮闈〉，總頁3266，「頒行女訓」條。此外，有關鄭貴妃與晚明政爭的始末，詳閱鄭冠榮，〈從鄭貴妃到客氏：晚明政爭中的幾個宮闈女性〉，國立台灣師範大學歷史研究所碩士論文，1998.6。

二、男性編纂者

　　由於太祖馬皇后生前嘗聽仁孝皇后徐氏誦讀《古列女傳》，認為「采摭未精」，〔註28〕宜加討論。遂請太祖命儒臣考訂，惜未成而薨。永樂元年（1403），仁孝皇后復以此書建言成祖，成祖遂命解縉（1369～1415）、黃淮（1367～1449）、胡廣（1370～1418）、胡儼、楊榮（1371～1440）、金幼孜（1368～1431）、楊士奇（1365～1444）、王洪（1379～1420）、蔣驥（1378～1430）、沈度（1357～1434）等人共同編輯《古今列女傳》，同年九月，成祖御製序文曰：

> ……大哉經綸之道乎！而以人倫為本，人之大倫有五，而男女夫婦為先。……朕嘗求之豳風，觀其習俗之美，家人婦子驩然有恩，粲然有文，饁田畝為酒食，治蠶績供衣裳以奉獻祭，實二南之權輿也。及乎周南，后妃貴而勤，富而儉，長而敬，不弛於師傅；嫁而孝，不衰於父母；樂而不淫，憂而不傷，逮下而有螽斯之祥；仁厚而致麟趾之應，雍雍乎！熙熙乎！漢廣汝墳，咸被其化，端莊靜一，無狎昵之私，離別告語，皆忠厚之意，何其盛也。蓋古必有女師之官，所以教之之具委曲詳盡，皆著於書。周衰散佚，今〈內則〉諸篇，寂寥數言而已，近世有欲復古者，相承述作，其說浸廣，獨劉向輯《古列女傳》，上自后妃，下逮士庶人之妻，惓惓忠愛之意，欲以感悟其君，其意亦美矣！〔註29〕

可見成祖相當嚮往古唐虞三代淳美之風，不僅明君賢后輩出，且士庶之家「家人婦子，驩然有恩，粲然有文」，成祖為營造此上下有「禮」的社會秩序，進而重申男女夫婦實人倫大道之根本，並強調女師與閨門之教的不可或缺。

　　是書成於永樂元年十二月，成祖即將《古今列女傳》頒之六宮，行之天下。此書按婦人階層分為上、中、下三卷，首卷以歷代后妃（包含太祖馬皇后）為主、中卷為諸侯大夫之妻、下卷則為士庶人之妻。所錄事蹟起自唐虞，迄於元明，凡157傳，166人。漢以前多本劉向《列女傳》，後代則略取各正史列女傳，並附輯明初之節烈婦女。其間所選錄者，以「末去蘩蕪，正其訛

〔註28〕明・不著撰人，《高皇后傳》（台北：正中書局據明永樂四年內府刊本重印，1982），頁5a-b。

〔註29〕明・解縉等撰，《古今列女傳》，收入《景印文淵閣四庫全書》第452冊，頁1-2a，〈原序〉。

舛，取其事核」〔註30〕的原則揀選，頗見「審慎」，〔註31〕較之前朝，更為完善。

此外，永樂四年（1406），徐皇后又建言成祖將《古今列女傳》中的《高皇后傳》提出單行，以作有明一代的母儀典範。徐皇后題序曰：

> 觀古之聖妃哲后、賢婦貞女，嘉言懿行，皆可為法。尚慮卷帙之多，宮闈之內，讀者未易浹洽，今請以《高皇后傳》刻為一卷，遍賜內外，俾有所取法。蓋求之於遠，不若取之於近；求之於傳記，不若取之於耳目之所接。況高皇后之德，兼備唐虞以來妃后之盛而又過之，譬如日月之明，人皆仰見。於乎！凡我子孫臣庶，其尚欽承于千萬世。〔註32〕

可見由於徐皇后朝夕陪侍馬皇后，得以耳濡目染其嘉言懿行實超越古人，甚盼日後宮闈之內，皆能取法高皇后，乃請成祖復刻《高皇后傳》一卷，頒行中外，以廣后德之教。

神宗時，為「恐母儀之教未闡」，乃於萬曆八年（1580）三月御製《女誡》與《內訓》之序文。前者主要承襲東漢曹大家的《女誡》，蓋其「簡要明肅」，可為萬世女則之要規，遂命儒臣加以註解以弘內範。此外，復將成祖仁孝皇后徐氏的《內訓》，讓諸保、傅姆朝夕進講於宮闈，以收「毓成淑德，用奠坤維，共襄乾治」之效。神宗並將兩書頒示中外，使「庶民之家得以訓誨，女子有資閨教，其於刑于之化不無裨益」。〔註33〕

除了由帝后起而倡導女教外，明廷對宮內女教亦相當重視，從《明宮史》

〔註30〕明·不著撰人，《高皇后傳》，頁 6a。

〔註31〕明·解縉等撰，《古今列女傳》，頁 2a，〈提要〉。

〔註32〕明·不著傳人編著，《高皇后傳》，頁 6b-7b。此外成祖亦於永樂四年朔旦作序曰：「聖德母儀，曠古鮮儷，而嘉言懿行，見於傳者十僅二三耳。朕常恨當時女史記載未備，史臣無由采錄，扼腕興歎。朝退之暇，皇后徐氏褘翟請曰：『妾常奉執箕帚，親承高皇后教訓，耳聆善言，目睹儀範，蘊藏於心，弗能忘也。今《高皇后傳》與古后妃傳同為一帙，惟古聖妃哲后雖皆可師法，而傳記之繁，讀者未易周浹，曷若取法於高皇后，尤親且切，誦嘉言、仰懿行，如高皇后儼乎臨之以訓于我者。起敬起慕，詎敢忽違，請以《高皇后傳》別為一帙，以訓以式，以詒範於子孫，悠久無窮。』朕聞皇后之言，思昔者嘗請刻《列女傳》，以終皇姑之志。」見同書，頁 1b-3a。

〔註33〕明·朱翊鈞，《女誡、內訓序》，收入清·陳夢雷等輯，《古今圖書集成》（台北：鼎文書局，1985 再版），《明倫彙編·閨媛典》，卷 4，〈閨媛總部藝文一〉，頁 36。

的記載可知拔擢女師教書之嚴：

> 選二十四衙門，多讀書、善楷書、有德行、無勢力者任之，三四員、
> 五六員不拘。……所教宮女讀《百家姓》、《千字文》、《孝經》、《女
> 訓》、《女字經》、《女誡》、《內則》、《大學》、《中庸》、《論語》等書，
> 學規最嚴，能通者升女秀才、升女史、升女官正司六局掌印，凡聖
> 母及后妃禮儀等事則，女秀才為引禮贊禮官也。〔註34〕

除了明代后妃留意風教外，明廷在揀選女史、女師的制度上亦頗為嚴格，必
須博通四書、《孝經》、女教等書，始可榮獲晉升，教導聖母后妃之禮儀事則，
足見明廷對宮闈內教的重視。

　　總之，明廷由於太祖建國之初，即立下后妃不得干政的祖訓，歷朝皇帝
多能恪遵太祖遺訓，杜絕后妃預政。〔註35〕另一方面，明初的風教在馬皇后、
徐皇后的以身作則，使宮壼得以雍然肅清，同時，也連帶使其後的后妃，皆
以賢德自勉，繼而師法其著書立說，倡揚女教，對女教的推廣實不餘遺力。
是故，《明史·后妃傳》贊述有明一代的后妃曰：

> 高皇后從太祖，備歷艱難，贊成大業，母儀天下，慈德昭彰。繼以
> 文皇后仁孝寬和，化行宮壼，後世承其遺範，內治肅雍。論者稱：
> 有明家法，遠過漢唐，信不誣矣！萬、鄭兩貴妃，亦非有陰鷙之謀、
> 干政奪嫡之事，徒以恃寵溺愛，遂滋謗訕。易曰：「閑有家，悔亡。」
> 苟越其閑，悔將無及，聖人之垂戒遠矣哉！〔註36〕

由上所述，可見明廷宮壼呈現一片雍肅之風，與帝后的推廣家法以及倡揚女
教，〔註37〕實有密不可分的關係。

〔註34〕明·呂毖校次，《明宮史》，收入《景印文淵閣四庫全書》第 651 冊，卷 2，頁
　　　　45，「宮內教書」條。
〔註35〕即使如神宗專寵鄭貴妃，禮遇雖隆，但防維則甚峻，可由《萬曆野獲編》所
　　　　載窺知：「有內臣史賓者，以善書、能詩文知名于內廷，其人已貴顯，蟒玉侍
　　　　御前久矣。一日文書房缺員，上偶指賓以為可補此缺，貴妃從旁力贊助之，
　　　　上震怒，答賓逐之南京，貴妃戰慄待罪，久而始釋。史居南十餘年，始再召
　　　　入。」見沈德符，《萬曆野獲編》，卷 3，〈宮闈〉，總頁 3276，「今上家法」條。
〔註36〕《明史》，卷 114，〈后妃傳〉，頁 3546。
〔註37〕Ellen Felicia Soulliere 提出明代宮廷婦教文獻頒制的背後，多有一個主要的目
　　　　的，即是后妃欲藉由編纂這些婦教作品，而更能確立其皇位的正統性，或如鄭
　　　　貴妃為提升己身的地位而命人重刊《閨範圖說》一斑，參見氏著："Palace Women
　　　　in the Ming Dynasty: 1368-1644"（Ph. D. dissertation, Princeton University, 1987），
　　　　pp.19-22。

第二節　私修女教書

　　明代私修女教書的編纂風氣比官修更為盛行，內容也更加豐富，除多附有插圖之外，印刷亦極為精美，深受人民喜愛。本節擬就作者性別的不同，對各部私修女教書的成書背景，作一概括的分類與介紹。

一、女性著述者

　　主要由明末兩位民間庶婦所口述或編撰而成，分別為《溫氏母訓》與《女範捷錄》兩本女教書。《溫氏母訓》係明末士人溫璜（1585～1645）為感念其母善教之德，筆錄其母陸氏生平之訓言而成。考溫璜初名以介，字于石，號石公。後以夢兆改名璜，而字曰寶忠，浙江烏程人，崇禎十六年（1643）進士。於順治初年嚴兵守城凡四閱月，其後郡中故御史黃澍獻城，璜遂舉家相繼殉節死，後世稱璜氣節尤震耀一世，可謂不愧於母教，〔註38〕又清四庫館臣指其家「素以名教相砥礪，故皆能臨難從容」，〔註39〕為感念璜之義勇節操，乃將其生前所著遺集十二卷中之卷末附錄《溫氏母訓》，收入《四庫全書》以感懷其母善教之德。

　　《溫氏母訓》的內容宗旨，誠如清人陳弘謀（1669～1771）所言：

> 溫母之訓，不過日用恆言，而於立身行己之要，型家應物之方。簡
> 該切至，字字從閱歷中來，故能耐人尋思，發人深省，由斯道也，
> 可不媿鬚眉矣。豈僅為清閨所宜則傚哉！于石先生之氣節凜凜，有
> 自來也。敬錄之，使凡為女子者，知為人婦、為人母，相夫教子，
> 與有責焉，必明大義、諳物情如溫母者，乃盡婦人之道，勿以為止
> 主中饋而已也。〔註40〕

陳弘謀以為婦道不僅只主中饋，更應曉明家國大義，深諳人世物情，始善盡相夫教子之婦道。全文用字淺顯，內容「質直而頗切事理」，〔註41〕均由溫母

〔註38〕明・溫璜述，《溫氏母訓》，收入《景印文淵閣四庫全書》第717冊，頁1a-b，〈提要〉。其事蹟尚可參見《明史》，卷277，〈溫璜傳〉，頁7093。

〔註39〕明・溫璜述，《溫氏母訓》，頁2a，〈提要〉。

〔註40〕明・溫璜述，《溫氏母訓》，收入清・陳弘謀輯，《五種遺規・教女遺規》（台北：台灣中華書局，1984.5），卷下，頁4a。

〔註41〕明・溫璜述，《景印文淵閣四庫全書》第717冊，頁1b，〈提要〉。又據清四庫館臣載溫璜生前所著的遺集中，其卷末之跋語稱「原集繁重，不便單行，乃錄出再付之梓。」見同書，頁1b。另陳弘謀亦載有類似說法，見《五種遺規・教女遺規》，卷下，頁3b。

平生處事的閱歷而來，故讀來平易近人，足可作為婦女居處閨閫之要則。

　　另一本《女範捷錄》亦出於民婦之手，由明末儒者王相母劉氏所撰。〔註42〕是書宗旨可由「統論篇」中得知：

> 乾象乎陽，坤象乎陰，日月普兩儀之照。男正乎外，女正乎內，夫婦造萬化之端。五常之德著而大本以敦，三綱之義明而人倫以正。故修身者，齊家之要也；而立教者，明倫之本也。正家之道，禮謹於男女；養蒙之節，教始於飲食。幼而不教，長而失禮，在男猶可以尊師取友以成其德，在女又何從擇善誠身以格其非耶？是以教女之道，猶甚於男，而正內之儀，宜先乎外也。以銅為鑑，可正衣冠；以古為師，可端模範，能師古人，又何患德之不修，而家之不正哉！〔註43〕

由此可知劉氏以為教女之道，實不在男性之下，不可僅重男教而輕忽女教，因此撰述《女範捷錄》以明女德之要道。全書除「統論篇」外，正文章目分別為「后德」、「母儀」、「孝行」、「貞烈」、「忠義」、「慈愛」、「秉禮」、「智慧」、「勤儉」與「才德」共十篇。內容特色除以宣揚倫理綱常的禮教為主，並於各篇內容中佐以大量「綱目式」之傳記贊語條述其間，計148例，156人（詳見表1），目的在使後世婦女觀覽之餘，亦得師法古人德範懿行，而收「正衣冠」之效。

表1：王節婦劉氏《女範捷錄》所載歷代婦女統計表〔註44〕

朝代 篇目	黃帝 唐虞	夏商	周	秦漢	魏晉 南北	隋唐 五代	宋	元	明	合計
后德篇	5	2	5	2		2	2	1	2	21
母儀篇			5	3	1	2	3			14
孝行篇			6	2	4	2			2	16
貞烈篇			7	2	2	5	2	1	4	23
忠義篇			6	2	5	3	4	1	1	22

〔註42〕明·王相，字晉升，山東瑯琊人，將其母所撰《女範捷錄》，與東漢班昭的《女誡》、唐代宋若華、宋若昭合著的《女論語》以及明仁孝皇后徐氏所撰的《內訓》，合刊為《閨閣女四書》並加以箋註，後由多文堂廣為刊行。見胡文楷，《歷代婦女著作考》，附錄1，〈合刻書目〉，頁11。

〔註43〕明·王節婦，《女範捷錄》，收入清·陳夢雷等輯，《古今圖書集成》，《明倫彙編·閨媛典》，卷3，〈閨媛總部總論二〉，頁28，「統論篇」條。

〔註44〕表1中〈后德篇〉的宋代一欄，又包括金后一人，故為二人。

慈愛篇			6		5				11
秉禮篇			9	1					10
智慧篇			11	4	2	1		2	20
勤儉篇			2	3					5
才德篇			4	4	2	3		1	14
合　計	5	2	55	27	19	20	12	3	12	156

此外，是書之「貞烈篇」中，明示婦女「持節貞烈」的觀點曰：

> 忠臣不事兩國，烈女不更二夫，故一與之醮，終身不移。男可重婚，
> 女無再適，是故艱難苦節，謂之「貞」；慷慨捐生，謂之「烈」。令
> 女截耳劓鼻以持身，凝妻牽臂劈掌以明志，共姜髧髦之詩之死靡
> 他，史氏刺面之文中心不改；……唐貴梅自縊於樹以全貞，不彰其
> 姑之惡；潘妙圓從夫於火以殉節，而活其舅之生；譚貞婦廟中流血，
> 雨漬猶存；王烈女崖上題詩，石刊尚在；崔氏甘亂箭以全節；劉氏
> 代鼎烹而活夫。是皆貞心貫乎日月，烈志塞乎兩儀，正氣凜於丈夫，
> 節操播乎青史者也，可不勉歟！〔註45〕

其內容無非宣揚婦女臨難不奪其節，以實踐「貞烈」之舉為榮。由於此書強
調婦女「持節貞烈」的觀點，故近人陳東原認為，明代節烈觀念的宗教化，
大概與此書有著極為密切的關係。〔註46〕

二、男性編纂者

　　明代私修女教書，由男性主筆編纂者為數甚多，其中呂坤尤為集女教書
之大成者，著有《閨範》、《閨戒》等書，而其父得勝亦撰有《女小兒語》一
書，茲分別探討如下：

（一）《女小兒語》

　　由呂坤父得勝編纂。得勝，號近溪，明嘉靖甯陵人，生平甚重男女啟蒙
之教，除撰有《小兒語》外，〔註47〕另撰有專訓女童者，即《女小兒語》

〔註45〕明·王節婦，《女範捷錄》，收入《古今圖書集成》，《明倫彙編·閨媛典》，卷
　　　　3，〈閨媛總部總論二〉，頁28，「貞烈篇」條。
〔註46〕陳東原，《中國婦女生活史》（台北：台灣商務印書館，1990.12），頁282。
〔註47〕明·呂得勝，《小兒語》，收入清·陳弘謀輯，《五種遺規·養正遺規》（台北：
　　　　台灣中華書局，1984.5），卷下，頁7b-10a。

一書。是書以韻文筆觸撰述，主要為四言一句的形式，使閨女幼而習之，即可便於背誦而琅琅上口，以教導女童成為未來的賢妻孝婦為目的，為女子童蒙時期重要的啟蒙教材之一。全書共有兩大部分，其一為「四言」，其二為「雜言」，內容不脫儒家禮法教誡婦女遵守「三從四德」、「三綱五常」之範疇。〔註48〕文字淺顯，深獲好評，清人陳弘謀即贊曰：其文「警醒透露，無一字不近人情，無一字不合正理。其言似淺，其義實深。閨訓之切要，無有過於此者。凡為女子，童而習其詞，長而通其義，時時提撕，事事效法，庶乎女德可全，雖以之終身焉可也。」〔註49〕

（二）《女兒經註》

由萬曆時人趙南星（1550～1627）編纂。是書之編纂宗旨乃鑑於晚明世道衰頹，又見女子即使處於士大夫家，享受錦衣玉食的生活，卻呈現「享厚而德薄，容美而心醜」的兩極面貌，歸咎於父兄長輩未盡教育督導之責。故倘欲提振風教，必始自童蒙時期。當時民間所流傳的《女兒經》，雖不知出自何人之手，但編者以為此書「句短而易讀」，加以「語淺而易知」，誠便於「開蒙」。又由於此書載錄有古列女之行誼事蹟，為便於女子幼時覽讀，乃召集士大夫繙閱群書，試圖以俚淺之語具列其事，使人人可「明其所言之意」進而「法其所引之人」，〔註50〕達到勸誡之目的。

是書為詩歌題裁，與前述《女小兒語》一樣以韻文筆觸撰述，並輔以音釋，讀來平易親切。內容首先教育女子「四德」的基本修養，例如：「女兒家，有四德，聽我從頭與你說。聞道當時曹大家，德貌言功無欠缺。」〔註51〕其後並加註「四德」所蘊涵的意義（參見圖1）。〔註52〕次具體規範女子修身的

〔註48〕明・呂得勝所著《女小兒語》中的「雜言」部分，主要以教誡新婦為主，不一定為四言一句，有的為六言、八言一句不等。

〔註49〕明・呂得勝，《女小兒語》，收入清・陳弘謀輯，《五種遺規・教女遺規》，卷中，序，頁1a。

〔註50〕明・趙南星，《女兒經註》，收入《教家二書》（台北：中央研究院傅斯年圖書館藏，清光緒間高邑趙氏修補重刊本），頁1a-4b，〈教家二書序〉。

〔註51〕前揭書，頁2a。

〔註52〕註文先說明「四德」的內涵曰：「德、貌、言、功叫做『四德』。德是女子的德行，清潔貞靜，凡事守禮。貌是女子的容貌，不可邋遢，亦不可妖氣。言是女子的言語，該說方說，不可胡言多言。功是女子的功夫，紡績縫抽、做茶打飯，務要用心，乾淨齊整。」之後再簡單解釋曹大家的生平事蹟，行文亦見清晰俚俗。見氏著，頁2a-3a。

要目，分別為「孝父母」、「敬哥嫂」、「惜米麵」、「精五飯」、「莫嫉妒」「守閨房」、「戒言語」、「慕貞節」及「慎終始」等二十道規條。〔註 53〕又條列劉向《列女傳》中的上古貞賢婦人之事蹟，以韻文筆觸贊誦後，再附加說明其故事的來龍去脈。所談到的婦女多為周漢時代之人，共計十三人，並鼓勵女子說：「莫道古人學不成，今人古人一樣同；莫道古人學不得，古人今人同一轍。」、「女兒若依此經行，便是閨門無價寶。」〔註 54〕最後「女兒經補」的部分，主要是勸誡富貴家之婦女，應戒其「傲狠凌虐」之心，待家中婢女，宜持寬慈之道，以仁教家，如此始恪盡「宜家昌嗣」的婦道之責。〔註 55〕

圖 1：《女兒經註》內頁書影

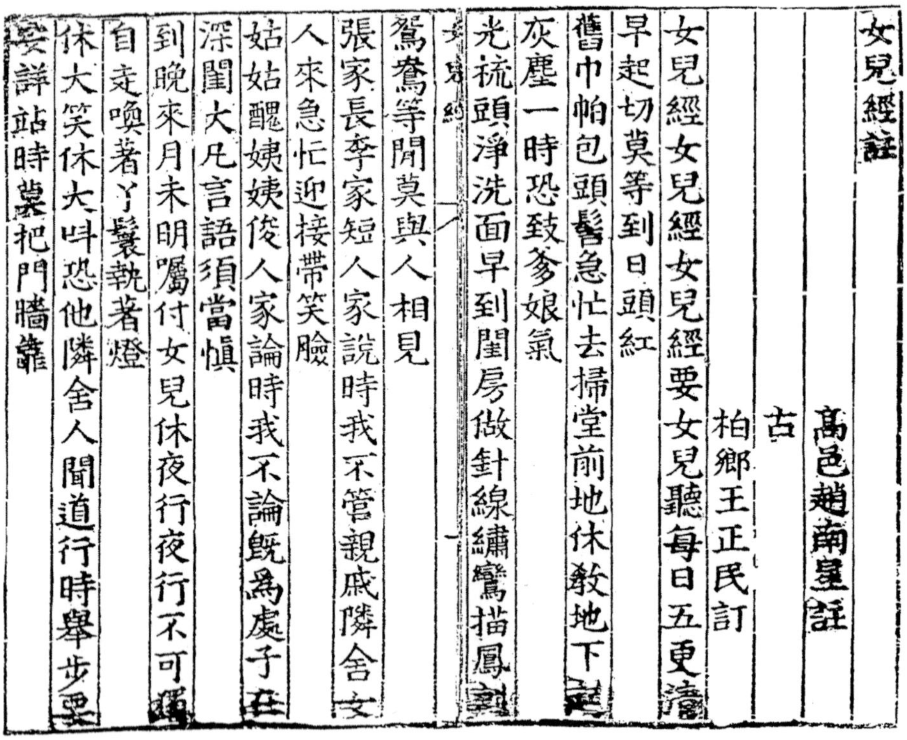
女兒經註
高邑趙南星註
古
柏鄉王正民訂
女兒經女兒經女兒經要女兒聽每日五更
早起切莫等到日頭紅
舊巾帕包頭髻急忙去掃堂前地休敎地下
灰塵一時恐致爹娘氣
光梳頭淨洗面早到閨房做針線繡鸞描鳳
女兒經
鴛鴦等閑莫與人相見
張家長李家短人家說時我不管親戚隣舍女
人來急忙迎接帶笑臉
姑姑醜姨姨俊人家論時我不論既爲處子在
深閨大凡言語須當愼
到晚來月未明囑付女兒休夜行夜行不可獨
自走喚著丫鬟執著燈
休大笑休大叫恐他隣舍人聞道行時舉步要
安詳站時莫把門牆靠

（三）《閨範》

由呂坤（1536～1618）編纂。坤字叔簡，號新吾，明萬曆二年（1574）

〔註 53〕前揭書，頁 3a-5b。

〔註 54〕前揭書，頁 14a。

〔註 55〕前揭書，〈女兒經補〉，頁 14a-15b。

進士，曾歷任山西巡撫，留意風教，舉措公明，並擢升至刑部侍郎。生平著述頗多，除著有《閨範》、《閨戒》以外，另有《呻吟語》、《四禮疑》、《四禮翼》、《去偽齋文集》與《實政錄》等著述。所著《閨範》為明代女教書中極為重要的一部，其編撰之宗旨為：

> ……自世教衰，而閨門中人竟棄之禮法之外矣。生閨閣內，慣聽鄙俚之言，在富貴家，恣長驕奢之性。首滿金珠，體遍縠羅，態學輕浮，語習儇巧，而口無良言，身無善行。舅姑姒娌，不傳賢孝之名，鄉黨親戚，但聞頑悍之惡，則不教之故。迺高之者，弄柔翰、逞騷才，以夸浮士；卑之者，撥俗絃，歌豔語，近於倡〔娼〕家，則邪教之流也。閨門萬化之教，若如是，內治何以修哉？女訓諸書，昔人備矣。然多者難悉，晦者難明，雜者無所別白，淡無味者，不能令人感惕。閨人無所持循以為誦習，余讀而病之，乃擬《列女傳》，輯先哲嘉言，諸賢善行，繪之圖像，其奇文奧義，則間為音釋，又於每類之前，各題大旨，每傳之後，各贊數言，以示激勸。〔註56〕

呂坤鑑於晚明不顧倫常禮法，社會風氣日漸敗壞，係由於閨教廢弛日久所致；加以呂氏深覺歷代女訓書籍有「多者難悉，晦者難明」之缺憾，讀來恐晦澀難明或索然無味，無以感惕世人，乃決心編纂《閨範》一書，希冀倚藉圖文並茂並輔以音釋，使不善文墨的婦女能「喜於觀覽、轉相論說」，〔註57〕而得「取法其萬一」之效。

全書為呂坤任山西按察使時，於萬曆十八年（1590）撰成，共含四大卷，首卷為「嘉言篇」，採擷歷代先哲嘉言、四書五經，並旁及諸子百家規誡女德之言。後三卷為「善行篇」，其中卷二為「女子之道」，按未嫁女表現懿行的不同，依序分類為「孝女」、「烈女」、「貞女」、「廉女」、「賢明之女」與「詩女」，卷尾並附以「夫婦之道」。卷三為「婦人之道」，同樣按已嫁婦表現德範的不同而細分為「兼德婦人」、「孝婦」、「死節之婦」、「守節之婦」、「賢婦」、「守禮之婦」、「明達之婦」與「文學之婦」。卷四為「母道」，又再細分為「禮母」、「正母」、「仁母」、「公母」、「廉母」、「嚴母」、「智母」、「慈繼母」與「慈乳母」。此外，「姊妹之道」、「姒娣之道」、「姑嫂之道」、「嫡妾之道」與「婢

〔註56〕明・呂坤，《閨範》，收入《中國古代版畫叢刊二編》第5輯（上海：上海古籍出版社據明啟禎間新安泊如齋刊本重印，1994.10），總頁1～4，〈閨範序〉。

〔註57〕明・呂坤，《閨範》，收於清・陳弘謀輯，《五種遺規・教女遺規》，卷中，頁4b。

子之道」均列於卷四的内容一起討論。是書為告誡與傳記並採之體例，所輯錄的事例計有 152 條，162 人，上溯唐虞三代，下迄漢宋明朝，羅列了歷朝聖后哲妃、賢妻良母、貞女烈婦等女德典範不一而足。《閨範》的内容特色亦頗具開創性，依女子家庭角色的不同，分門別類，至為詳贍，共分為九大道之多，與其他明刊女教書的簡略分類大不相同。〔註 58〕加以「一人繪一圖，一圖序一事，一事附一贊」，更是本書的一大特點，鄭貴妃嘗贊曰：「事核言直、理明詞約」，〔註59〕足可作為世人扶持綱常，婦女砥礪名節的閨門箴鑑。

（四）《閨戒》

亦由呂坤所編著。是書之撰述緣由及宗旨，與《閨範》相去不遠，其序文曰：

> 家之興望，婦人居半，奈此輩從來無教，驕悍成風。士大夫家或訓以詩書，農工負販之妻，閭閻山谷之女，自少至老，好語一字不聞，理說文談，空費千言無用。余臥病之暇閒，思婦人易犯過惡，作「望江南」若干首，聲音字畫用梁宋之鄉談，即就錯從訛，終不以文代俗，為入耳通心之便耳。遍令談唱老嫗、歌乞聲者，傳播於房闥閨閣間，使犯者聞之毛髮竦豎，面目消收，或者悔心之一萌乎！乃若勸善良言非不可歌，辟之膏肓沈痼投以補藥，終不若針灸汗下為治摽之快劑也，憂世道者，當知余之苦心云。〔註60〕

可見此書主要是針對農工負販等民間婦女而作。由於此輩多不諳詩書，不明禮教，為求「入耳通心」之便，故用字力求淺顯。

此書與以往女教書所載婦女形象大不相同，其特色在於以相當諷喻、負面的筆觸，藉由俚俗歌謠的方式來表露世俗婦女不顧禮法而顯現的醜態，諸如：「潑惡婦」、「不孝婦」、「殘刻婦」、「生分婦」、「強悍婦」、「魔障婦」、「淫濫婦」、「驕傲婦」、「長舌婦」、「耳軟婦」、「懶惰婦」、「風狂婦」、「險毒婦」、

〔註58〕 Katherine N Carlitz, "Writing for Women and Writing for Oneself: Lü Kun's Gui Fan Tu Shuo（閨範圖說）and Shen YinYu,"（呻吟語）《性別的文化建構：性別、文本、身體、政治，國際學術研討會論文集》第 2 版（新竹：清華大學，兩性與社會研究室，1997.5）,pp.6-7。

〔註59〕 明・沈德符，《萬曆野獲編》，「補遺」，卷3，〈刑部〉，總頁 4053，「重刊閨範序」條。

〔註60〕 明・呂坤，《閨戒》，收入《呂司寇全書》（台北：國家圖書館善本室藏，彙集明萬曆至清康熙間刊本），頁 31a-b，〈閨戒引〉。

「搖喬婦」、「彰精婦」、「跌屑婦」、「隨邪婦」、「乞求婦」、「放肆婦」、「嫉妒婦」、「昏呆婦」、「沒足婦」、「攪家婦」、「饞嘴婦」、「蠻纏婦」、「糊塗婦」、「奸姣婦」、「輕薄婦」、「無情婦」、「絮聒婦」、「狐媚婦」、「黑心婦」、「嗝叨婦」、「護短婦」、「邏事婦」、「邋蹋婦」、「叫噪婦」等三十七種類型（參見圖 2），內容頗耐人尋味，發人深省。呂坤藉此來諷誡村姑女婦為免遭世人嫌惡恥笑，務須時時警惕己身，以端莊柔順、持孝守節為婦道之要。

圖 2：《閨戒》內頁書影

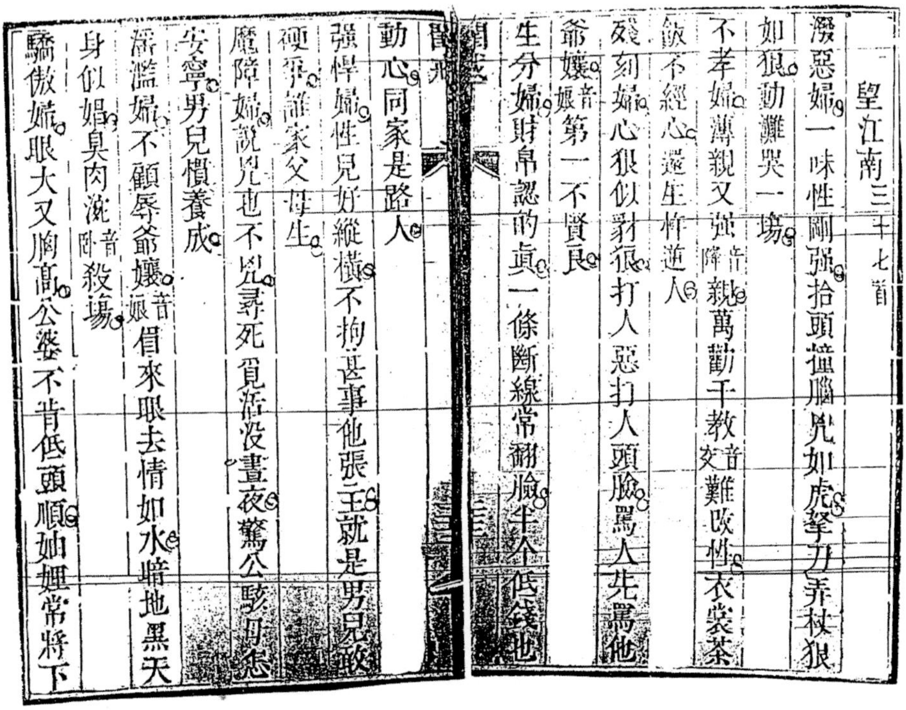
望江南三十七首
潑惡婦。一味性剛強。抬頭撞腦兇如虎。挐刀弄杖狠如狼。動輒哭一場。
不孝婦。薄親又強（音降）親。萬勸千教（音交）難改性。衣裳茶飯不經心。還生忤逆人。
殘刻婦。心狠似豺狼。打人惡打人頭臉。罵人先罵他爺孃（音娘）。第一不賢良。
生分婦。財帛認的真。一條斷線常翻臉。半个低錢也動心。同家是路人。
強悍婦。性兒好縱橫。不拘甚事他張主。就是男兒敢硬爭。誰家父母生。
魔障婦。說兒也不兇。尋死覓活沒晝夜。驚公駭母恁安寧。男兒慣養成。
濫淫婦。不顧辱爺孃（音娘）。眉來眼去情如水。暗地黑天身似娼。臭肉（音卧）殺場。
驕傲婦。眼大又胸高。公婆不肯低頭順。妯娌常將下

（五）《女鏡》

由夏樹芳編纂。樹芳字茂卿，澄江人，萬曆時舉人。事母至孝，曾因母年高，為善盡孝養之道，不赴科考凡四次，充分顯現出澹泊名利，惇厚超俗之心。是書之撰寫動機由于孔兼所題序文可知：

> ……挽頹風維世教，予有夙心而習池（按：指夏樹芳）先得之；述前言志往行，予有夙好而習池獨契之，能無一言冠其首也，因傷予所見母道之無良者，以質諸鏡內之母，何一不可為母訓乎？予所聞

婦行之不端者，以質諸鏡內之婦，何一不可為婦訓乎？真有關世教
之書也，第無宣布之者耳，使上之人，以此鏡家喻戶曉之，將共知
內行當肅，而閭師族長之相先下之人，以此鏡家傳人習之，自共知
廉恥當崇，而穢行腥風之一洗。夫閨門無玷，則家道昌；女德有光，
則王道始，世教之賴也，豈其微哉！〔註61〕

可見《女鏡》的成書背景，乃夏氏鑑於明代晚期世道衰頹，女德不彰，加上
其母欲以此書「提撕里婦，而茂卿乃代為之敘」，務期「續青藜之餘焰，發彤
管之幽光，使前古之孝女烈婦，袨濯有徵，顏貌惟肖」〔註62〕為目的。

全書共含八卷，不分類目，為傳記體例，輯錄有477篇事例，所列婦女
由周代至明朝，不依朝代先後排序計493人。選材方面於經史子集無所不採，
除添補劉向《列女傳》之不足外，〔註63〕又於各朝正史列女傳中擷取女德典
範。由前述于孔兼所題序言可知，無非希冀《女鏡》一書的刊布，可使後世
家傳戶曉，閨閣中人同習共勉，相互以《女鏡》為鑒，正其衣冠，端其模範，
而收振興世道與女德之效。

（六）《女範編》

由明萬曆間馮汝宗編纂。馮汝京題序如下：

《女範》一書，舊矣。吾弟宗賢與二三雅志維風之士，增補修葺，
類為次而鏤為圖，其中紀孝、紀賢、紀貞尚矣。……快傳將使天下
母訓女、姑訓婦，皆得按圖以識其姓氏，按傳以識其事實。凜然知
有金步搖，明月璫曾不能易，史冊一字之榮，而兢兢不敢跳躑於型
範之外，則內正，外正，而天下正。女教也，亦風教也，是快所式
者遠矣，余弟宗賢屬序於余，而因漫并其首云。〔註64〕

究其編纂動機，同樣源於對閨門女教的重視，並於書中附以刻鏤圖示，使閨
閣女婦皆能觀圖明義，代代「母訓女、姑訓婦」而遵循不忒。

是書共有四卷，為傳記體裁，首卷為「聖后」、「母儀」（附繼母），卷二

〔註61〕 明·夏樹芳，《女鏡》，（台北：國家圖書館善本室藏，明萬曆間楊同春刻本），
頁3b-5a，于孔兼，〈女鏡敘〉。此外，正文前尚有馮時可、元成甫同題，周繼
昌，袁一驥，錢一本等人與夏氏的自撰序文。

〔註62〕 前揭書，頁4a-4b，馮時可、元成甫，〈女鏡序〉。

〔註63〕 前揭書，頁1-2a，袁一驥，〈女鏡小序〉。

〔註64〕 明·馮汝宗，《女範編》（台北：國家圖書館善本室藏，明萬曆三十一年宛陵
劉岩等刊本），頁1b-2b，馮汝京，〈新刻女範序〉。

為「孝女」、「賢女」、「辯女」，卷三為「文女」（附武女）、「貞女」，卷四則為「烈女」。羅列婦人事蹟起自周朝，迨至元明，總計 113 例，114 人，編者稱各傳史源俱出「史鑑、列傳、小學、故事諸書，所載並原文焉，間有附錄亦出大明一統誌、百國史書及耳目所親睹旌獎者」。〔註65〕

是書重點主要在宣揚「未嫁以女孝，既嫁以婦孝。居常而賢明，足述處變而貞烈不磨。女為父辯，妻代夫死，皆奇節也；文德武功尤卓異焉」。〔註66〕其中卷三、卷四的「貞、烈女」部分，亦包括一般已嫁的婦人，兩卷合計，所占比例達全書的二分之一以上，足見書中對婦女「貞烈」之舉的推崇之意。此外，「辯女」一類，古人視「多言」為女德之惡，是書所以特立「辯女」者，乃係揀選婦女若遭逢「變故殷而情逼迫，故咳唾無所靳其舌，而申白無所躓其筆」〔註67〕之時，婦女自當排除萬難，竭誠力辯，以脫危難。至於特立「武女」者，作者以為女子之職並非止於主中饋，如隋朝洗夫人「柄兵三世，國家賴其保障」，另則唐朝木蘭行戍亦使「父弟免於征役，其於君父，實有功焉」，〔註68〕因此《女範編》亦一併列示，表為典範，以供後世模效。

（七）《古今列女傳評林》

由茅坤（1512～1601）增補，彭烊評閱。全名為《新鐫增補全像評林古今列女傳》，簡稱《全像評林古今列女傳》。究此書的編纂動機，主要源於劉向《古列女傳》的流傳不廣，故編者為廣教化，乃爰以重刻。雖然未載「孽嬖」一類，但由其他傳目，仍可知曉往昔女德與婦道的典儀態樣，足以為法善效。〔註69〕

是書共有七卷。首卷為「母儀傳」，卷二為「賢明」、「仁智」二傳，卷三為「貞順」、「節義」二傳，卷四為「辯通傳」，卷五為「母儀」、「賢明」二傳，卷六為「仁智」、「貞順」二傳，卷七為「節義傳」，卷八則為「辯通傳」。又，此書為傳記體裁，所列婦女的行誼事蹟，卷一至卷四的部分係從唐虞三代止於東漢以前，入傳婦女主要採錄自劉向《古列女傳》。東漢以後，另再添加魏

〔註65〕前揭書，頁 2a，〈凡例〉。
〔註66〕前揭書，頁 2a，〈凡例〉。
〔註67〕前揭書，頁 3b，〈凡例〉。
〔註68〕前揭書，頁 4a，〈凡例〉。
〔註69〕明·茅坤增補、彭烊評，《古今列女傳評林》，收入《中國古代版畫叢刊二編》第 4 輯（上海：上海古籍出版社據明萬曆間南京富春堂刊本重印，1994.10），總頁 9-15，張崇德，〈列女傳序〉。

晉至明代當朝的列女事蹟，即卷五至卷八的部分，所蒐羅的婦女總計 104 篇傳，105 人。卷目按婦女行誼分別類次，而每傳各段的上方，均標註作者的簡評，讀來頗為醒目，是其特色（參見圖 3）。此外，每傳之前並加附插圖，傳後的讚頌評語，採四字一句，簡明扼要，期收「德崇廣化，洽則俗美」〔註 70〕之效。

圖 3：《古今列女傳評林》內頁書影——明．程鎡之妻

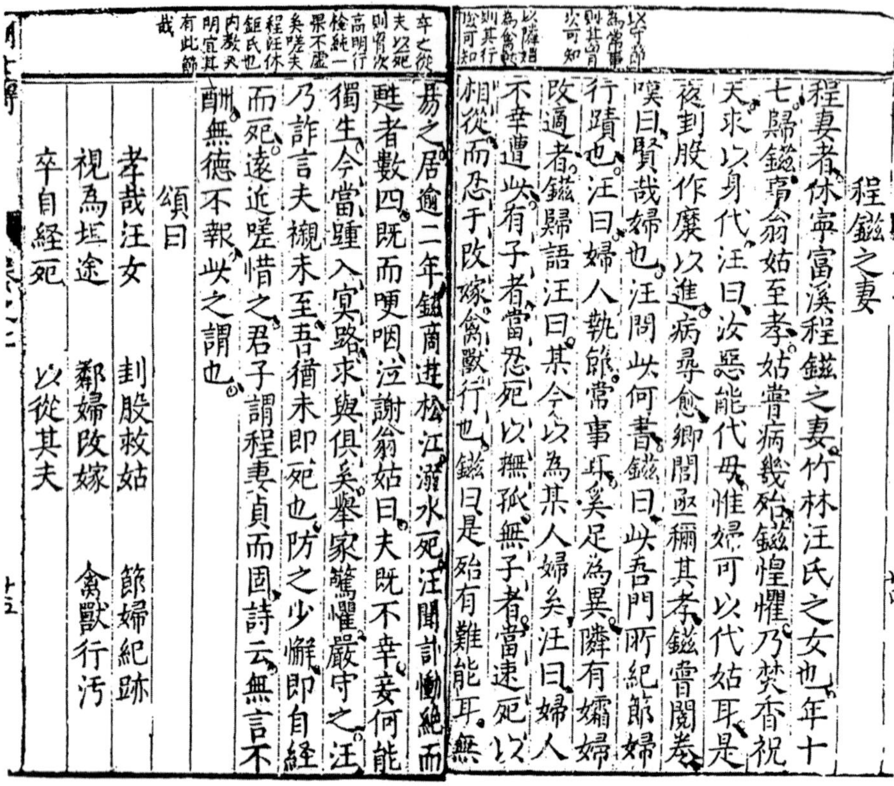
以守節為常事則其智亦可知 以隣婦為禽獸則其行亦可知
卒之從夫以死則智次高明行檢純一衆不虛矣嗟夫程汪休鉅氏也內教夾明宜其有此節哉

程鎡之妻

程妻者休寧富溪程鎡之妻竹林汪氏之女也年十七歸鎡事翁姑至孝姑嘗病幾殆鎡惶懼乃焚香祝天求以身代汪曰汝惡能代毋惟婦可以代姑耳是夜刲股作糜以進病尋愈鄉閭亟稱其孝鎡嘗閱卷嘆曰賢哉婦也汪問此何書鎡曰此吾門所紀節婦行蹟也汪曰婦人執節常事耳奚足為異隣有孀婦改適者鎡歸語汪曰其今以為其人婦矣汪曰婦人不幸遭此有子者當忍死以撫孤無子者當速死以相從而忍于改嫁禽獸行也鎡曰是殆有難能耳無易之居逾二年鎡商遊松江溺水死汪聞訃慟絕而甦者數四既而哽咽泣謝翁姑曰夫既不幸妾何能獨生今當踵入冥路求與俱矣舉家驚懼嚴守之汪乃詐言夫櫬未至吾猶未即死也防之少懈即自經而死遠近嗟惜之君子謂程妻貞而固詩云無言不酬無德不報此之謂也

頌曰

孝哉汪女　刲股救姑
節婦紀跡　視為坦途
鄰婦改嫁　禽獸行污
卒自經死　以從其夫

（八）《貞懿錄》

由萬曆時舉人華陰楊應震編纂，是書主要頌揚楊母一生守節持孝的節操，為傳記體裁。按楊母李氏於十七芳齡嫁與楊父為繼室，十八生應震，甫嫁歲餘，二十喪夫。時尚餘年邁舅姑、小姑、前子以及應震等遺親，楊母哀

〔註 70〕明．茅坤增補、彭烊評，《古今列女傳評林》，收入《中國古代版畫叢刊二編》第 4 輯（上海：上海古籍出版社據明萬曆間南京富春堂刊本重印，1994.10），總頁 9-15，張崇德，〈列女傳序〉。

慟之餘，本欲隨夫共赴泉下，但念及上有舅姑，下有幼子，乃聽從母、姑之勸，決心隱忍守節，斂容茹淡四十年而終。楊應震編撰此書的動機可由書後跋言得知，曰：

> 憶昔先君見背，時母李方二十年，不肖震甫三齡耳。當時母昏慟絕粒，誓殉泉下，幸先大母與內親多方勸諭始回，于是稱未亡人，矢志盟節，毅然以保世元宗為任。其間艱難險阻，困窮拂鬱，殆人世所未有，烈丈夫所難堪者。母獨履險若夷，嗜苦如甘，家徒四壁，形影相吊。孤燈午夜，風雨淒其，軋軋機聲、吾吾書聲與寂寂蛩聲，若同和而共憐；他如鬻衣裝以送終，親滌潔以侍疾，丸熊和淚以督訓，茹茶淡藥以食貧，數十年來，冰操苦行，載在輿論申呈與賢士大夫之贈言者，不能悉亦不容贅。獨念母習於苦、忘於苦，深閨澹漠，人世都捐，顯寵榮名，夢想不到。然綱常世所共重，直道不泯人心，一時鄉紳士民，合詞共舉。……自是諸臺採風出者，必加旌獎，會理學張綠汀公自蒲阪署華諭雅尚節孝，題其扁曰：「貞賢懿範」，因命緝其事與詞而登之梓，題曰：「貞懿錄」。〔註71〕

可見楊應震為感念母親平生堅守其志的懿行而撰述此書。另一方面，楊母的懿範，也獲得了士紳鄉民一致的推舉褒揚，明廷更就楊母持節不改，貞孝兩全，又教子成名的節操加以旌獎肯定。

全書共含十六卷。首卷為「旌旨」，卷二為「公移」，均為朝廷旌獎楊母之文書，卷三為「行實」，乃士紳描述楊母艱難苦節而為之立傳的集錄。卷四至卷七的部分依序為「序文」，「詩序」與「賦集」，為鄉里士紳祝賀楊母的序言賦文。至於卷八至卷十六的部分，則皆為歌頌楊母懿德卓著的詩詞賦詠。是書讚述楊母一生守節持孝，並教子成名的懿行，足可為世人砥礪勸習的母儀典範。

（九）《雙節錄》

是書著者不詳，主要以傳記體裁呈現。內容分別頌揚明萬曆時人邵炯之母張氏的「苦節」與其叔母王氏的「死節」懿行，合稱邵氏一門「雙節」，故題曰：「雙節錄」。是書不分卷，其前半部為明廷旌表張氏的公文，後半部則為文人儒士替節婦張氏與烈婦王氏立傳的集錄與跋語。按邵母張氏年十七

〔註71〕明·楊應震，《貞懿錄》（台北：國家圖書館善本室藏，明天啟間潼津楊氏家刊本），頁 1a-3b，〈貞懿錄後跋〉。

嫁與舉人邵桂，二十一歲夫卒欲殉，翁姑密防且屢諭之，張氏始悟，終甘貧守節，事翁姑備極孝養，並日夜督課二子殷殷不倦，使之有成。張氏「於夫為節，於親為孝，於子為慈」〔註72〕眾善兼之的婦德，備受明代士人稱揚。

又邵炯叔母王氏素以「貞烈」自許，甫嫁歲餘，十九夫喪，王氏慟哭幾絕，欲殉死，其母、嫂及姑百般勸諭，終不聽，慨然臥夫柩側絕食死，完其「貞烈」之舉。時人以王氏「新寡不歸寧，經禮也；知無子不可以守，卓識也；寧違代養之命，竟赴同穴之盟，明信也」，〔註73〕對其深明殉君大義而不背信之節操深為讚賞。由此書對節婦張氏「節孝雙全」與烈婦王氏深明「貞烈」大義的激賞，也反映了明人極所重視的婦德典範。

（十）《閨範十集》

由黃希周等人編輯而成。希周為明萬曆時徽州歙縣人，所著此書為國內現存唯一採朱墨套印版的明刊女教書，由新都程涓所題序言可知其編纂宗旨，曰：

> ……夫世有古今，而人心無古。今女德之視男教，舉同然焉。……
> 夫昔之視今，猶今之視昔也。今之不如昔，又知後之不如今也。……
> 故以古范今，則垂軌為無窮；以今範古，則耴則為不遠。〔註74〕

編者以為女德之教的不容輕忽，故編纂此書，使古今女德典範相互對應，以收戒鑑之效。

是書共有六卷，前半部卷一至卷五的部分為傳記體，卷六部分則為告誡體，故為傳記與告誡並採之體裁。其中卷一至卷四的部分，以馮汝宗的《女範編》為本，分別為卷一的「聖后」、「母儀」、「孝女」。卷二的「賢女」、「貞女」。卷三的「烈女」。卷四的「文女」、「武女」、「辯女」。此與《女範編》之女德典範的分類相同，惟在卷次的排序與人數上稍有不同。〔註75〕卷五則題為〈閨範十集補遺〉，此部分則就劉向《列女傳》的女德典範分類，依序為「母

〔註72〕明・不著撰人，《雙節錄》（台北：國家圖書館善本室藏，明鈔本），頁 2b。

〔註73〕明・不著撰人，《雙節錄》，〈烈婦傳跋〉。

〔註74〕明・黃希周等撰，《閨範十集》（台北：國立故宮博物院藏，明刊朱墨套印本），頁 1b-5a，程涓，〈古今閨範序〉。

〔註75〕是書卷一至卷四的人數，與《女範編》對照下，新增與少錄的部分，分別為卷一：「聖后」新增皇明高后（明）1人；卷二：「賢女」新增雙溪張氏（明）1人；卷三：「烈女」少錄畢氏節（明）至吳氏節（明）10人；卷四：「文女」新增柳下惠妻（周）、魯黔婁妻（周）、漢班婕妤（漢）3人，「辯女」新增周氏代夫（明）、李氏妙緣（明）、李氏玉英（明）3人。

儀傳」、「賢明傳」、「仁智傳」、「貞順傳」、「節義傳」、「辯通傳」等六大傳。至於卷六則為明代仁孝文皇后徐氏的《內訓》、唐代陳邈妻鄭氏的《女孝經》、唐代宋若華與宋若昭合著的《女論語》以及漢代班昭的《女誡》等各部內容。在此須加澄清的是，編者把《女論語》誤植為東漢曹大家班昭所作，而題名為「曹大家女論語」十二章，是錯誤的。

又，是書有關「貞順節烈」女德典範的內容，佔了全書約 44%，足見其對婦女持節蹈烈節操的大力襃揚。

另一方面，此書為國內罕見的明刊朱墨套印本。各傳內容與卷六的部分採墨印，至於每傳各段上方所標註的簡要評論，以及內文圈點的部分，則採朱印。各傳之前亦附插圖（參見圖 4），可視為明代集插圖版畫與套色印刷兩大技術的珍貴作品。

圖 4：《閨範十集》元・俞新妻舐目療姑圖

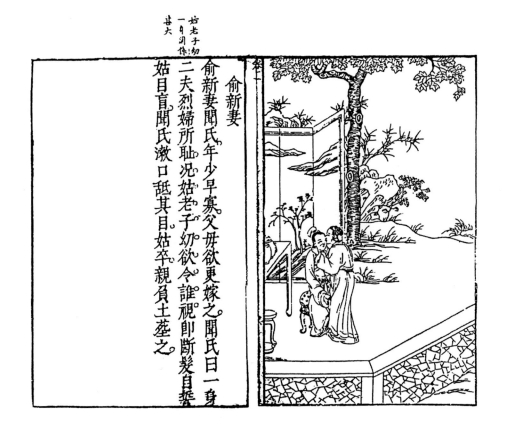

（十一）《列女傳演義》

由明人東海猶龍子編纂，西湖鬚眉客評閱。〔註76〕本書的正文卷一題為《新鐫批評繡像列女演義》，目次則稱《列女傳演義》（參見圖 5），至於卷二至卷六的部分均簡稱為《列女演義》。是書序言自述撰述宗旨曰：

> ……漢之劉向，感朝廷內儀之有垂，痛臣子規箴之無路，因採古今之賢聖后妃、貞良妻妾，分門別類，彙成一編，名曰《列女傳》。……故自垂訓以來，歷代寶之。弟惜其義深文簡，雖老師宿儒，臨而誦讀，猶苦艱晦不解；軟柔媚小娃，垂髫弱女，縱能識字，未必精文，安能到眼即得其深心，入口便達其微意，故重其名，莫不家捧戶置，然察其實，實未曾了了胸中而動其低回感歎，……遂不揣固陋，不避怨尤，於長夏永宵，妄取其義深者，演而淺之；文簡者，繹而細之；約於一字者，廣詳其本末；該於一語者，遍析其源流，使艱晦者大明，不解者悉著，再一流覽，忽覺古媛面目，啼笑如生，往淑精神，隱顯具在。〔註77〕

因此書中所列各傳，於遣詞用字方面，力求淺顯，使粗通文墨的婦女亦可曉明大義，進而觀覽習之，以符合書名題為「演義」之精神。

是書卷目共有六卷，目次仿劉向《列女傳》，分別為「母儀」、「賢明」、「仁智」、「貞順」、「節義」、「辯通」等六傳，其中，亦如《古今列女傳評林》，剔除「孽嬖」一類，專錄婦女懿德善行，去惡揚善。每卷卷首亦標明題旨，依婦女德行表現的不同，分門別類，所輯錄的事蹟由唐虞三代至明代當朝，計110 則傳，114 人。傳記取材以劉向《列女傳》的內容為本，〔註78〕再新增後

〔註76〕是書序首，題有「東海猶龍子」字樣，有人認為此書係由馮夢龍（1574～1646）所編，但有人認為係他人所偽託，至於評析者為「西湖鬚眉客」，不知為何許人士，尚待考證。

〔註77〕明・東海猶龍子（馮夢龍）編、西湖鬚眉客評，《列女傳演義》，收入《古本小說集成》（上海：上海古籍出版社據明末古吳三多齋重梓，1990），頁 3b-8b，東海猶龍子，〈列女演義序〉。

〔註78〕本書去除劉向《列女傳》錄示的〈孽嬖傳〉，另新增 14 人，分別為卷一：章母金氏（明代）1 人；卷二：李白孫女（唐代）、宋散樂女（南唐）2 人；卷四：晉周浚妻（晉代）、崔敬次女（唐代）、劉舉人妾（明代）3；卷五：唐關盼盼（唐代）、楚虞美人（西漢）、皇甫規妻（東漢）、晉石崇妾（晉代）、蘇東坡婢（北宋）；另解楨亮妻、明歌者婦與王觀妻女等均為明代人故此卷計增 8 人。此外，是書目次所編之人物名目，一律為四字，但正文標題則不盡相同。如：卷四晉周浚妻，正文作「絡秀」，卷五晉石崇妾，正文作「綠珠」，同卷蘇東坡

代女德楷模。各傳之後附鬚眉客的評語或讚辭，又每卷附有插圖二幅，合計十二幅，藉以鼓舞思法效誡之心，而收移風易俗之效。

圖 5：《列女傳演義》卷目書影

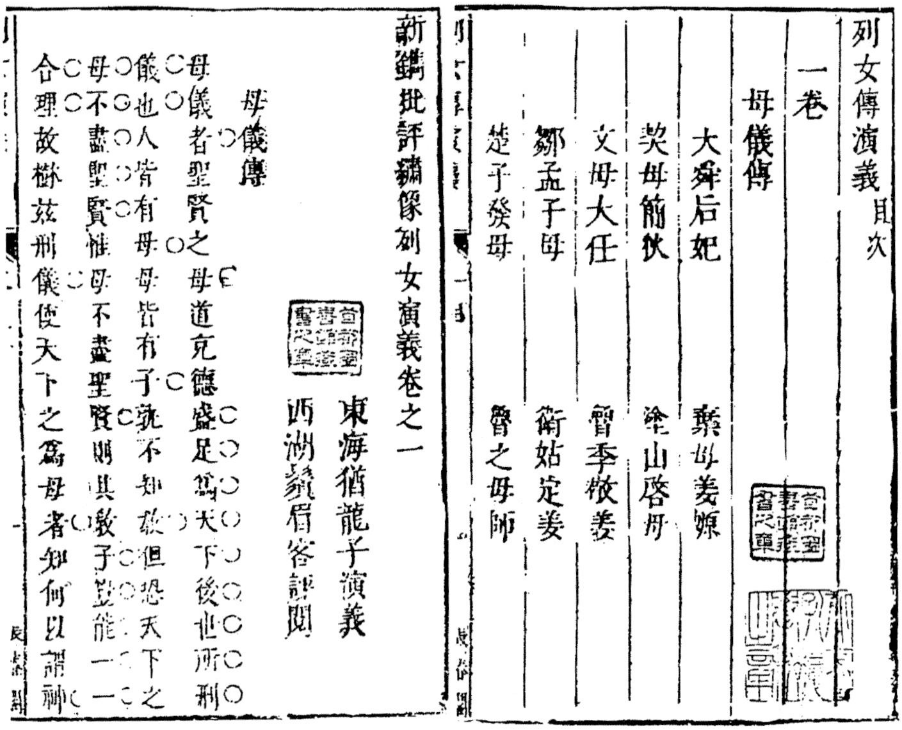
列女傳演義目次
一卷
母儀傳
大舜后妃　棄母姜嫄
契母簡狄　塗山啓母
文母大任　魯季敬姜
鄒孟子母　衛姑定姜
楚子發母　魯之母師

新鐫批評繡像列女演義卷之一
東海猶龍子演義
西湖鬚眉客評閱
母儀傳
母儀者，聖賢之母，道充德盛，足爲天下後世所刑儀也。人皆有母，母皆有子，孰不知教？但恐天下之母不盡聖賢，惟母不盡聖賢，則其教子豈能一一合理？故掛茲刑儀，使天下之爲母者，知何以訓

（十二）《女史全編》

由明人朱瑞圖編纂。瑞圖，字積之，生平事蹟不詳。是書為傳記體例，從周代至明正德間的賢妃哲母均有所輯錄。是書雖名為全編，然僅有二卷，卷一為「后妃部」，其總論曰：

> 原夫北極辰居，聿昭乾象，中宮正位，爰定坤儀。蓋化行自近，本幽閑貞靜之風，而運際方隆，錫忠厚和平之福，斯稱盡善，抑豈易幾。若夫草昧初開，良配作合，艱危共歷，翊贊恆多，是以夫婦有倫，公侯同軌，仁能錫亂，禮以持身，廉介止貪，謙恭警傲，彤管所紀，青史備書。至於藉父兄之基，立帝王之業，欲紹前人，必資慈母；求其內助，尤賴賢妃。洎乎式微，類皆狂愎。明廷無敢言之

婢，正文則作「春娘」，由此可見，為求體例完整，卷目可能為後人改編而成。

臣，私實有獻諛之黨，庶幾淑德，差足扶危，具服禁庭，脫簪永巷。時而諷諫克從，以仁易暴，挽回得濟，轉敗為功，宗祀可延，生靈再造。……集后妃。〔註79〕

可見作者以為君王欲創偉業，必賴賢妃慈母的淑德內助，所載事蹟自周后太任，止於明寧王婁妃，計66人。

至於卷二部分，為「母教部」，其總論曰：

伊昔名閨，類多賢媛。家閑禮法，既雅飭其儀型，天亶慧姿，復博通乎典籍，是以德器貞純，識力強固，律身勤儉，持己矜莊，啟迪後昆，嗣續先業。蓋蒙養以胎教為先，童子隨大人而化，欲勵以禮義廉恥之行，端本於飲食服用之微。生長富貴，防其怠荒；居處困窮，慮其消沮。相時開導，因事制宜，故變化氣質，必使讀書。而涵育性情，尤資益友。午夜賜丸，勵黃卷青燈之志，……居官惟責其潔己，恩同慈父，誼比嚴師。若乃歷患難而守三從，為國家而甘一死，婦女有丈夫之概，忠臣出孝子之門，揚美縹緗，流光竹帛，集母教。〔註80〕

朱氏以為母德中以「胎教」為始，「善教」為終。婦女本性淳良賢淑，若能善盡教誨之德，必可「啟迪後昆，嗣續先業」，且國家亦可多得忠義之臣，因此，實不容輕忽母教的重要性。此卷自周母敬姜至明代章綸母止，計71人。除卷後的「補遺」部分，各傳大體皆按朝代先後為序。

（十三）《古今貞烈維風什》

由明人許有穀編纂。有穀，宜興人，字子仁。是書為傳記體例，特色在於按地區分卷，共四卷。卷一至卷四的史源主要取自《大明一統志》，至於「補遺」部分的史料，則來源不一，各取《歷朝通鑑考》、《皇明通紀考》、《皇明頒行列女傳考》、《毘陵郡志考》以及許氏家鄉的《陽羨邑志考》等史料相互參酌而成。若正文四卷加上卷後「補遺」兩部分合計，立傳標題總數為303人，而列名不贅標題人數為219人，兩者輯錄的總人數計有522人之多，〔註81〕為明代傳記體例的女教書中，輯錄人數最多的一部（參見圖6）。是

〔註79〕明·朱瑞圖，《女史全編》（台北：國家圖書館善本室藏，明啟禎間萬卷堂刊本），卷1，〈后妃部〉，頁1a-b。

〔註80〕前揭書，卷2，〈母教部〉，頁1a-b。

〔註81〕明·許有穀，《古今貞烈維風什》（台北：國家圖書館善本室藏，明陽羨許氏刊本）。

書「凡例」中說明該書傳記的選材甚廣，諸如「國朝一統志、實錄及志中名宦人物，流寓祠廟，陵墓古蹟所附見，凡慷慨殺身，無論節孝義憤，惟死決須臾者，各就本傳，摘出數語，括其要領。」〔註 82〕由此可見入傳婦女的身份不拘，即使如妾媵、娼女之身，若具節義事蹟者，仍一併錄示。此外，每傳之後各標七言絕句一首，以稱揚其懿德。

大體而言，此書內容蒐羅的婦女行誼除孝女外，多以節烈婦女為主，其中尤以宋末或元明之際為避亂而寧死不屈的貞烈婦女居多。又書中雖無插圖，但為廣教化，砥礪風俗，故用詞俚淺，意求勸揚，〔註 83〕乃許氏撰述《古今貞烈維風什》的本意。

圖 6：《古今貞烈維風什》卷首書影

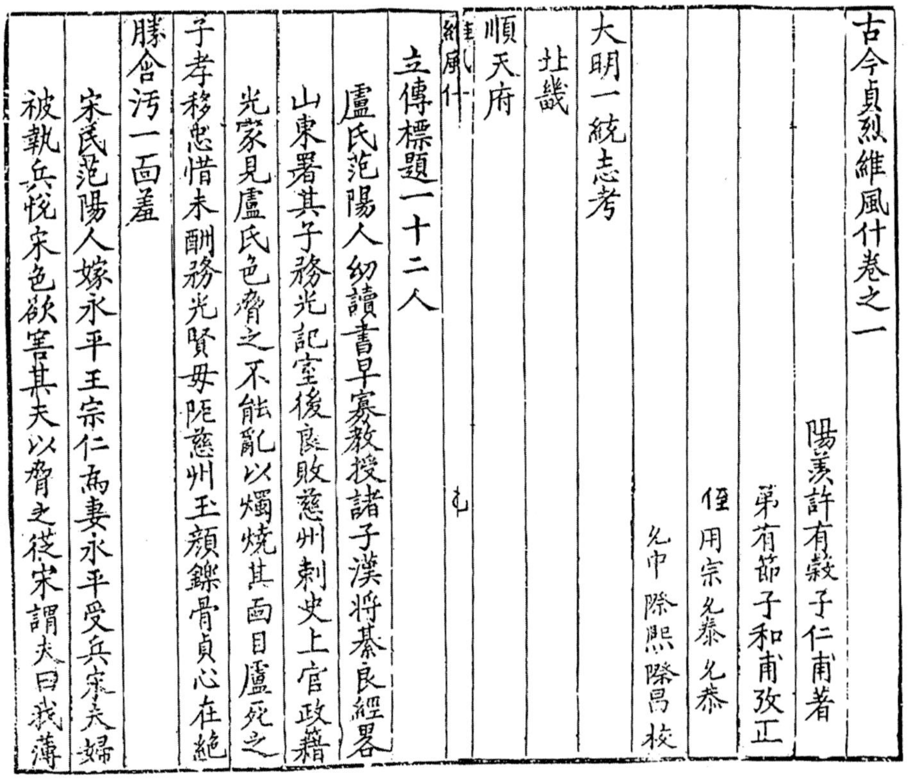
古今貞烈維風什卷之一
陽羨許有穀子仁甫著
弟有節子和甫攷正
侄用宗允泰 允恭
允巾 際熙 際昌 校
大明一統志考
北畿
順天府
維風什　七
立傳標題一十二人
盧氏范陽人幼讀書早寡教授諸子漢將綦良經畧
山東畧其子務光記室後良敗慈州刺史上官政藉
光家見盧氏色脅之不能亂以燭燒其面目盧死之
子孝移忠惜未酬務光賢母阸慈州玉顏鑠骨貞心在絕
勝含污一面羞
宋氏范陽人嫁永平王宗仁爲妻永平受兵宗夫婦
被執兵悅宋色欲害其夫以脅之從宋謂夫曰我薄

〔註 82〕前揭書，頁 1a，〈凡例〉。
〔註 83〕前揭書，頁 4a，〈凡例〉。

（十四）《奇女子傳》

明末吳震元編纂。由陳繼儒（1558～1639）所題序言可知其撰述動機，曰：

> ……夫丈夫生而逢年或不得志，以殉其磊砢光大之行，或見于學士大夫之史書及逸民遺老之筆記，猶庶幾有一二存焉者。獨婦人女子生長深閨之中，淪落于山陬海曲、村墟草莽間，何限？雖有奇無聞，即聞亦不過如野燒之跡，流螢之火，若隱若現，若存若亡而已。故長卿（按：指吳震元）哀而集之，小加評鑒。其間有奇節者、奇識者、奇慧者、奇謀者、奇膽者、奇力者、奇文學者、奇情者、奇俠者、奇癖者，種種諸類，小可以拊掌解頤，大可以奪心駭目。〔註84〕

士人感慨婦女深處閨閣，事蹟向來多所湮沒，即使有所傳錄，亦如鳳毛麟角，聊備一格而已。吳氏乃決心蒐羅世間顯有奇節義行之婦女，並將之彙集成書，以作後世閨閫模效之典範。此書共有四卷，每卷之首並無標目，只錄人名，為傳記體裁。各傳之後附有作者評鑑，從周代至明末，依朝代更迭順序排列，計有106人。內容多輯錄歷朝深具奇識、奇節之婦女，尤其對於女子臨難不奪其節，智勇退賊或殲盜報仇之事蹟多所著墨與推崇。

（十五）《繪圖列女傳》

由汪氏增輯，名畫家仇英繪圖。汪氏有鑑於女教之消長與家國的興衰，為一體之兩面，密不可分，加以當時官修《古今列女傳》一書流傳不廣，故增輯此書。〔註85〕

是書亦為傳記體，所錄事蹟起自有虞二妃，止於萬曆間的士庶婦女，記述明代當朝尤以徽州歙縣一郡的汪、程二氏居多。全書共有十六卷，不分類次，依時代先後排序，輯錄有309篇事例，327人。

入傳婦女多採「貞孝節義」者，不僅傳後評鑑「析義精」、「敘事醒」，〔註86〕文字簡明扼要，加以傳前人物圖畫的勾勒描繪，又極細膩精美，使

〔註84〕明・吳震元編撰，《奇女子傳》（台北：國家圖書館善本室藏，明末葉刊本），頁2-5b，陳繼儒，〈奇女子傳題詞〉。

〔註85〕明・汪氏增輯、仇英繪圖，《繪圖列女傳》（台北：正中書局，據清知不足齋藏版重印，19971.8），頁1a-4a，汪庚，〈汪氏輯列女傳序〉。

〔註86〕前揭書，頁2b，汪庚，〈汪氏輯列女傳序〉。

世人觀圖之餘易興感悟惕勵之心，是作者重新刊輯《繪圖列女傳》的主要目的。

（十六）《新婦譜》

由明末清初陸圻（1614～1681）撰述。陸圻，字麗京，一字景宣，號講山，浙江錢塘人。究陸氏撰述此篇，乃是為教誡其女初為人婦時所應秉持的態度，並以此篇為其嫁女之贈禮。其序曰：

> ……今丙申（清順治十三年）七月，倉促遣女，蕭然無辦，因作新婦譜贈之。以視世之珠玉錦繡，炫燿於路者，雖所贈不同，未為無所贈也。然恐予女材智下，不能讀父書，並以遺世之上流婦人，循誦習傳，為當世勸戒。〔註87〕

雖然此書與陳確《新婦譜補》皆成於清朝初年，但作者為明末清初人士，承襲明代女教之思想，故仍納入本文討論。是書尤其詳論為新婦者的承順之道，凡二十五篇，分為「做得起」、「得歡心」、「聲音」、「顏色」、「款待賓客」五條、「答禮行禮」、「親戚餽遺」、「夫家親戚」、「歲時甘旨」二條、「早起」、「門戶」、「有過」、「妝飾」、「孝翁」、「孝姑」三條、「姑佞佛」、「姑物件」、「背後孝順」、「妯娌姑嫂」、「敬丈夫」七條、「待堂上僕婢」二條、「待本房僕婢」四條、「偷盜」、「孝母」、「母家奴婢」等條列式的規誡，用語雖通俗，但內容卻詳實細膩，發人深省。其中第一則「做得起」，即為貫穿此書的根本精神，其原文云：

> 近俗不知道理，閨女出嫁必要伊做得起。至問其所謂做得起者，要使公姑奉承，丈夫畏懼，家人不敢違忤。果爾，必是一極無禮之婦人，公姑必怒，丈夫必恨，群小皆怨，且乘間搆是非，親戚內外，視為怪物，何人作敬？宗族鄉黨聞之，皆舉以為戒，則世之所為〔謂〕做得起者，正做不起也。吾今有一做得起之法，先須要做不起，事公姑不敢伸眉，待丈夫不敢使氣，遇下人不妄呵罵，一味小心謹慎，則公姑、丈夫皆喜，有言必聽，婢僕皆愛而敬之，凡有使令，莫不悅從，而宗族鄉黨，動皆稱舉以為法，則吾之所為〔謂〕做不起，乃真做得起也。〔註88〕

〔註87〕明・陸圻，《新婦譜》，收入《叢書集成續編》第62冊（台北：新文豐出版社，1991），頁41。
〔註88〕前揭書，頁41。

陸圻強調新婦出嫁，一切應以丈夫、舅姑的意見為主，事事曲從柔順、小心謹慎，如此才可使夫婦家庭、宗族鄉黨之間，皆能和悅相處，其樂融融。其內容從婦女出嫁後，如何謹守四德，孝事翁姑、敬讓夫君、姒娌戚黨間相處之道以及如何對待奴婢等，都有相當細膩的規誡，有如新婦修持的教本。

（十七）《新婦譜補》

由陳確（1604～1677）撰述，為補充陸圻《新婦譜》而作，另增錄「絕尼人」、「不看劇」、「聽言」、「責僕婢」、「勸夫孝」、「姒娌」、「待婢妾」、「抱子」、「失物」、「勤儉」、「有料理、有收拾」等十一篇規範。

陳確對於明代女德放縱，婚禮崇尚奢靡的流俗，深感憤慨，故撰寫《新婦譜補》重申女教的重要並指出：

> 豈惟新婦，即舊婦，宜亟讀之；豈惟為婦，即幼女，宜蚤讀之；豈惟婦女，即男子，宜共讀之。苟知其意，則忠孝油然而生。雖曰此《子臣弟友譜》，悉不可！〔註89〕

作者以為此書不僅為新婦者所應覽讀，對於一般婦人、幼女甚至男子俱宜誦讀，如此忠孝之心，始油然而生。此外，書中內容強調新婦入門應如何謹門戶、遵禮儀、和姒娌、待僕隸以及育兒持家等家務，不一而足，故陳確以為是新婦尤應誦習的教本。

第三節　女教書體例、內容之分析

明代出版的各種女教書，究竟有何異同？本節擬從體例與內容兩方面列表探討。此外，內容方面，則以較為宏觀的角度，從教化對象與教化內容兩方面著手，以一窺官、私修女教書的異同之處。

一、體例方面

明代女教書的體例可概分為告誡體，傳記體，告誡與傳記並採以及詩歌體例等。其中所謂的告誡體例，主要就書中關於女德婦學之事，作者直接以文字教誡，以表達其誡勵曉諭之意。傳記體例又可分為專述一人的「專傳」，或二人以上事蹟性質相似的「類傳」，就後者而言，主要係沿襲西漢劉向《列

〔註89〕明‧陳確，〈補新婦譜〉，收入《陳確集》，〈文集〉（北京：中華書局，1979），卷10，〈補新婦譜小引〉，頁518。

女傳》的撰述形式，採用個別人物傳記的敘述方式，對於收錄人物的行為善惡、賢肖與否有直接或間接的評價，如此可增加人事的真實感與文章的說服力。告誡與傳記並採之體例，除在書中輯錄往昔先哲嘉言、經傳格言等規誡訓文外，另附歷朝賢妃、貞烈孝婦的懿行事蹟，傳後又小加評鑑，藉以教誡婦女感悟而興模效之心。至於詩歌體例的女教書則主要採用韻文形式的體裁，教誡用字俚俗易懂，可供婦女琅琅上口以收時時提攜，家傳戶曉之效。茲將前文所述明代女教書的體例列表如下：

表 2：明代女教書體例分類表

類別	作者性別	書名 \ 體例	告誡體	傳記體	告誡與傳記並用	詩歌體
官修	女	內訓	√			
		女訓	√			
	男	古今列女傳		√		
		高皇后傳		√		
私修	女	溫氏母訓	√			
		女範捷錄	√			
	男	女小兒語				√
		女兒經註				√
		閨範			√	
		閨戒				√
		女鏡		√		
		女範編		√		
		古今列女傳評林		√		
		貞懿錄		√		
		雙節錄		√		
		閨範十集			√	
		列女傳演義		√		
		女史全編		√		
		古今貞烈維風什		√		
		奇女子傳		√		
		繪圖列女傳		√		
		新婦譜	√			
		新婦譜補	√			

　　由表 2 可知，明代女教書除了呂得勝的《女小兒語》、趙南星的《女兒經註》以及呂坤所著的《閨戒》為詩歌體例外，其餘不是傳記體，即是告誡體。至於告誡與傳記兩者並採的體例，則以呂坤的《閨範》與黃希周的《閨範十集》為代表。此外，據上表統計，可知採傳記體例的女教書為數最多，幾乎占了一半以上，可見女教書採一人一傳的形式編撰，比較受到民眾的認同以及書籍市場上的歡迎。〔註 90〕

二、內容方面

　　本節主要以列表方式探究其揭示的教化對象與教化德目。首先就教化對象而言，明代女教書的教化對象，可分為「后妃」、「女童」、「婦人」、「母親」、「姊妹」、「妯娌姑嫂」以及「婢妾」等七類，其詳如表 3：

表 3：明代女教書教化對象統計表

類別	作者性別	書名	后妃	女童	婦人	母親	姊妹	妯娌姑嫂	婢妾	備　註
官修	女	內訓	√							
		女訓	√							
	男	古今列女傳	√	√	√	√	√	√	√	無評語
		高皇后傳	√							
私修	女	溫氏母訓			√	√				
		女範捷錄	√	√	√	√				附標題式贊語 148 例
	男	女小兒語		√		√				
		女兒經註		√		√				附標題式贊語 13 例
		閨範	√		√	√	√	√	√	
		閨戒			√					
		女鏡	√	√	√	√		√	√	無評語
		女範編	√	√	√	√				無評語
		古今列女傳評林	√	√	√		√			
		貞懿錄			√	√				
		雙節錄			√	√				

書名							
閨範十集	√	√	√	√		√	
列女傳演義	√	√	√	√	√		√
女史全編	√		√				
古今貞烈維風什	√	√	√				
奇女子傳	√	√	√	√		√	
繪圖列女傳	√	√	√	√	√	√	√
新婦譜			√			√	
新婦譜補			√			√	
合　計	15	13	19	15	7	6	7

　　須加說明的是，表 3 中的「婦人」一欄，包括一般已嫁的婦人以及初嫁入夫家的新婦，如陸圻的《新婦譜》與陳確的《新婦譜補》即是專就教化新婦所撰。由上表統計可知，不論是帝后妃嬪，抑或士庶女兒、婦人以及母親等，皆為女教書重視的教化對象。

　　至於各部女教書所揭示的教化德目，可以從「帝后關係」、「閨女與本家的關係」、「夫婦關係」、「母子關係」以及「群我關係」等六方面來探討，茲列表如下：

表4：明代女教書教化德目統計表

類別	書名	帝后關係		閨女與本家的關係		夫婦關係			婆媳關係		母子關係			群我關係					附圖
		明達侍君	謹飭外戚	孝順雙親	慈愛手足	曲從柔順	明智襄贊	守貞死節	敬順翁姑	封股療親	妊子以正	育子教誨	厚愛前子	寬慈逮下	厚待姆娌	敦親睦鄰	忠義愛國	人事防閑	
官修	內訓	√	√	√	√	√	√	√	√			√		√	√	√	√		
	女訓	√				√					√	√							
	古今列女傳	√	√	√	√	√	√	√	√	√	√	√		√			√		
	高皇后傳	√												√					
私修	溫氏母訓											√	√			√			
	女範捷錄	√												√	√	√			
	女小兒語			√		√								√				√	
	女兒經註			√	√	√	√		√					√	√	√			

閨範	√	√	√	√	√	√	√	√		√	√	√	√	√		√		√
閨戒			√		√			√			√	√	√			√		
女鏡	√	√	√	√	√	√	√	√	√	√	√	√	√			√		
女範編	√	√	√		√	√		√			√	√				√		√
古今列女傳評林	√	√	√	√	√	√	√	√			√	√	√			√		
貞懿錄							√	√			√	√	√				√	
雙節錄							√	√			√					√		
閨範十集	√	√	√		√	√	√	√			√	√				√		√
列女傳演義	√				√		√	√			√	√	√			√		√
女史全編	√	√								√	√		√					
古今貞烈維風什	√		√								√	√	√					
奇女子傳	√		√								√					√		
繪圖列女傳	√	√	√	√	√	√	√	√			√	√	√					√
新婦譜			√		√	√							√	√	√		√	
新婦譜補											√			√	√		√	
合　　計	15	9	16	10	15	14	15	18	7	10	19	13	18	10	7	13	5	6

　　由表 4 的統計可知，帝后關係中「明達侍君」的后德，加上一般閨女孝事雙親的女德，夫婦關係中「曲從柔順」、「守貞死節」和婆媳關係中「恭敬卑順」的婦德，母子關係中「育子教誨」的母德以及群我關係中「寬慈逮及婢妾」等內容，皆為女教書尤其重視的教化德目。

　　至於其他關於女德自身的修養，如「行止秉禮」、「勤勵儉約」、「勿恣遊觀」以及「勿吟詩詞」等項目，也是女教書多所教誡的內容，此一部分將於本文第四章中深入討論。

　　由上述統計可知，不論官、私修女教書，皆對培養后妃德行的純良明正相當重視，尤其官修女教書，對后妃「明達侍君」與「謹飭外戚」兩方面，多有嚴謹的規範，此亦足見官修女教書尤其側重宮闈女德教育之一斑。

　　其中《高皇后傳》就曾記載太祖馬后，一日集女史清江范孺人等問曰：「自漢唐以來，何后最賢？家法何代最正？」對曰：「惟趙宋諸后多賢，家法最正。」后於是命女史錄其家法賢行，每令誦而聽之，曰：「不徒為吾今日法，子孫帝王后妃，皆當省覽，此可以為萬世法也。」〔註91〕由此可知，有明一代宮壼謹然肅正之風，與明初的后妃惕勵自身，取法前朝，又積極地

〔註91〕明・不著撰人編著，《高皇后傳》，頁 4a-b。

推廣女教有莫大的關係。〔註92〕

　　大體而言，不論官、私修女教書的編纂，其著述題旨於遣詞用字方面，多欲力求通俗。惟在實際內容上，私修女教書較能做到此點，如呂近溪的《女小兒語》、呂坤的《閨範》、《閨戒》、溫璜為其母筆錄的《溫氏母訓》、猶龍子編撰的《列女傳演義》以及陸圻的《新婦譜》等多部女教書的內容，比官修女教書讀來更顯淺易通俗，也較適合一般粗通文墨的婦女作為誦習的教材。

　　至於官、私修女教書的相異處，最明顯的莫過於官修女教書，多為明代初期刊刻，所輯錄的人數不多，即使如解縉等人奉敕編纂的《古今列女傳》，亦只蒐錄至洪武朝而已。此外，除了鄭貴妃仿呂坤重刊的《閨範圖說》外，官修女教書俱無附圖。相反地，私修傳記體例的女教書，諸如《閨範》、《女範編》、《古今列女傳評林》等多部女教書，於傳前均附加人物插圖，這可能與明代後期雕版印刷的技術愈益精良，刻工工價低廉，連帶使得書籍成本為之降低，加以圖文並茂極易吸引民眾，因此相當深受書籍市場的歡迎很有關係。

　　另一方面，採傳記形式的女教書既然成為女教書籍中廣受歡迎的主流，那麼書中所蒐羅的人物，主要集中於哪一朝代，以及側重的教化內容為何？於此亦一併討論。

　　大體而言，除了官修的《高皇后傳》表彰明太祖馬皇后的德範懿行以及私修的《貞懿錄》褒揚楊應震之母李氏、《雙節錄》稱揚邵炯之母張氏與其叔母王氏的苦節與死節事蹟外，其他傳記體裁的女教書皆為蒐羅各朝不同類型的女德典範，採一人一傳的形式編纂。以下即就各個傳記體例的女教書所輯錄的歷朝人物或分類的卷目分別列表於後（詳見文後表5至表15）。

　　除《古今貞烈維風什》係按地區分卷外，歸納表5至表15的歷代女德典範人數的消長，可見夏樹芳的《女鏡》、朱瑞圖的《女史全編》以及吳震元的《奇女子傳》係以隋唐五代時期的女子入傳最多，餘皆以周代的婦女入傳人數居首，其取材亦多本於劉向《列女傳》，專錄婦女懿德善行。〔註93〕

〔註92〕此外，明代后妃鮮有弄權干政之事，與其出身多庶民之家也頗有關係，徐泓依據《明史·后妃傳》作出統計，說明「傳中所列四十五人中，除五人身份不詳外，其他四十人中，有三十四人出身庶民，約占85%。」見氏著，〈明代的婚姻制度（上）〉，《大陸雜誌》，78：1（1989.1），頁 32。此外，因明代妃嬪家勢不彰，外戚勢力自難坐大，史稱「有明一代，外戚最為孱弱」，見《明史》，卷300，〈外戚傳提要〉，頁 7660。

〔註93〕由於劉向《列女傳》另載有「孽嬖傳」一類，以上女教書則多隱惡揚善而剔除此類。

再就人數次之的朝代而言，則以漢代與明代為主。前者有解縉等奉敕撰述的《古今列女傳》、呂坤的《閨範》、黃希周編的《閨範十集》以及猶龍子的《列女傳演義》。後者則有馮汝宗的《女範編》、茅坤的《古今列女傳評林》以及汪氏增輯的《繪圖列女傳》等。

此外，同屬傳記體例的《古今貞烈維風什》，係按地區分卷。由表 11 的統計結果，扣除「補遺」部分的人數不計，是書載錄節烈婦女的事蹟，主要集中於社會經濟與文風較盛的地區，如南北兩京及河南、浙江等地，至於像廣西、雲貴等西南偏遠地區所收錄的人數則較少。

又，在《奇女子傳》中，入傳女子以隋唐五代時期居多，這主要是由於作者大量輯錄了唐代傳奇小說的故事，例如敘述士人與青樓女子戀情的〈霍小玉傳〉，以及豪俠列傳類的小說，其中所載女俠客的英雄事蹟充滿傳奇性，她們不僅表現得膽識過人、智力超卓，同時又身兼異能，可以飛簷走壁，具抑強濟弱、剷除奸惡的俠義精神，例如：〈無雙傳〉、〈紅線傳〉、〈車中女子〉、〈荊十三娘〉、〈聶隱娘傳〉等諸篇。〔註94〕換言之，《奇女子傳》中所蒐羅得除了唐傳奇小說之類的題材外，其餘各取歷朝深具奇節、奇識之女，如此才與其書名題為《奇女子傳》名實相符。

綜合以上傳記體或傳記與告誡並採體例之女教書的統計可知，雖然各部均有輯錄明代當朝的女德典範，但除少數幾部載錄明代婦女為數較多外，其餘則以先秦至漢代的女德典範為主要入傳對象。

值得一提的是，入傳的婦女，愈至宋明，則女子「貞孝節義」情操的表現愈顯著，諸如官修《古今列女傳》、《閨範》、《女範編》、《古今列女傳評林》、《古今貞烈維風什》、《列女傳演義》以及《繪圖列女傳》等多部女教書均加以輯錄，與周、漢時代的婦女多顯露其明識賢達、輔佐夫君的智才，大異其趣。

再者，歷朝孝事雙親的閨女，奉養翁姑的寡媳，以及母儀中胎養教子之德，亦為女教書至表重視的行誼。諸如《閨範》、《女範編》、《古今列女傳評林》、《女史全編》、《列女傳演義》等均多所著錄。

〔註94〕 此外，〈紅拂妓〉、〈上清〉、〈崔慎思妾〉、〈賈人妻〉等諸篇，亦屬唐傳奇的一環，其中〈謝小娥傳〉描述小娥為報父兄仇而潛入賊窩，終殺盜復仇一事，亦載入許多傳記體的女教書，以彰其智勇之孝行。有關唐代傳奇小說的成書背景與源流，可詳閱李東鄉，〈唐代傳奇小說叢考〉，國立台灣大學中國文學研究所碩士論文，1970.6。

　　另一方面，在這些女教書中，由男性主筆編纂者居多，這也反映出士大夫對明代社會風氣日漸敗壞，女性道德日漸廢弛的憂心，因此紛紛編撰女教書或出資襄贊刊印，以提升宗族鄉里的倫常道德，期使風俗返璞歸真。至於女性由於多囿於學識，故除了有溫璜母與王相母兩位民婦分別口述或編纂《溫氏母訓》與《女範捷錄》外，女教書多由宮中后妃親撰或推動。因此，明代重視女教的風氣，后妃與士大夫的積極倡導實為主要關鍵。

表 5：解縉等撰《古今列女傳》所載歷代婦女統計表

卷次 類次 ＼ 朝代	虞夏商	周	漢	魏晉南北	隋唐五代	宋	元	明	合計
卷一 歷代后妃	5	5	6	1	6	7	1	1	32
卷二 諸侯大夫妻		37	9	3	8	2	2	1	62
卷三 士庶人妻		12	13	3	7	11	8	18	72
合　　計	5	54	28	7	21	20	11	20	166

表 6：呂坤《閨範》所載歷代婦女統計表

卷次	卷目	類次	類目 ＼ 朝代	虞	周	漢	魏晉南北	隋唐五代	宋	元	明	不詳	合計
卷一	嘉言												
卷二	善行	女子之道	孝女	2	4	3	1	1	2	1			14
			烈女				1	2	1				4
			貞女					1	1			1	3
			廉女						1				1
			賢明之女	5									5
			詩女					2					2
		夫婦之道			6	8			2				16
卷三	善行	婦人之道	兼德婦人	2	2					1			5
			孝婦		2		1		2		1		6
			死節之婦	2	3	3	1		2		2		13
			守節之婦	3	1	2	2	1	1				10
			賢婦	6	1		1						8
			守禮之婦	3					1	2			6
			明達之婦	4		3	2	1					10
			文學之婦	1	2		1	1					5

卷次	類目	類別	項目										合計
卷四	善行	母道	禮母		2								2
			正母		2	2			1				5
			仁母			2			1				3
			公母			1			1				2
			廉母		1		1	1			1		4
			嚴母					1	4				5
			智母		3	1							4
			慈繼母		2	1			1		1		5
			慈乳母		2								2
		姊妹之道		1	3	2			1				7
		姒娣之道					1		1		1		3
		姑嫂之道							3				3
		嫡妾之道			5		1			1			7
		婢子之道			1						1		2
合　　計				1	55	32	13	18	23	11	5	4	162

表7：夏樹芳《女鏡》所載歷代婦女統計表

朝　代	周	秦漢	魏晉南北	隋唐五代	宋	元	明	不詳	合計
人數	92	73	84	98	80	24	25	17	493

表8：馮汝宗《女範編》所載歷代婦女統計表

卷次	卷目	周	秦漢	魏晉南北	隋唐五代	宋	元	明	不詳	合計
卷一	聖后	2	1		1	1				5
	母儀	5	4	1		3				13
	附繼母	2		1						3
卷二	孝女		2		2	2	1	2		9
	賢女	7	2		1					10
	辯女	4	1							5
卷三	文女		1	1	2					4
	附武女				2					2
	貞女	9	1	1	5		1	7		24
卷四	烈女	6	5	1	4	5	4	13	1	39
合　　計		35	17	5	17	11	6	22	1	114

表9：茅坤增補、彭烊評閱《古今列女傳評林》所載歷代婦女統計表

卷次	朝代＼卷目	虞夏商	周	漢	魏晉南北	隋唐五代	宋	元	明	合計
卷一	母儀傳	5	7							12
卷二	賢明傳		4							4
卷二	仁智傳		6							6
卷三	貞順傳		8							8
卷三	節義傳		9							9
卷四	辯通傳		9							9
卷五	母儀傳		2	2		1	1		2	8
卷五	賢明傳		2	2		2	2		2	10
卷六	仁智傳		2	2		1			1	6
卷六	貞順傳		3	1	1			2	5	12
卷七	節義傳		2	2		1	3	2	2	12
卷八	辯通傳		2	2		1			4	9
合　計		5	56	11	1	6	6	4	16	105

表10：黃希周《閨範十集》所載歷代婦女統計表

卷次	朝代＼卷目	虞夏商	周	秦漢	魏晉南北	隋唐五代	宋	元	明	不詳	合計
卷一	聖后		2	1		1	1		1		6
卷一	母儀		5	4	1		3				13
卷一	附繼母		2		1						3
卷一	孝女			2		2	2	1	2		9
卷二	賢女		7	2		1				1	11
卷二	貞女		9	1	1	5		1	7		24
卷三	烈女		6	5	1	4	5	4	3	1	29
卷四	文女		2	2	1	2					7
卷四	武女					2					2
卷四	辯女		4	1					3		8

卷五	母儀傳	2	3								5
	賢明傳		4								4
	仁智傳		9								9
	貞順傳		3	1							4
	節義傳		5	3							8
	辯通傳		7								7
合　計		2	68	22	5	17	11	6	16	2	149

表 11：東海猶龍子（馮夢龍）編、西湖鬢眉客評《列女傳演義》所載歷代婦女統計表

卷次	朝代／卷目	虞夏商	周	漢	魏晉南北	隋唐五代	宋	元	明	合計
卷一	母儀傳	4	9	1					1	15
卷二	賢明傳		13	3	1	1				18
卷三	仁智傳		13	3						16
卷四	貞順傳		16	1	1	1			1	20
卷五	節義傳		12	8	1	1	1		5	28
卷六	辯通傳		14	3						17
合　計		4	77	19	3	3	1		7	114

表 12：朱瑞圖《女史全編》所載歷代婦女統計表

卷次	朝代／卷目	周	漢	魏晉南北	隋唐五代	宋	遼金元	明	不詳	合計
卷一	后妃部	12	7	6	10	14	10	7		66
卷二	母教部	8	8	14	19	12	6	2	2	71
合　計		20	15	20	29	26	16	9	2	137

表13：許有穀《古今貞烈維風什》所載明代各省婦女統計表〔註95〕

卷 目	地方	府　　州	立傳標題人數	列名不贅標題人數
卷一	北畿	順天府	12	7
		保定府		1
		河間府	1	1
		真定府	6	5
		順德府		1
		廣平府	2	2
		大名府	1	2
		永平府	1	2
		萬全都指揮使司	1	
	南畿	應天府	3	1
		鳳陽府	2	2
		蘇州府	4	4
		松江府	6	2
		常州府	3	5
		揚州府	10	2
		淮安府	1	3
		廬州府		2
		安慶府		3
		太平府	1	1
		寧國府	3	1
		池州府	1	
		徽州府	1	5
		和州	1	
		徐州	1	1
卷二	山西	太原府	10	
		平陽府	2	13
		大同府	4	
		澤州		1

〔註95〕該書係按地區分卷，故此表的製作即分區作一人數統計，是書卷一至卷四的
　　　　史源大體出自《皇明一統志考》，至於「補遺」的部分則史源不一。

山東	濟南府	8	5
	兗州府	6	3
	東昌府	1	
	青州府	1	5
	登州府		1
	萊州府	4	
	遼東行都指揮使司	4	
河南	開封府	11	10
	彰德府	8	
	懷慶府	1	2
	河南府	6	2
	南陽府	4	3
	汝寧府	7	2
陝西	西安府	7	12
	漢中府		3
	平涼府	2	
	臨洮府	1	
	延安府	4	
	寧夏衛	1	
	陝西行都指揮使司		1
浙江	杭州府	5	4
	嘉興府	6	1
	湖州府		2
	嚴州府	3	1
	衢州府		3
	處州府	8	
	紹興府	8	1
	寧波府	3	2
	台州府	5	3
	溫州府	2	2
江西	南昌府	5	4
	饒州府	3	2
	廣信府	1	
	建昌府	3	

卷三

	撫州府	4	
	臨江府	1	1
	吉安府	4	1
	瑞州府	1	
	南安府	1	
湖廣	武昌府	2	
	漢陽府		3
	襄陽府	2	1
	德安府		1
	荊州府	2	5
	岳州府	3	
	長沙府	5	
	辰州府	2	
	安陸州	1	
	靖州	2	
四川	成都府	6	3
	保寧府		1
	順慶府	1	
	潊州府	1	1
	夔州府	1	
	潼川州	4	
	眉州	2	2
	嘉定州	2	1
	瀘州	1	
	播州宣慰使司	1	
	龍州宣慰使司	1	
卷四 福建	福州府	2	1
	泉州府	2	2
	建寧府	2	4
	延平府	2	
	汀州府		1
	興化府		2
	漳州府	1	1

	廣東	廣州府	1	2
		韶州府	3	
		南雍府	3	
		惠州府	1	
		雷州府	2	
		瓊州府	4	
	廣西	桂林府		1
		慶遠府		2
		梧州府		1
	雲貴	雲南府	1	
		鎮寧府	1	
合　計			250	160

卷　目	史　　源	立傳標題人數	列名不贅標題人數
補遺	歷朝通鑑考	8	
	皇明通紀考	13	
	皇明頒行列女傳考	22	
	毘陵郡志考	4	36
	陽羨邑志考	6	23
合　計		53	59

表14：吳震元《奇女子傳》所載歷代婦女統計表

朝　代	周	秦漢	魏晉南北	隋唐五代	宋	元	明	不詳	合計
人數	12	16	17	40	15	1	5	1	107

表15：汪氏評撰、仇英繪圖《繪圖列女傳》所載歷代婦女統計表

朝　代	虞夏	周	秦漢	魏晉南北	隋唐五代	宋	元	明	合計
人數	3	75	36	24	47	52	34	56	327

第二章　明代女教書的刊刻與流布

　　明朝的書籍刊刻，一方面承襲宋元以來日趨成熟的版刻技術，〔註1〕一方面由於太祖於洪武元年（1368）八月下令免書籍田器稅，〔註2〕此一優惠政策的推行，對刻書事業造成極大的刺激和鼓勵。因此明代上自朝廷內府、諸王藩府乃至各布政使司、按察使司、各府、州、縣及其儒學都相繼以刻書為風尚；南北兩京、福建、江蘇、浙江、安徽的大中城鎮，則書舖如林、書溢市肆。故明代刻書的機構之多，地區之廣，數量之大，以及刻書家之普遍，都為明以前的時代所不能比擬。〔註3〕

　　明代的書籍市場中，女教書的出版亦占有一席之地，日本學者山崎純一，列表統計了各朝女教書的著錄概況，得知有明一代女教書的出版，除了清代外，實居歷朝之冠，〔註4〕惜流傳至今，許多均已付之闕如。而在明代

〔註1〕據明・宋應星，《天工開物》，卷中，〈殺青・紙料〉載：「凡紙質，用楮樹皮與桑穰芙蓉膜等諸物者，為皮紙。用竹麻者，為竹紙。精者極其潔白，供書文印文柬啟用。」又〈殺青・造竹紙〉載：「凡造竹紙，事出南方，而閩省獨專其盛。」可見明代於製造竹紙、皮紙等各種紙張的選料、配料、工藝等，都較前朝有了更細密的方法，且對刻印用紙有了更詳細的考究。收入《叢書集成續編》第88冊（台北：新文豐出版社，1989），見頁742。

〔註2〕《明史》（台北：鼎文書局，1991），卷2，〈本紀二・太祖二〉，頁21。

〔註3〕李致忠，《歷代刻書考述》（成都：巴蜀書社，1990.4），頁216～217。

〔註4〕山崎純一對中國歷朝女訓書籍的撰述概況，茲列簡表如下：

表16：山崎純一統計歷代女訓書籍之撰述概況簡表

朝　代	漢	魏晉南北	隋唐	宋	元	明	清	不詳	合　計
冊數	11	11	13	4	2	48	52	5	146

見氏著，《教育からみた中國女性史資料の研究——女四書と新婦譜》（東京：

刊行各種版本的《列女傳》中，由於宋版《列女傳》品質精美，並附加插圖，因此，有一刻再刻的情形出現。此外，各種不同的明刊《列女傳》，其刊刻目的亦不盡相同。美國學者 Katherine Carlitz 透過晚明十一種《列女傳》的版本分析道：「這些大量蓬勃的女教出版活動，其實是來自不同目的與動機的結合。士大夫主要是為了整頓社會風氣而作；一些士紳家族（如徽州大族）大力出資刻印家鄉或家族的節烈傳記，乃為了榮耀門閭與祖先；至於坊間的書商，則是藉由精美的插圖與節烈故事的戲劇化情節，來吸引讀者的購買慾。」〔註5〕可見各方參與刊刻女教書的動機亦不一。

　　本章討論的重點，將從社會經濟史的角度，先探討女教書籍的刊刻品質與文化形貌，再佐以明代書價、刻工價、米價與官俸等史料，由側面對女教書閱讀市場的流布概況作一蠡測，俾能對女教書與明代社會文化的互動關係有更深一層的認識。

第一節　女教書的刊刻

　　由於女教書的出版，亦構成明代書籍市場中的一環。因此探討女教書的刊刻情形之前，擬先考察幾個明代重要的刊刻中心，其書籍的刻本品質與分布概況，進而探究女教書的成書品質與特色。至於各個書舖的地理分佈與流通情形，已有專人研究，茲不贅述。〔註6〕

一、明代重要的刻書業中心

　　明人胡應麟（1551～1602）《少室山房筆叢》載：

> 今海內書，凡聚之地有四：燕市也、金陵也、閶闔也、臨安也。〔註7〕

明治書院，1986.10），頁 23～46。但明代的女教書中，山崎純一除了將陸圻的《新婦譜》與陳確的《新婦譜補》列於清人的撰述外，尚有八部未予輯錄，如官修的《高皇后傳》以及私修的趙南星之《女兒經註》、馮汝宗之《女範編》、楊應震之《貞懿錄》、朱瑞圖之《女史全編》、吳震元之《奇女子傳》、馮夢龍之《列女傳演義》以及汪氏增輯之《繪圖列女傳》等八部。

〔註5〕Katherine Carlitz, "The Social Uses of Female Virtue in Late Ming Editions of Lienü Zhuan," *Late Imperial China*, 12：2（1991.12），pp.117-148.

〔註6〕陳昭珍，〈明代書坊之研究〉，國立台灣大學圖書館學研究所碩士論文，1984。

〔註7〕明・胡應麟，《少室山房筆叢》，收入《景印文淵閣四庫全書》第 886 冊（台北：台灣商務印書館，1983～86），卷4，〈經籍會通四〉，頁 4b。

又說：

> 凡刻之地有三：吳也、越也、閩也。蜀本，宋最稱善，近世甚希。
>
> 燕、粵、秦、楚今皆有刻，類自可觀，而不若三方之盛。〔註8〕

胡氏文中述及的這些地區，大多為盛產木料紙張、文化發達以及刻工叢聚的地方，故較容易形成刻印或書籍聚集的中心。茲以胡氏述及的這些刻印中心為主，分為南京、北京、蘇州、福建來探討，以俾一窺明代刻書業的發展概況。

（一）南　京

太祖定都南京後，即命「大將軍收圖籍致之南京，復詔求四方遺書，設秘書監丞，尋改翰林典籍以掌之。」〔註9〕將元代都城的圖書集中運到南方，此舉對明代南方的文化傳播與刻書事業提供了有利的條件。胡應麟云：

> 吳會、金陵擅名文獻，刻本至多，鉅帙類書，咸會萃焉。海內商賈
> 所資，二方十七，閩中十三，燕、越弗與也。然自本方所梓外，他
> 省至者絕寡，雖連楹麗棟，蒐其奇秘，百不二三。〔註10〕

由此可知，南京刻書事業的繁盛，不僅提供了本地書籍之所需，同時還供應了他省所不足。胡氏並評介了明代刻本的品質優劣，稱：

> 余所見當今刻本，蘇常為上，金陵次之，杭又次之。近湖刻、歙刻
> 驟精，遂與蘇常爭價。〔註11〕

此段文字不僅評價了刻本的質量，同時也點出了刻書地主要集中於江南。這些城鎮的刻書業，不論在刻書質量或印刷技術等各方面，都佔有重要的地位。以金陵書坊而言，除了出版大量的戲曲、小說之外，對《列女傳》等女教讀物亦有所刊印，如著名的唐氏文林閣、富春堂以及三多齋等書坊多刻有《列女傳》等女教讀物。〔註12〕而為了迎合讀著的喜好，一般戲曲小說都稱「出像」、「出相」或稱「全像」、「全相」，如三多齋所刻《列女傳》本，即題為《繡像古今列女傳演義》〔註13〕，此種圖文並茂的編排方式，也是書商為迎合讀

〔註8〕前揭書，卷4，〈經籍會通四〉，頁6b。

〔註9〕《明史》，卷96，〈志七十二・藝文一〉，頁2343。

〔註10〕明・胡應麟，《少室山房筆叢》，卷4，〈經籍會通四〉，頁5a-5b。

〔註11〕前揭書，卷4，〈經籍會通四〉，頁9b-10a。

〔註12〕Katherine Carlitz, "The Social Uses of Female Virtue in Late Ming Editions of Lienü Zhuan," *Late Imperial China*, 12：2（1991.12），pp.124-125.

〔註13〕明・馮夢龍編，西湖鱗眉客評，《列女傳演義》，收入《古本小說集成》（上海：

者的喜好，而紛紛仿效刊印。

（二）北 京

明永樂十九年（1421）遷都北京，北京城正式成為全國的政治文化中心，城內刻書業日趨繁盛，據胡應麟載：

> 燕中刻本自希，然海內舟車輻輳，筐篚走趨，巨賈所攜，故家之蓄錯出其間，故特盛於他處。第其直至重，諸方所集者，每一當吳中二，道遠故也。輦下所雕者，每一當越中三，紙貴故也。〔註14〕

北京雖然是書籍薈萃的集散地，但與江南地區相比，所刻書籍種類與數量並不多。又由於書籍必須遠道而來，故賣價比在吳越兩地貴二至三倍。近人王鍾翰曾指出：「有明一代，京師鬻書，在舊刑部街之城隍廟、棋盤街、燈市三處；刻書則在宣武門內之鐵匠營與西河沿兩處，然皆不甚盛，盛在江南也，清初仍同於明。」〔註15〕即可明瞭明代京城的刻書情況，不若江南興盛，然而北京做為全國的首都，交通發達，加以多高官巨室叢聚，同時也是士子趕赴科考的目的地，書商從遠地攜書赴京發賣特多，因此仍不失為明代書籍重要的集散地之一。

（三）蘇 州

蘇州由於地處江南，氣候溫和，物產風饒；加以人口叢聚，文風鼎盛，具備了刻印書籍的客觀條件。胡應麟也認為蘇州「刻本至多，聚帙類書，咸會萃焉」，復以藏書家眾多，所謂「薦紳博雅，勝士韻流，好古之稱藉藉海內，其藏蓄當甲諸方矣。」〔註16〕江蘇藏書風氣的盛況，近人葉萬忠據《蘇州文史資料》載曰：

> 吳中之風，素稱極盛，俊士薈萃于茲，鴻儒碩彥，代不乏人。以故吳中舊家，每多經、史、子、集四部書之儲藏，雖寒儉之家，亦往往有數十百冊；至于富裕之家，更是連櫃充棟，琳瑯滿目。故大江以南，藏書之富，首推蘇州。溯自元、明，以迄清季末葉，藏書之家，指不勝屈，擁有數千百卷之圖籍者，多不勝舉，居民中藏有一、

上海古籍出版社據古吳三多齋重梓，1990），共六卷，附插圖十二幅，此書有人認為係明人馮夢龍所作，有人認為係他人所偽託。
〔註14〕明・胡應麟，《少室山房筆叢》，卷4，〈經籍會通四〉，頁4b。
〔註15〕王鍾翰，〈北京書肆記〉，收入清・葉德輝等著，《書林掌故》（九龍：孟氏圖書公司，1972.7），頁39。
〔註16〕明・胡應麟，《少室山房筆叢》，卷4，〈經籍會通四〉，頁5a-5b。

二十箱線裝書的，並不為奇。〔註17〕

江蘇藏書風氣之盛，也連帶使得蘇州刻印書籍的產量大為提高，故即使是寒儉之家，手中亦多有藏書，不足為奇。

一般來說，藏書家往往兼事編撰與刻印的工作，而刻書家則大多為藏書豐富的藏書家，明萬曆以後，尤以錢謙益（1582～1664）的絳雲樓與毛晉（1599～1659）的汲古閣兩地之藏書質量雄視於東南。〔註18〕即以毛晉汲古閣為例，毛氏性嗜書籍，為求善本，每每在其宅門前貼上告示單說：

> 有以宋槧本至者，門內主人計葉酬錢，每葉出二佰；有以舊鈔本至者，每葉出四十；有以時下善本至者，別家出一千，主人出一千二百。〔註19〕

這種高價求購善本的手段，使得大量書商雲集於七星橋毛宅門前，當時甚至還有民諺說：「三百六十行生意，不如鬻書於毛氏。」〔註20〕以毛晉藏書量之豐，對明代藏書風氣的提昇自有其推波助瀾的功效。

江南蘇州的藏書量不僅豐富，其質亦精，〔註21〕胡應麟評論蘇常的刻本說道：「其精，吳為最」，又說：「當今刻本，蘇常為上」，〔註22〕可見他對蘇州刻本品質精良的激賞。此外他對蘇州與南京的書市，佔全國書市的地位上作出了估計曰：「吳會、金陵，擅名文獻，刻本至多，……海內商賈所資，二方十七」，〔註23〕也就是說，兩地的書市約佔了全國書籍市場流通量的十分之七，足見蘇州、南京的書坊刻書業發達之一斑。胡氏並稱：「凡姑蘇書肆，多在閶門內外及吳縣前，書多精整，然率其地梓也」〔註24〕，可見蘇州書市與南京書市相仿，所販售的書籍多以本地刻印者為主，而刻印的書籍除了經史子集等科考用的類書外，戲曲小說、稗官詞話亦為其大宗。至於《列女傳》等女教讀物的出版，據可考者有吳縣的長春閣，出版有《列女傳演義》，

〔註17〕葉萬忠，〈蘇州歷史上的刻書和藏書〉，收入《古籍論叢》（福州：福建人民出版社，1982），頁412。

〔註18〕袁同禮，〈明代私家藏書概略〉，《圖書館學季刊》，2：1（1927.9），頁5。

〔註19〕清・葉德輝，《書林清話》（台北：世界書局，1988），卷7，頁192，「明毛晉汲古閣刻書之二」條。

〔註20〕前揭書，卷7，頁192，「明毛晉汲古閣刻書之二」條。

〔註21〕清・黃丕烈，《士禮居藏書題跋記續》，收入《叢書集成新編》第2冊（台北：新文豐出版社，1985），頁636。

〔註22〕明・胡應麟，《少室山房筆叢》，卷4，〈經籍會通四〉，頁6b，9b。

〔註23〕前揭書，頁5a。

〔註24〕前揭書，頁6a-6b。

為崇禎元年至十七年（1628～1644）的刊本，也是當時書籍市場中販售的書刊之一。〔註25〕

（四）福 建

自南宋至明季，福建一直是全國重要的刻書中心之一。清閩人陳壽祺（1771～1834）稱：「建安、麻沙之刻，盛于宋，迄明末已。四部巨帙，自吾鄉鋟版，以達四方，蓋十之五六。」〔註26〕宋、元時代，福建的書坊多集中於建寧府的建安縣一帶。入明以後，建安的書坊地位，漸由建陽的書坊取而代之，而建陽的書坊主要以麻沙、崇化兩處為書籍的產銷中心，自昔即號稱「圖書之府」。但後來麻沙的書坊毀於祝融，故明代時崇化的書坊乃成為福建最大的書籍產銷中心。據嘉靖《建陽縣志》載：「書市在崇化里，比屋皆鬻書籍，天下客商販者如織，每月以一、六日集。」〔註27〕像崇化里每個月約有一至六天專門出售書刊的集市，為同時其他地方所無，而能吸引全國書商絡繹不絕地前去批貨，可見此「圖書之府」提供商品書籍之豐富。

其中建陽的余氏，可說是明代最大的刻書家族，〔註28〕刻書內容相當廣泛，除了供文人操觚射鵠的經史文集外，又有供平民日常應用的醫藥卜算之類的雜書，其他如余象斗的三台館刻有《古今列女傳》等女教書刊，也是當時書市中販售的讀物之一。〔註29〕

另一方面，若以建本所用的紙材而言，除少數用白棉紙，藍靛來印刷外，其餘多是用大苦竹所造，專供印書用的本地特產書籍紙以及鄰縣廉價的順昌紙。〔註30〕胡應麟評介道：

〔註25〕 Katherine Carlitz, "The Social Uses of Female Virtue in Late Ming Editions of Lienü Zhuan," *Late Imperial China*, 12：2（1991.12），pp.124-125.

〔註26〕 葉長青，〈閩本考〉，《圖書館學季刊》，2：1（1927.9），頁119。

〔註27〕 明‧馮繼科撰，《建陽縣志》，收入《天一閣藏明代方志選刊》第31冊（台北：漢學研究中心藏，明嘉靖年刊本），卷3，〈封域志〉，頁6a，「鄉市」條。

〔註28〕 明代余氏書坊之堂號計有：三台館、雙桂堂、雙峰堂、萃慶堂、自新齋、居仁堂、克勤齋、興文書堂、存慶堂、雙柱堂等，而余氏經營書坊已知者達三十人之多，可說是最大的刻書家族。詳參陳昭珍，〈明代書坊之研究〉，國立台灣大學圖書館學研究所碩士論文，1984，見頁34。另可參閱，蕭東發，〈建陽余氏刻書考略〉，收入上海新四軍歷史研究會印刷印鈔分會編，《歷代刻書概況》（北京：印刷工業出版社，1991.9），頁90～146。

〔註29〕 Katherine Carlitz, "The Social Uses of Female Virtue in Late Ming Editions of Lienü Zhuan," *Late Imperial China*, 12：2（1991.12），pp.124-125.

〔註30〕 張秀民，《中國印刷史》（上海：上海人民出版社，1989），頁388。

閩中紙短窄鬆脆，刻又舛訛，品最下而直最廉。〔註31〕

明人謝肇淛亦云：「閩建陽有書坊，出書最多，而板紙俱最濫惡，蓋徒為射利計，非以傳世也。」又說：「板苦薄脆，久而裂縮，字漸失真，此閩書受病之源也。」〔註32〕由此可知，建本的印刷數量雖大，然而所用紙材並不考究，以致保存不易，為時人所詬病。故胡應麟評論道：

> 三吳七閩，典籍萃焉……其精，吳為最；其多，閩為最，越皆次之；
>
> 其質重，吳為最；其質輕，閩為最，越皆次之。〔註33〕

可見明人以為福建的出書量雖然獨占鰲頭，但就書刊品質而言，卻不如蘇常之精美，故評價不高。

至於建本刻書內容的良窳，明末清初的周亮工（1612～1672），在《書影》中，曾揭露建本之弊說：「予見建陽書坊中所刻諸書，節縮紙板，求其易售，諸書多被刊落。」〔註34〕明人郎瑛述及建本的內容時，亦批評道：

> 我朝太平日久，舊書多出，此大幸也；亦惜為福建書坊所壞。蓋閩專
>
> 以貨利為計，但遇各省所刻好書，聞價高即便翻刻，卷數目錄相同，
>
> 而於篇中多所減去，使人不知，故一部止貨半部之價，人爭購之。近
>
> 如徽州刻《山海經》，亦效閩之書坊，只為省工本耳。嗚呼！秦火燔
>
> 而六經不全，勢也。今為利而使古書不全，為斯文者寧不奏立一職以
>
> 主其事。如上古之有學官，或當道於閩者，深曉而懲之可也。〔註35〕

由郎瑛強烈的感嘆可知，當時書坊為求圖利，不惜把書中內容多所刪減，以省工本，廉價銷出。對於這種翻刻的惡習，明人多有所議論，認為書坊在刻印求速圖利的前提下，不僅校勘不精，又隨意竄改古書內容，以致訛謬百出，應該請官府予以干涉。明末顧炎武（1613～1682）進一步指出：「萬曆間人多好改竄古書，人心之邪，風氣之變，自此而始。」〔註36〕

〔註31〕明‧胡應麟，《少室山房筆叢》，卷4，〈經籍會通四〉，頁7a。

〔註32〕明‧謝肇淛，《五雜俎》（台北：偉文圖書出版公司，1977.4），卷13，〈事部一〉，頁337～338。

〔註33〕明‧胡應麟，《少室山房筆叢》，卷4，〈經籍會通四〉，頁5a-6b。

〔註34〕清‧周亮工，《書影》（台北：漢京文化事業有限公司，1984.3），卷1，頁8。

〔註35〕明‧郎瑛，《七修類稿》（北京：中華書局，1961.9），卷45，〈事物類〉，總頁665，「書冊」條。

〔註36〕明‧顧炎武，《日知錄》（台北：台灣商務印書館，1978.6），卷18，頁125，「改書」條。

　　總之，明代中葉以後江南地區日趨繁盛的刻書業，雖然提供了女教書刊刻的社會環境，然而書坊在投機獲利的前提下，使翻刻古書的惡習流衍至清。筆者在蒐羅明代女教書的過程中，亦見此一現象，如現藏於國立故宮博物院善本室的《典故列女傳》一書，其書名題為《古今列女傳》，作者屬名「明解學士撰」，為清嘉慶七年（壬戌，1802）埽葉山房的刊本。內文各卷首，則另題名為《典故列女傳》（參見圖 7），共有四卷。惟據筆者考察明初解縉（1369～1415）之生平，並無編纂此部《典故列女傳》，但於永樂元年（1403）曾奉敕與黃淮等人共同編輯《古今列女傳》一書，對照兩部《列女傳》的內容實大相逕庭。又考故宮所藏《典故列女傳》之內容，收錄有明代中期呂坤（1536～1618）與許相卿（1479～1557）等人規誡女德之語，顯然並非解縉所纂。其後筆者檢閱《典故列女傳》之內容，與清人藍鼎元（1680～1733）所撰的《女學》內文部分完全相同。由上所述，可以推知故宮所藏《典故列女傳》，應為清人藍鼎元所撰之《女學》，而書坊為謀求商業利潤，乃不惜偽託明人解縉所著，以提高此書的刊本價值，故究其書坊翻刻古書與假託冒名的惡習，或可視為明代中葉以後社會風氣丕變的反映，甚至到清代亦是如此。〔註 37〕

〔註37〕據潘銘燊考證書坊刻書業的惡風，諸如標新立異、簡略長篇、盜印著作、印行偽書等書業惡風，可以上溯自南宋已肇其端。詳閱氏著，〈書業惡風始於南宋考〉，《香港中文大學中國文化研究所學報》，1981 年第 12 卷，頁 271～280。

圖 7：國立故宮博物院所藏《典故列女傳》封面及卷首書影

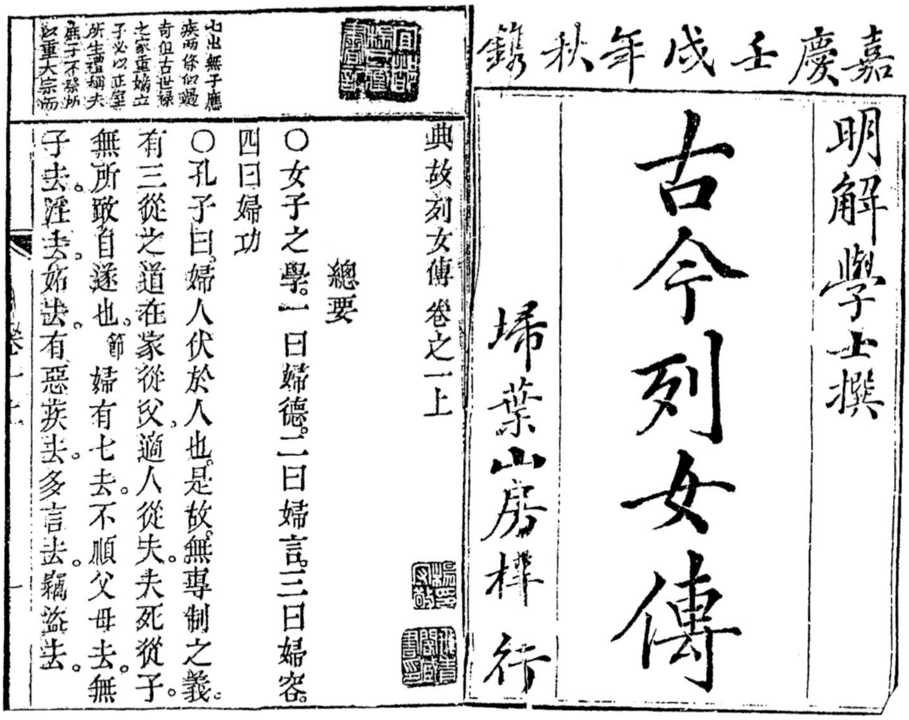

嘉慶壬戌年秋鐫

明解學士撰

古今列女傳

掃葉山房梓行

也出無子應疾兩條似過奇但古世祿之家重嫡立子必以正室所生禮稱夫無子不祭所以重大宗而

典故列女傳卷之一上

總要

○女子之學。一曰婦德。二曰婦言。三曰婦容。四曰婦功

○孔子曰。婦人伏於人也。是故無專制之義。有三從之道。在家從父。適人從夫。夫死從子。無所敢自遂也。節 婦有七去。不順父母去。無子去。淫去。妒去。有惡疾去。多言去。竊盜去。

二、明刊女教書的特色

學者吳光清指出，明代印刷事業有四項特殊的成就，分別為：銅活字的應用、宋元古版的摹刻、彩色套版印刷術的應用以及木板插圖的應用。〔註 38〕這些成就與發展都需要有技藝精良的刻書工匠才能達成。而明季萬曆晚期至崇禎年間，正是我國雕版印刷術發展到了極盛時代。不論是通俗小說，或是雜劇戲曲，幾乎無書不附圖。前人稱雕印的附圖為「繪刻」、「出相」、「繡相」、「繪圖」等多種名稱，近人則統稱之為「版畫」。〔註 39〕此時期不僅圖繪雕印精美，還與套版印刷術相結合，使印刷品質達到了藝術的境界，明刊女教書的特色即以套色印刷與插圖版畫兩種技術的相結合，不但能提高

〔註 38〕K. T. Wu（吳光清），"Ming Printing and Printers," *Havard Journal of Asian Studies*, 7：3（1943.2）,p.203.

〔註 39〕吳哲夫，〈明代版畫的發展與特色〉，收入《明代版畫藝術圖書特展專輯》（台北：國立中央圖書館編，1989.12），頁 248。

書籍的銷售力，也可使女教書籍的閱讀市場更為廣闊。茲以這兩項特點為主，加以論述。

（一）套色印刷

套色印刷術的形成，溯其淵源，據學者的考證，應當是脫胎於「雙印法」的運用在先。〔註40〕所謂「雙印法」乃是在一塊雕版上，經過兩次不同顏色的刷印，而成一張有朱、墨兩色的印品。印朱時，將備印墨色的文字貼蓋起來；印墨時，則同樣將印朱的文字貼蓋起來。這種「雙印法」至遲在元代即已出現。現國內藏有一部元至正元年（1341）雕印的《金剛經》〔註41〕，其經文大字，以朱印；而注解雙行，採墨印。色彩燦爛悅目，此種雙印法極為費工，且所用朱色乃以硃砂為原料，故書價相當昂貴，故萬曆十七年（1589），胡應麟在其撰成的《經籍會通》一書上說：

> 凡印有朱者，有墨者，有靛者，有雙印者，有單印者。雙印與朱，
> 必貴重用之。〔註42〕

由此可知，早期的朱墨雙印本，因其價昂而印者少，故傳世亦寡。

據大陸學者王重民的考證，套版印刷術的發明，應在萬曆三十年（1602）左右，由徽人所發明。〔註43〕而現存最早用套版印刷的書即為《閨範十集》，此書為萬曆三十年的刊本，共有六卷，所載列女從周秦到明代鄒元標妻，每人立一傳，繪一圖，所以又名《古今女範》。傳由黃尚文（字希周）所作，圖由程起龍（字伯陽）所繪，版則由黃應瑞（字伯符）所刻，而三人均為徽州歙縣黃家塢人。是書卷一至卷四的內容以馮汝宗的《女範編》為基礎，惟改換了原書的卷次。其第五卷的卷目則題為〈閨範十集補遺〉，卷六分別為「皇明內訓」、「女孝經」及曹大家的「女論語」、「女誡」等各部女教書的內容。此書與前文第二章所述及《閨範十集》的作者與書名相同，但刊本不同。又是書同樣為朱墨兩色的套印本，其中墨版部分即為前四卷以《女範編》為基礎的內容，朱版部分則為作者的評閱與內文各段的圈點。由上所述，可以明

〔註40〕王重民，〈套版印刷法起源於徽州說〉，收入上海新四軍歷史研究會印刷印鈔分會編，《雕版印刷源流》中國印刷史料選輯之一（北京：印刷工業出版社，1990.9），頁448～449。

〔註41〕台北國立國家圖書館藏有：元·釋思聰註解，《金剛般若波羅蜜經》一卷一冊，〔元至正元年（1341），中興路資福寺刊朱墨套印本，採經摺裝形式〕。

〔註42〕明·胡應麟，《少室山房筆叢》，卷4，〈經籍會通四〉，頁8a-8b。

〔註43〕王重民，〈套版印刷法起源於徽州說〉，頁454。

瞭真正開始有朱墨套印版的傳世，大約在萬曆三十年（1602）左右。〔註44〕

此外，啟禎間湖州的吳興閔氏、凌氏家族在晚明套色印刷的基礎上，更進而刻印了大量的套色書籍，由初期的朱墨套印發展成多色套印。葉德輝《書林清話》云：

> 顏色套印書始於明季，盛於清道咸以後。〔註45〕

顧廷龍、潘程弼同纂的《明代版本圖錄初編》中亦載：

> 朱墨套印，肇自啟禎間吳興望族閔氏、凌氏，其最著者也。閔昭明
> 之《武經七書》、閔齊汲之《東波易傳》……凌汝亨之《管子》、凌
> 濛初、瀛初之《呂覽淮南》其較著者。他如三色套印朱墨而外，兼
> 用藍筆，如《古詩歸》、《唐詩歸》之類，四色套印益以黃筆，如凌
> 瀛初所刊之《世說新語》是也。〔註46〕

明泰昌元年（1620），陳繼儒（1558～1639）為閔齊汲所刻朱墨套印本的《史記鈔》作序曰：

> 自馮道、毋昭裔為宰相，一變為雕版；布衣畢昇，再變為活版；閔
> 氏三變為硃評。〔註47〕

可見多色套印之法直至啟禎間，閔氏、凌氏始開始大量發展起來。而所謂套版印刷術的運作，乃是將一個版面的文字依不同顏色的部位，分別各雕一版，嵌合再一起，即成為一整版。將朱、墨分別刷於不同的版，印於同一紙面上，即可印成兩色的成品。三色、四色則依此類推。此種套印法比最初使用的雙印法又邁進了一大步，不但可印出較複雜的成品，同時也不至於像採用雙印會有朱、墨顏色重疊的情況發生。明末以來，顏色套印的刊本甚多，除了印刷技術的改良之外，朱色顏料覓得了代用品，無需非採用硃砂為原料不可，也是其中的原因，否則硃砂價昂，書價必非一般庶民百姓所能消費得起。〔註48〕

〔註44〕前揭文，頁 454～455。

〔註45〕清・葉德輝，《書林清話》，卷 8，頁 214，「顏色套印書始於明季，盛於清道
　　　　咸以後」條。

〔註46〕清・吳縣顧廷龍、潘承弼同纂，《明代版本圖錄初編》（台北：文海出版社，
　　　　1971），卷 10，〈套印〉，頁 459。

〔註47〕昌彼得，〈套版印刷術的演進〉，收入《明代版畫藝術圖書特展專輯》（台北：
　　　　國立中央圖書館編，1989.12），頁 225。

〔註48〕前揭文，頁 226。

（二）插圖版畫

早在兩漢時期，書籍中已有插圖的出現。據《後漢書·梁皇后紀》載述梁皇后「常以列女圖畫置於左右，以自堅戒。」句下並注明「劉向撰《列女傳》八篇，圖畫其象。」〔註49〕可知在兩漢時期，即有圖繪行世。不過在隋唐以前，雕版技術尚未成熟，因此書中插圖大多是手繪或輾轉臨摹而得，至宋元時代才有以木板作為大規模的雕印插圖出現。

其中宋版《列女傳》，於北宋仁宗嘉祐八年（1063）刊於「建安余氏靖安勤有堂」，這是一部我國所存較早，並且非常著稱的插圖刻本。徐康《前塵夢影錄》曾說：

繡像書籍，以宋槧《列女傳》為最精。〔註50〕

到了元代，並有重刊的摹本，及至明清還在傳摹刻印。宋版《列女傳》的插圖形制，係以「上圖下文」的形式呈現，文圖相輔，為流行一時的插圖格式。全書八篇共一百二十三節，插圖也是一百二十三幅，可謂宋代當時的大觀之作。〔註51〕

宋元插圖版畫的取材範圍，舉凡人物、花草、鳥獸以至器物用具，無所不畫。宋元之際版畫的發展，由於結合實際生活的反映，因此提供明代版畫插圖有利的條件。而明代版畫之所以有輝煌成就，又肇因於社會上對於各種書籍的需求量擴大，不但刺激了雕版手工業者提高產量與質量；同時，各地的雕工也愈來愈專業化，競相發展的結果，形成了各地方不同的派別。〔註52〕

其中安徽徽州黃、汪兩姓的刻工，人才濟濟，世代相傳，名手輩出，技藝都很專精，便自然的形成徽州一派。清人錢泳（1759～1844）的《履園叢話》便說：「雕工隨處有之，寧國、徽州、蘇州最盛亦最巧。」〔註53〕徽人之

〔註49〕南朝宋·范曄撰，唐·李賢等注，《後漢書》（台北：鼎文書局，1991），卷10，〈皇后紀十〉，頁438，「順烈梁皇后」條。

〔註50〕清·徐康，《前塵夢影錄》，收入《叢書集成初編》第251冊（上海：商務印書館，1937.6），卷下，頁39。

〔註51〕王伯敏，《中國版畫史》（台北：蘭亭書店，1986），頁30。

〔註52〕周蕪把明清時代重要的版畫派別依各家的特色，大致分為建安版畫、金陵版畫、武林版畫、徽派版畫、吳興版畫、蘇州版畫以及北京版畫等派別。見氏著，《中國版畫史圖錄》（上海：上海人民美術出版社，1988.10），頁5～11。

〔註53〕清·錢泳，《履園叢話》，收入沈雲龍等編，《近代中國史料叢刊續輯》第813冊（台北：文海出版社，1981），卷12，〈藝能〉，頁324，「雕工」條。

所以雕印出精巧的作品，除了世代相傳的技藝外，還與其生活的背景息息相關。謝肇淛曰：

> 吳之新安，閩之福唐，地狹而人眾。四民之業，無遠不屆，即遐陬窮髮，人跡不到之處，往往有之，誠有不可解者。蓋地狹則無田以自食，而人眾則射利之途愈廣故也。〔註54〕

顧炎武引《徽州府志》言：「田皆仰高水，故豐年甚少。大都計一歲所入，不能支什之一。小民多執技藝，或販負就食他郡者常十九」，〔註55〕徽民的技藝中又以刻工精巧最引人重視。徽州刻工多集中於歙縣、休寧兩地，尤以歙縣虯村黃氏刻工最為著稱，其成就盛於明萬曆至清乾隆初，差不多近兩百年的時間，時人若有刻，多求之新安黃氏。〔註56〕據張秀民考證黃氏刻工所刻之圖書，其中女教書的刊刻情形，茲列表於下：

表17：明虯村黃氏刻工世系生卒及其所刻女教書簡表〔註57〕

世系	姓 名	字 號	關 係	生 卒 年	所刻圖書	刊　　本
25世	黃鎬	字子周		嘉靖	古列女傳	萬曆丙午年（1606）刊本
26世	黃應組	號仰川		1563～	古今女範	萬曆間刊本
	黃應濟			1565～1640	女範編	萬曆壬寅年（1602）刊本
	黃應淳	字仲還	應濟弟	1573～1641	閨範圖說	約萬曆壬子年（1612）泊如齋刊本
	黃應渭	字兆清	應淳弟	1583～	閨範圖說	同上

〔註54〕明・謝肇淛，《五雜俎》（台北：偉文圖書出版公司，1977.4），卷4，〈地部二〉，頁102。

〔註55〕明・顧炎武，《天下郡國利病書》（台北：台灣商務印書館，四部叢刊廣編21冊，據上海涵芬樓景印崑山圖書館原編第九冊藏稿本），〈鳳寧徽〉，頁75a，「徽州志」條。

〔註56〕張薔編，《鄭振鐸美術文集》（北京：人民美術出版社，1985.6），頁10。

〔註57〕張秀民根據北京圖書館所藏版畫原本、《黃氏宗譜》、鄭振鐸的《中國歷代版畫圖錄》、郭味蕖的《中國版畫史略》及諸家書目，將明代虯村黃氏版畫家之姓名、字號、世系生卒及其所刻圖書予以彙整。原表起自黃氏25世至28世，共31人，今節錄凡刻有女教書者，列表如上。其中《女範編》又作《古今女範》，均萬曆間刊本；此外，以上所刻之女教書皆附有插圖，參見氏著，〈明代徽派版畫黃姓刻工考略〉，收入《張秀民印刷史論文集》（北京：印刷工業出版社，1988），頁171～179。

	黃應瑞	字伯符		1578～1642	女範編 閨範圖說	同上
	黃應泰	字仲開	應瑞弟	1583～1642	女範編	同上
	黃應祥	字叔吉	應泰弟	1591～	閨範圖說	同上
27世	黃一楷			1580～1622	閨範圖說	同上

　　另一方面，徽墨品質的優良，也是促使徽州刻本名聞遐邇的重要因素。沈德符曾贊曰：「新安人例工製墨，……名振宇內，所刻墨譜，窮極工巧。」〔註58〕胡應麟亦評論道：「近湖刻、歙刻驟精，遂與蘇常爭價。」〔註59〕徽州刻本的精美，正由於擁有產佳墨良紙的自然條件，再加上歙縣良工輩出，雕鏤版畫，窮工極巧，故可與蘇常刻本競價，同為時人所珍視。

　　隆、萬之際所刻版畫書籍最多，其中最為豐富多采的，要算是戲曲小說中的插圖。顧廷龍、潘承弼在《明代版本圖錄初編》中說：

> 繡像圖籍，流衍說部，而傳奇雜劇，點綴景物。名筆工緻，妙擅絕
> 藝，隆萬以還，斯業特盛。〔註60〕

大木康亦談到，晚明時期，帶有插畫的戲曲小說，由於文圖並茂，對於不識字的市井小民而言，亦可打動人心，提高他們的閱讀興趣，是故人手一本，普遍受到社會大眾的喜愛。〔註61〕而書商也就無不迎合讀者的口味，紛紛出版附有插圖的戲曲小說。據孝宗弘治十一年（1498）的《奇妙全相西廂記》，其書尾載記金臺岳氏書舖的刊印說明曰：

> 本坊僅依經書重寫繪圖，參訂編次大字本，唱與圖合，使寓與客
> 邸，行于舟中，閑遊坐客，得此一覽始終，歌唱了然，爽人心意。
>
> 〔註62〕

由此可知，明中葉以來，戲曲小說多附有木刻插圖，不僅是閑遊坐客助興的讀物，還由於其通俗易懂，故能「唱與圖合」、「爽人心意」，在書籍的銷售市

〔註58〕 明·沈德符，《萬曆野獲編》，收入《筆記小說大觀》第15編，卷26，〈玩具〉，
　　　　總頁3838，「新安製墨」條。

〔註59〕 明·胡應麟，《少室山房筆叢》，卷4，〈經籍會通四〉，頁9b-10a。

〔註60〕 清·顧廷龍、潘承弼，《明代版本圖錄初編》，卷11，〈繪圖〉，頁473。

〔註61〕 大木康，《明末江南における出版文化の研究》《廣島大學文學部紀要》第50
　　　　卷特輯號1（1991.1），頁100。

〔註62〕 吳哲夫，〈明代版畫的發展與特色〉，收入《明代版畫藝術圖書特展專輯》（台
　　　　北：國立中央圖書館編，1989.12），頁250～251。

場中，佔有了一席之地。

　　明萬曆以後，傳記題裁的女教書中亦多附插圖。圖畫中把節婦貞女的人物形象，刻畫得栩栩如生，維妙維肖。書籍插圖的編排形式，大體有以下幾種類型：卷首附圖，〔註63〕上圖下文以及文中插圖，其中文中插圖多於傳前附圖，又可分為單面〔註64〕、雙面〔註65〕等形式。其中以明富春唐刊本的《古今列女傳評林》而言，書中先圖後文，畫風極為古樸厚實。所繪的人物布景，線條極為粗獷。又利用版刻特點，採陰陽刻相間，舉凡畫中人物的危冠高髻、屋室樓榭以及桌椅山石等，每幅多有大量的「留黑」，加以富春堂特有的通欄標題，左右對聯與合頁連式的風格，使其畫面更顯得疏朗廣闊，為萬曆年間的代表作品之一（參見圖 8、圖 9）。〔註66〕其後徽派版畫傳入南京，以細膩工整的筆法見長，如《閨範》、《女範編》、《閨範十集》至明末的《列女傳演義》、《繪圖列女傳》等多部女教書，均講求細緻精美的版畫風格，從此很難再見到如《古今列女傳評林》一般以豪放樸實的畫風為主的作品。

〔註63〕如明・馮夢龍編，西湖鬚眉客評閱的《列女傳演義》，於卷首附圖十二幅，合每卷二幅。

〔註64〕如呂坤的《閨範》、馮汝宗的《女範編》以及黃希周的《閨範十集》等均為單面形式的插圖。

〔註65〕如茅坤增補，彭烊評閱的《古今列女傳評林》與汪氏增輯，仇英繪圖的《繪圖列女傳》等均為雙面構圖的形式。

〔註66〕前揭書，頁 1～2，〈跋〉。

圖8：《古今列女傳評林》明太祖馬皇后圖

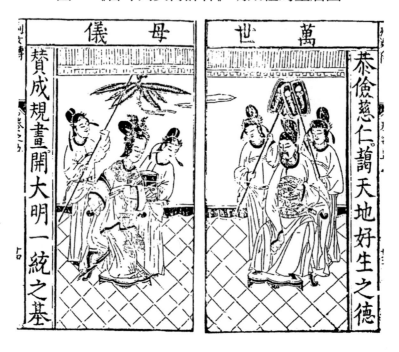

圖9：《古今列女傳評林》明·解楨亮妻引刀截耳示信圖

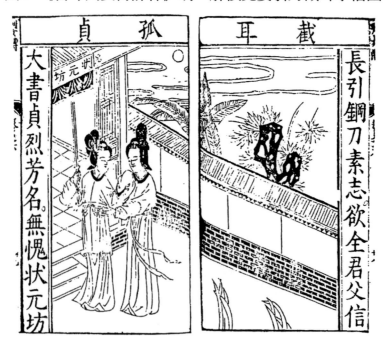

　　此外，在這些女教書的插圖裏，可以顯見多與園林景緻相互輝映，是其一大特色。此與明中葉以來，社會經濟日益繁榮，江南園林造景十分發達的情形有關。〔註67〕而江南園林的盛況，使明代文人常相邀出遊，沿途玩賞，吟詩作畫，因此留下不少遊歷山水的詩文和繪畫。即由於當時人士多重視山水園林的記遊，促使當時不少刻工在繡像中很自然的穿插園林景物，以使畫面襯托得更為文雅恬靜，意境幽美。例如《繪圖列女傳》中的「劉愚妻」，〔註68〕雖然劉氏甘於貧困，竇事機杼，但畫面上仍把她安排在有庭院的屋宅內，並仔細描繪了其中的庭園景緻（參見圖10）。又同書中的節婦「王素娥」即是一幅美女憑欄的仕女畫，〔註69〕書中文字主要在宣揚其甘貧守志的節婦生活，然而在觀看傳旁的插圖時，讀者也不免隨著畫中主角的視線而欣賞眼前的庭花美景（參見圖11）。此外，《人鏡陽秋》卷七的「唐夫人」圖〔註70〕（參見圖12）、《女範編》的「晉伯宗妻」（參見圖13），〔註71〕在兩者的插畫中，畫屏與園林奇石並置，更是一個值得玩味的有趣現象。

〔註67〕明人王錡曾載述：「正統、天順間，余嘗入城，咸謂稍復其舊，然猶未盛也。迨成化間，余恆三、四年一入，則見其迴若異境，以至於今，愈益繁盛，閭簷輻輳，萬瓦甃鱗，城隅濠股，亭館布列，略無隙地。」見氏著，《寓圃雜記》（北京：中華書局，1984.6），卷5，頁42，「吳中近年之盛」條，；又沈德符曰：「嘉靖末年，海內宴安，士大夫富厚者，以治園亭。」可見到了成化後期，江南園林始出現五彩繽紛的局面。見氏著，《萬曆野獲編》，卷26，〈玩具〉，總頁3832，「好事家」條。

〔註68〕明‧汪氏增輯，仇英繪圖，《繪圖列女傳》（台北：正中書局據清知不足齋藏本重印，1971.8），卷11，總頁1026～1027，「劉愚妻」條。

〔註69〕前揭書，卷15，總頁1406～1407，「王素娥」條。

〔註70〕明‧汪廷訥，《人鏡陽秋》（台北：國家圖書館善本室藏，明萬曆二十八年新都環翠堂原刊本），卷7，〈竭力類〉，頁31b-32a，「唐夫人」條。

〔註71〕明‧馮汝宗，《女範編》（台北：國家圖書館善本室藏，明萬曆三十一年宛陵劉岩等刊本），卷2，〈賢女〉，頁14b，「晉伯宗妻」條。

圖 10：《繪圖列女傳》宋・劉愚妻甘貧簍事圖

圖 11：《繪圖列女傳》明・王素娥甘貧守志圖

圖12：《人鏡陽秋》唐・崔山南妻乳姑圖

圖13：《女範編》周・晉伯宗妻旁聽其夫宴客圖

總之，女教書透過種種形式的列女插圖，不但可增加刻本的美觀，提昇刻本價值，又可藉由生動寫實的畫面，以輔助文字的解說。此種圖文並茂的編排形式，可使雅俗共賞，為閱讀者的認知，提供了更為深刻的印象，同時也展現了明代社會文化活潑豐富的一面。

第二節　女教書的流布

本節擬先從明代書籍與人民的購買力作一蠡測，但由於明代書籍標有書價的資料極少，即使有標示，也不清楚其內容究竟包含了多少字數，故難以推算出其書價的貴賤。因此本文擬從側面對書價略作推測，也就是說從當時書籍的刻工價與印刷物料等價格，再佐以明代中後期的糧價與官俸作一對照，以考察書籍成本的貴賤與明代書籍主要的閱讀群相為何？

本節討論的另一重點為女教書在閱讀市場的流布概況，擬分為宮禁、藩屬與民間三方面來探討，藉此反映出女教書籍在明代閱讀市場上的流布情形。

一、書籍購買力之蠡測

明代書價傳世甚少，據葉德輝《書林清話》載：

> 書林劉宗器安正堂⋯⋯萬曆辛亥三十九年（1611），刻《新編事文類聚翰墨大全》一百二十五卷，見繆續記。（云書前牌子末云：萬曆辛亥歲孟夏月重新整補好紙版，每部價銀壹兩整，安正堂梓。）〔註72〕

又據日本學者磯部彰與酒井忠夫蒐羅標有明代書價的書冊計有五部，分別是：（1）《封神演義》（內閣文庫藏）──每部定價紋銀二兩；（2）《新調萬曲長春》（尊經閣文庫藏）──每部價銀一錢二分；（3）《曾南豐先生文集》（東北大學狩野文庫藏）──每部價銀八錢；（4）《漢魏名家集》三十五冊，萬曆刊本（蓬左文庫藏）──每部紋銀三兩；（5）《萬寶全書》三十七卷，五冊（東京大學東洋文化研究所仁井田文庫藏）──每部價銀一錢。〔註73〕此外，酒井忠夫在《明代の日用類書と庶民教育》中指出：「萬曆時，大部分的日用類

〔註72〕清・葉德輝，《書林清話》，卷 5，頁 132～133，「明人私刻坊刻書」條。

〔註73〕以上（1）至（4）本為磯部彰所載，見氏著，〈明末における『西遊記』の主體的受容層に關する研究──明代「古典的白話小說」の讀者層をめぐる問題について〉，《集刊東洋學》第 44 號（1980），頁 55，61；至於第（5）本則由酒井忠夫所載，見氏著，〈明代の日用類書と庶民教育〉，收入林友春編，《近世中國教育史研究──その文教政策と庶民教育》（東京：國土社，1958.3），頁 89。

書的定價為銀一兩，往後比較粗糙的版本，在崇禎的時候用銀一錢即可買賣交易，至於雜字類的小書就又更便宜了。」〔註74〕由上述記載看來，明代書價從萬曆至崇禎約由一錢至三兩銀不等。

　　另一方面，若從側面來評估書籍的刻工與其印刷物料的成本，亦可反映出明季書價的概況。葉德輝引蔡澄《雞窗叢話》云：「前明書皆可私刻，刻工極廉。」〔註75〕又說：

　　　　聞前輩何東海云，刻一部古注十三經，費僅百餘金，故刻稿者紛紛
　　　　矣。〔註76〕

而明時刻工價可考者，據明嘉靖三十三年（1554）閩沙謝鸞識嶺南張泰所刻的《豫章羅先生文集》一書中，其目錄後題有：「刻板捌拾參片，上下兩帙，壹佰陸拾壹葉，繡梓工資貳拾肆兩木記，以一版兩葉平均計算，每葉合工貲壹錢伍分有奇，其價廉甚，至崇禎末年，江南刻工尚如此。」〔註77〕的字樣。再據萬曆四十年（1612）刊行的《徑山藏》，其中〈經律異相〉的部分，每卷後都有題記，如卷一題記云：

　　　　浮渡居士吳用先，施貲刻此〈經律異相〉第一卷，計字八千七百七
　　　　十個，該銀四兩三錢八分五厘。自下釋在慎對，上元王自謙書，許
　　　　一科刻。萬曆壬子歲夏六月徑山化城識。〔註78〕

由此識語可知，若以字計則每百字合銀約五分。又據萬曆時所刻的《支那本釋藏》，每卷後亦記有字數多少及刻資銀若干。如〈宋高僧傳〉卷一，計字七千三百九十五個，合銀三兩七錢，約計每百字合銀五分。〔註79〕此外，萬曆四十四年（1616）的刻本《弘明集》，其第一卷計字共一萬兩千一百九十個，合銀六兩三錢二分七厘，則每刻百字的工價僅為五分二厘，〔註80〕與上述史料記載相差不遠。清人徐康於《前塵夢影錄》中，指出明末毛晉給付刻工價的報酬曰：

〔註74〕酒井忠夫，〈明代の日用類書と庶民教育〉，頁151。

〔註75〕清・葉德輝，《書林清話》，卷7，頁185，「明時刻書工價之廉」條。

〔註76〕同前註。

〔註77〕前揭書，頁186。

〔註78〕原題記未見，參閱楊繩信，〈歷代刻工工價初探〉，收入新四軍歷史研究會印刷
　　　　印鈔分會編，《歷代刻書概況》（上海：印刷工業出版社，1991.9），頁558～559。

〔註79〕巔鈔，〈明萬曆時刻價格〉，《中華日報》，1954年3月30日，第6版。

〔註80〕袁逸引《木樨軒藏書題記及書錄》，見氏著，〈明後期我國私人刻書業資本主
　　　　義因素的活躍與表現〉，《浙江學刊》雙月刊，1989年第3期，頁125。

> 毛氏廣招刻工，以十三經、十七史為主，其時銀串每兩不足七百文，
>
> 三分銀刻一百字，所刻經史子集、道經釋典，品類甚繁。〔註81〕

若以毛氏給付刻工的待遇而言，刻一百字給付三分銀，那麼刻一萬字才給付三兩銀，與萬曆時期的刻工價約每百字五分銀相比，其價更廉。從上述史料的記載來看，可以推知明時刻書工價從萬曆至崇禎末年，有越來越低廉的趨勢，此情形亦是促使私人刻書事業有利可圖的條件之一。

再從紙張、印刷等費用來看，據萬曆三十五年（1607）南京僧錄司刻本《金陵梵剎志》載，該書利用舊版印刷的成本工價為：

> 印行每部太史紙兩裁，計九百七十七張，連刷印銀壹錢伍分伍厘。
>
> 栗殼面太史雙副葉，線釘六本，連絹套，銀伍分。管板僧銀二分，
>
> 共銀二錢二分五厘。〔註82〕

這一部多達五十三卷，近兩千頁的書，其紙張加印刷、裝訂、保管等工本費用，總共僅費銀兩錢多，可見當時刻書工本之低廉。

此外，若對比於明中後期的糧價來看，據彭信威統計糧價的變化如下表

表 18：明代成化至崇禎時期米價變化簡表

年　　　　號	每公石價格（單位：銀兩）
成化（西元 1465～1487 年）	0.441
弘治（西元 1488～1505 年）	0.518
正德（西元 1506～1521 年）	0.475
嘉靖（西元 1522～1566 年）	0.584
隆慶（西元 1567～1572 年）	0.591
萬曆（西元 1573～1620 年）	0.638
天啟（西元 1621～1627 年）	0.927
崇禎（西元 1628～1644 年）	1.159
合　　　計	5.333
平　　　均	0.66

資料來源：彭信威，《中國貨幣史》（上海：人民出版社，1958.11），頁 497。

〔註81〕 清·徐康，《前塵夢影錄》，收入王雲五等編，《叢書集成初編》第 251 冊（上海：商務印書館，1937.6），卷下，頁 36。

〔註82〕 袁逸引清·傅增湘，《藏園群書經眼錄》，見氏著，〈明後期我國私人刻書業資本主義因素的活躍與表現〉，《浙江學刊》雙月刊，1989 年第 3 期，頁 125。

由表中可知，明代中後期的米價平均約為每公石 0.66 兩，此與《三言》中敘述之情形相差不多。在《醒世恆言》卷三十五〈徐老樸義憤成家〉的內容中提到了四次的米價，分別因地點與情況的不同有所差異：（1）楓橋秈米到得甚多，登時落了幾分價錢，二十四兩銀子糴了六十石（合四錢左右一石）；（2）運到杭州，因杭州有一個月不下雨，稻苗都乾壞了，米價騰湧，每石漲了二錢（合六錢左右一石）；（3）秈米出處興化（江蘇興化），一兩三石，斗斛又大（合三錢三分一石）；（4）又運到杭州，因杭州荒歉，米價一兩二錢一石。〔註83〕從此段《三言》的描述可知當時的米價，從三錢三分一石到一兩二錢一石不等，其間的差距頗大，然而多由特殊的社會經濟原因所造成（如：天災導致米糧歉收等情況）。故若照一般社會承平的情況推測，當時江浙一帶的米價約合一石四錢至六錢上下，與彭氏統計的資料應相差不遠。因此，若把明中後期的平均米價，與前述書籍刊刻工價和印刷物料等價格對照，可以窺知明代書籍的刻印成本其實是相當低廉的。

　　另一方面，據《明史‧食貨志》記載明代政府官員的俸祿，自洪武二十五年（1392）更定百官祿，核發正一品官員月俸米八十七石，從一品至正三品者，遞減十三石至三十五石，至正六品為十石，從六品為八石，正七品至從九品遞減五斗，至五石而止，其後即定為永制。〔註84〕若米價以明中後期平均每石約六錢計算，則明代官員的年俸祿從三十六兩（從九品）至六百二十六兩（正一品）上下不等。

　　綜上所述，明代中期以來版刻技術的改良促使刻書工價與印刷物料的成本價格大為下降，但實際上，一般庶民百姓恐怕仍無法有足夠的購買力來購書。即使如一般通俗流行的小說戲曲、稗官野史之類的書籍，其讀者群還是以官僚、士大夫、富商〔註85〕以及下層士人（生員）與自營的小商人為主要的閱讀群眾，〔註86〕因為這些階層或身份的人，才有一定的經濟能力與知識水平購書閱讀。

〔註83〕明‧馮夢龍，《醒世恆言》（台北：世界書局據明天啟七年葉敬池刊本景照，1983），卷 35，〈徐老樸義憤成家〉，頁 17～19。

〔註84〕《明史》，卷 82，〈志五十八‧食貨六〉，頁 2002。

〔註85〕磯部彰，〈明末における『西遊記』の主體的受容層に關する──明代「古典的白話小說」の讀者層をめぐる問題について〉，《集刊東洋學》第 44 號（1980），頁 50～63。

〔註86〕大木康，〈明末における白話小說の作者讀者について〉，《明代史研究》第 11 號（1983），頁 1～15。

二、女教書閱讀市場之流布景況

　　明代女教書在宮禁與藩屬方面的流布情形，就現存資料來看，主要以官修女教書為主。其中仁孝皇后徐氏的《內訓》，最初不過用以教誡皇太子諸王，〔註87〕但至永樂五年（1407）七月皇后駕崩後，成祖為追念皇后，乃出《內訓》、《勸善》二書，頒賜臣民。〔註88〕其後世宗把其生母蔣太后所著的《女訓》與《高皇后傳》和《內訓》三書合刊，並御製跋語於嘉靖九年（1530）頒行天下。〔註89〕由此可知官修女教書不僅以教化宮廷婦女為主，並推及於士庶百姓，以維持固有的儒家倫理與社會秩序。

　　此外，由士人呂坤所編纂的《閨範》一書，不論在宮禁與民間均流傳甚廣，依現存記載其版本的刊刻狀況為（1）呂坤初刻名為《閨範》，萬曆十八年（1590）刻於山西，並於同年刊行於太原，焦竑（1541～1620）為之作序。（2）鄭承恩復又重刻，更其名為《閨範圖說》，並增添后妃一門，鄭貴妃亦出資襄贊，約萬曆二十三年左右（1595）刻於北京。（3）《景印文淵閣四庫全書總目》的〈子部‧雜家類〉存目本，為浙江巡撫採進本，題名《閨範》，其內容共四卷，各「敘其本事而繪圖上方並附以贊」。〔註90〕（4）徽人佘永寧重刻《閨範》，約天啟至崇禎年間刊行，為新安泊如齋刊本，〔註91〕此書也是本文討論呂坤《閨範》所採用的刊本。

　　《閨範》一書在當時及清代，甚至民國初年的社會上都有其重要的影響力。呂坤曾在其晚年追述此書流布之影響云：

<hr>

〔註87〕明‧仁孝文皇后，《內訓》，頁 2a，〈內訓提要〉。

〔註88〕同前註。

〔註89〕清‧毛奇齡，《勝朝彤史拾遺記》，收入周駿富輯，《明代傳記叢刊》第 70 冊（台北：明文書局，1991），卷 5，頁 070～172，「世宗嘉靖朝」條。

〔註90〕《景印文淵閣四庫全書總目》（台北：台灣商務印書館，1986）卷 132，〈子部四十二‧雜家類存目九〉，頁 1b。

〔註91〕相關的記載可參閱，明‧呂坤，《閨範》，收入《中國古代版畫叢刊二編》第 5 輯（上海：上海古籍出版社據明啟禎間新安泊如齋刊本重印，1994.10），頁 2 ～3，〈閨範跋〉。以上 1～3 本今已付之闕如，第 4 的《四庫》本係存目，也無從看到。但日本國立國會圖書館藏有萬曆二十四年（1596）寶善堂刊本的《閨範》四卷，據書影，乃上圖下文，與四庫本同，可能同為一本。至於佘永寧所刻《閨範》的經過頗為曲折，佘氏與吳允清合商付之剞劂，甫鳩工而允清去世，事遂中斷，幸得允清之母謀諸長媳徐氏，又得永寧仲女弟之助，相與捐資，書方刻成。此部專載古今賢女事蹟的女教書，是經過眾人通力合作下始得以問世，可謂當時書林一段佳話。

> 萬曆庚寅（1590），余為山西觀察使，觀《列女傳》，去其可懲，擇
> 其可法者，作《閨範》一書，為類三十一，得人百十七，令女中儀
> 讀之，日二事，不得其解，輒掩卷臥。一日，命畫工圖其像，意態
> 情形，宛然逼真。女見像而問其事，因事而解其辭，日讀數十事不
> 倦也，且一一能道，又為人解說，不數月而成誦。余乃刻之署中，
> 其傳漸廣。既而有嘉興板、蘇州板、南京板、徽州板，縉紳相贈寄，
> 書商輒四鬻，而此書遂為閨門至寶矣，初不意書之見重於世至此也，
> 既而內臣購諸市以進。〔註92〕

明人沈德符亦曾記述此書重刊之影響稱：「呂新吾司寇初刻《閨範》一書，
行京師未久，而皇貴妃重刻之，且為之序，光豔照一時，朝士爭購置案頭。」
〔註93〕清初的顏元（1635～1704）也將《閨範》一書和呂坤的《宗約》、《好
人》、《閨戒》及呂坤之父得勝所作的《小兒語》等六書匯集為《通俗勸世
集》，並為之作序，刊刻行世。其序稱：「為先生贊學術也可，為小子正蒙養
也亦可，然集冊無括六之名，予以其俚語入人心，而善鼓舞之也。」〔註94〕
此外，清人陳弘謀亦記述《閨範》一書的影響道：

> 《閨範》一編，前列嘉言，後載善行，復繪之以圖，系之以贊，無
> 非欲兒女子見之，喜於觀覽，轉相論說，因事垂訓，實具苦心。當
> 時士林樂誦其書，摹印不下數萬本，直至流布宮禁，其中由感生愧，
> 由愧生奮，巾幗之內，相與勸於善而遠於不善者，蓋不知凡幾也……
> 所載懿行，可以動天地、泣鬼神，至今讀之，凜凜猶有生氣。誠哉
> 地維賴以立，天柱賴以尊，孰謂女德為無關輕重哉！〔註95〕

《閨範》一書在明清時期，不僅受到士大夫與宮中普遍的歡迎，在書籍市場
上亦有它廣大的銷路。不僅「縉紳相贈寄，書商輒四鬻」，並從士林流傳至
宮禁，創下「摹印不下數萬本」的銷售量；於民間更有多種版本的刊行，如
嘉興版、蘇州版、南京版、徽州版等刻本的問世，可知《閨範》一書流傳之

〔註92〕明・呂坤，《去偽齋文集》，收入《呂司寇全書》（台北：國家圖書館善本室藏，
　　　彙集明萬曆至清康熙間刊本），卷2，頁51～52，「辯閨範書」條。
〔註93〕明・沈德符，《萬曆野獲編》，「補遺」，卷1，〈刑部〉，總頁4051～4052，「戊
　　　戌謗書」條。
〔註94〕清・顏元，《習齋記餘》，收入《叢書集成初編》第385冊，卷1，〈通俗勸世
　　　集序〉，頁6。
〔註95〕明・呂坤，《閨範》，收於清・陳弘謀輯，《五種遺規・教女遺規》（台北：台
　　　灣中華書局，1984.5），卷中，頁4b-5a。

廣，故有一版再版的盛況出現。此書至清代仍然成為婦女閨中案頭的必備書，如據清人焦循撰〈巴貞女挽歌〉一詩中，讚頌巴氏云：「吾聞貞女幼讀書，《女箴》、《閨範》皆全睹，讀書如此乃真儒，不識字兮光與禹。」〔註96〕甚至清末某些新創立的女子師範學堂也還選用《閨範》作為女子修身持家的教科書，當時修身科的教學要旨稱：「凡教修身之課本，務根據經訓，並薈萃《列女傳》、《女誡》、《女訓》、《女孝經》、《家範》、《內訓》、《閨範》、《溫氏母訓》、《女教經傳通纂》、《教女遺規》、《女學》、《婦學》等書，及外國女子修身書之不悖中國風教者，擷其精要，融會編成，且須分別淺深次序，附圖解說，令其易於明曉。」〔註97〕由此可見明代的女教書，除了《閨範》外，《內訓》與《溫氏母訓》同樣在清末民初的社會上，有相當大的影響力。

次就藩屬方面，女教書隨著政府間的賜贈圖書亦得以流傳於域外，主要以官修女教書為主。其中賜贈朝鮮的情形，據《朝鮮李朝實錄》載：明成祖永樂二年（太宗四年，1404）賜贈《古今列女傳》一百一十部。〔註98〕永樂六年（太宗八年，1408）復賜贈《大明孝慈高皇后傳》五十本，〔註99〕並御賜仁孝皇后徐氏的《勸善書》一百五十本以及《孝慈皇后傳》一百五十本給來中國朝覲的李朝世子。〔註100〕又據《明史‧外國傳》載：成祖永樂二年，賜贈《列女傳》百冊與暹羅。〔註101〕其後永樂五、六年間，日本也多次入貢，並獻所獲海寇，其使者歸國時，請賜仁孝皇后所製《勸善書》、《內訓》二書，明廷即命各給百本。〔註102〕由上述可知，明廷將御製女教書透過賜贈的方式廣傳於域外，以達其移風易俗、推廣教化的目的，其中賜贈的對象又以東南亞與東方的藩屬為主，如前述的暹羅、韓國及日本等國。

至於在民間方面，女教書的流傳除了《閨範》、《內訓》與《溫氏母訓》受到重視外，明末的儒生王相還將其母所著述的《女範捷錄》與東漢班昭的《女誡》、唐代宋若華、宋若昭合著的《女論語》以及明代徐皇后的《內訓》

〔註96〕清‧焦循，《雕菰集》，收入《叢書集成初編》第347冊，卷2，〈詩〉，頁2b-3b，「巴貞女挽歌」條。

〔註97〕陳東原，《中國婦女生活史》（台北：台灣商務印書館，1990.12），頁343。

〔註98〕吳晗編，《朝鮮李朝實錄中的中國史料》（北京：中華書局，1980.3），上編，李朝實錄，卷2，〈太宗一〉，頁197～198，「三月戊辰」條。

〔註99〕前揭書，卷3，〈太宗二〉，頁229，「二月丙戌」條。

〔註100〕前揭書，卷3，〈太宗二〉，頁231，「四月庚辰」條。

〔註101〕《明史》，卷324，〈外國五‧暹羅傳〉，頁8398。

〔註102〕前揭書，卷322，〈外國三‧日本傳〉，頁8345。

四本女教書一一加以箋注，並於明熹宗天啟四年（1624）由多文堂合刻為《閨閣女四書集注》，民間簡稱《女四書》。此書從明、清至民國初年，各地均廣為刻印，版本繁多。〔註103〕而《女四書》的閱讀市場在明末的廣為流行，可由明末深受大眾歡迎的小說《牡丹亭》中的描述窺見一斑：「（末）敢問小姐所讀何書？（外）男、女四書他都成誦了。」〔註104〕文中杜麗娘在父親替她請老師以前已念過《女四書》，而此處所述及的《女四書》指的即是王相合編的四部女教書籍。又據清人修纂的《桐城續修縣志》指出：「邑重女訓，七、八歲時以《女四書》、《毛詩》授之讀，稍長教以針黹，尤必習於井臼，雖巨室不嬌慣。」〔註105〕由上所述，可見《女四書》流布廣傳之一斑。

此外，對於民間其他女教讀物的傳布，由於史料缺乏，較無具體的記載，因此流布全貌，無法盡得。不過根據明代士人為婦女撰寫的墓誌銘以及一些歐美漢學家的研究成果，或可推知一些端倪。大體而言，士族婦女或生長在富裕家庭的女子多有機會讀書識字。例如明人魏文焲在《石室私抄》中對洪太宜人載述曰：

> 洪為閩中閥姓，自御史大夫澹成公而下，以禮經冠禮闈、省闈，奕世顯融，稱貴盛矣，非獨男教，蓋亦有女教焉。……太宜人生而貞慧，稍長知孝敬，通《孝經》、《列女傳》、《論語》、小說、稗官諸書。〔註106〕

再如《霞山文集》對劉淑人載曰：

> 淑人姓李氏，諱德芳昭勇將軍味清李公之愛女，今懷遠將軍筠厓劉公之佳配。……幼聰慧醇厚，通《內訓》、女典，為父母鍾愛。……淑人奉其姑張氏太夫人，蕭恭誠懇，遇劇疾焚香籲天，願以身代，姑疾尋愈，人稱孝感焉。凡其理家政，撫童婢，處內外宗戚罔不純。〔註107〕

〔註103〕張鳴岐，〈中國古代的女子教育課本：《女四書》〉，《文史知識》，1988年第6期，頁70。

〔註104〕明·湯顯祖，《牡丹亭》（台北：里仁書局，1986.4），第五齣，〈延師〉，頁16，「前腔」條。

〔註105〕清·廖大聞等修，金鼎壽纂，《桐城續修縣志》，收入《中國方志叢書》（台北：成文出版社據清道光七年重印，1975），卷3，〈學校志〉，頁7b，「附風俗」條。

〔註106〕明·魏文焲，《石室私抄》（台北：漢學研究中心藏日本內閣文庫藏景照本，明崇禎四年刊本），卷5，頁56b-57a，「封太宜人洪母黃氏行狀」條。

〔註107〕明·佚名，《霞山文集》（台北：漢學研究中心藏日本內閣文庫景照本，明刊本），卷10，頁35a-35b，「誥封劉淑人李氏墓誌銘」條。

其他如明人葉良佩於《海峰堂前稿》載魏孺人為嘉靖西河世族之女,「幼警敏,夐出諸娣,稍長,善讀書,能闇記《論語》、《孝經》、《列女傳》,一舉誦長句,無漏,難字無蹉,枚舉大義,皆約略通曉。」〔註108〕又如「李孺人,知縣宦之女,幼頗聞父教,知《女誡》。」〔註109〕清初的魏象樞載賈太宜人「世締閥閱,性亶端敏,幼從父母就家塾,讀《孝經》、《內則》、《女訓》諸書。未笄,即儼然士君子行也。及于歸,去貴介氣,執婦禮,事公姑,勸夫子,友諸姑妯娌,服勞謙謙」。〔註110〕從前述這些婦女的家庭背景來看,的確是在一定知識水準與經濟基礎上,才會讓婦女有讀書識字的機會。美國學者 Paul Ropp 亦指出,知識愈高的地方,紀錄及閱讀《列女傳》的作者與讀者也就越多。〔註111〕此一現象的可能解釋是明代江南與靠近京城的地區,由於文人儒士薈集,加上書籍出版業興盛,使得士紳家族或家道殷盛的家庭,大多鼓勵婦女讀書識字。〔註112〕而由於此地從事舉業競爭的人數眾多,

〔註108〕明·葉良佩,《海峰堂前稿》(台北:漢學研究中心藏日本內閣文庫景照本,明嘉靖三十年刊本),卷18,頁13b-14a,「明故魏孺人林氏墓誌銘」條。

〔註109〕明·楊本仁撰,《少室山人集》(台北:漢學研究中心藏日本內閣文庫景照本,明刊本),卷22,頁11a,「明故岩谷王先生合葬墓誌銘」條。

〔註110〕清·魏象樞,《寒松堂全集》(北京:中華書局,1996.8),卷8,頁397,「壽衛母賈太宜人序」條。

〔註111〕Paul Ropp 著,梁其姿譯,〈明清婦女研究:評介最近有關之英文著作〉,《新史學》,2:4(1991.12),頁93。

〔註112〕Dorothy Ko(高彥頤)提到晚明江南地區的家庭,對於女子已有鼓勵學習初步教育的現象,甚至還教導她們寫詩吟詞的創作。見氏著,"Toward a Social History of Women in Seventeenth-Century China,"(Ph. D. dissertation, Standford: Standford University, 1989),pp. 41-69.以及 Teachers of the Inner Chambers: Women and Culture in Seventeenth –Century China(Stanford: Standford University Press, 1994),pp.29-67;此外,Joanna F. Handlin 提到十六世紀婦女的識字率(仍以江南地區為主,如揚州、徽州等地)已大為提高,而呂坤對於半識字(semiliterate)與不識字(illiterate)的婦女群眾教育亦相當重視。對於半識字的婦女,呂坤去除艱澀的文字,改以較為俚俗的字句,並提供語音學上的指引與穿插圖像於所著的《閨範》中;對於不識字的婦女,呂坤則運用一些歌謠以便可直接用口頭傳誦的方式,使婦女得以朗朗上口,如所作《閨戒》則是一例。見氏著,"Lü Kun's New Audience: The Influence of Women's Literacy on Sixteenth Century Thought," Margery Wolf(eds.),Women in Chinese Society(Standford:Standford University Press, 1975),p.18;大木康亦談到明末江南,稗官野史、小說詞話之類的書刊,普遍受到大眾的喜愛。即使是不識字的婦女,也會想辦法透過他人誦讀,而享受其內容的樂趣。見氏著,《明末江南における出版文化の研究》《廣島大學文學部紀要》第50卷特輯號1(1991.1),頁

因此娶妻的條件自然更需要受過女教薰陶的女子，方能勝任主持家政與照顧族人的責任。傳統中國婦女的活動大多侷限在「主於內」的範圍，因此大部分的婦女所受的教育不會有更進一步的知識培育，但《列女傳》、《女誡》等教導婦女品德規範的女教書，仍然是受到普遍的推廣與重視，成為訓誡婦女立身處事的啟蒙書，〔註 113〕同時也是當時書籍市場上廣受歡迎與流通的讀物之一。〔註 114〕

　　不過，《列女傳》等女教書的出版，除了士大夫與士紳家族對婦女的期許外，對書商而言，自然還是以謀求商業利益為前提。因此，由 Katherine Carlitz 透過晚明十一種《列女傳》的版本分析來看：〔註 115〕明刊《列女傳》的版本由於木板插畫的增加使其刻本愈見精美，同時對傳主的故事情節描寫

100。此情形在《明史》，卷 285，〈文苑一・王行傳〉，亦有述及：「王行，字止仲，吳縣人，幼隨父賣藥徐翁家，徐嫗好聽稗官小說，行日記數本，為嫗誦之。嫗喜，言於翁，授以《論語》，明日悉成誦。」見頁 7329～30。

〔註 113〕Dorothy Ko, *Teachers of the Inner Chambers: Women and Culture in Seventeenth–Century China*, p.35; Katherine Carlitz, "The Social Uses of Female Virtue in Late Ming Editions of Lienü Zhuan," *Late Imperial China*, 12:2（1991.12），pp.124-125.

〔註 114〕Dorothy Ko, *Teachers of the Inner Chambers: Women and Culture in Seventeenth–Century China*, p.55; Katherine Carlitz, "The Social Uses of Female Virtue in Late Ming Editions of Lienü Zhuan," p.139.

〔註 115〕Katherine Carlitz 的討論，主要即依據下列十一種明刊《列女傳》，見下表，參見氏著，"The Social Uses of Female Virtue in Late Ming Editions of Lienü Zhuan," pp.124-125.

表 19：Katherine Carlitz 所論明刊《列女傳》簡表

作　者	書　名	出　版　地	時　間	附　註
茅坤	古今列女傳	富春堂（南京）	1588	作者疑為偽託
	古今列女傳	富春堂（南京）	1591	以三台館（建陽）本重印
黃尚文	古今閨範	歙縣（徽州）	1603	與黃應泰合刻
	古今閨範		1573～1620	程涓作序
黃嘉育	劉向古列女傳		1617	
	劉向古列女傳	文林閣（南京）	1617	
	繪圖列女傳	貞誠堂	1610～1620	
呂坤	閨範	徽州	1618	佘永寧刻
馮夢龍	列女傳演義	三多齋（南京）	1621～1628	作者疑為偽託
陳長卿	列女傳演義	江南		
陳長卿	列女傳演義		1628～1644	以長春閣（蘇州）本重印

也愈來愈戲劇化。〔註116〕這種結合刻工與書商的印刷技術及商業取向，使得日益精美的插畫《列女傳》，對婦女的形象與德行有了更多想像的空間。〔註117〕此時讀者所閱讀的列女故事大多富有一種濃厚的「感官色彩」，〔註118〕入傳的傳主多以年輕貌美的閨女或寡婦為主，使婦女同時成為美德的偶像與感官欣賞的對象。〔註119〕這些典型出現在明代刊本（如小說、戲劇、木刻板繪等）的節烈故事中，可以發現多具有一個雷同的敘事結構。誠如費絲言文所指出：「節烈故事的敘事結構就是一個目的（節烈的道德實踐）的開展與完成，在與客觀外在對抗的過程中，展現其內在的道德精神。」〔註120〕明刊《列女傳》即透過婦女守志期間所遭受的種種磨難，使得年輕貌美的傳主在「寧死不失節」的原則下，表現出其堅貞勇敢的一面——因為她們才可能使故事的情節更富有戲劇色彩與香豔風味。〔註121〕而婦女的美德則藉由肉體的種種磨鍊，帶給讀者更為深刻的印象與同情：不論是孝女節婦的刲股、乳親，或貞女節婦藉自殘以明志，或為免受暴徒侵犯而選擇自盡，或貞婦面對淫姑夥同姧夫對其施加性暴力的故事中，可以發現婦女在面臨這些艱困或危險的情境下，所採用的抗爭手法有愈益升高的跡象。有的只要把頭髮剪一剪，即可象徵性的表示不二嫁之意；有的則演變成毀容殘體等激烈之舉，如斷指、割耳、劓鼻等；或以死相脅那些欲逼其改嫁或逼姦之人。由這些具衝突性、令人奪心駭目或是貞淫對比的情節書寫，除了凸顯婦女處在危難的情境下仍屹立不搖的不改其「志」外，也使《列女傳》的故事襯托得更為戲劇化與吸引人。〔註122〕雖然如呂坤等人對這種經過包裝的婦德在倫理與娛樂欣賞之間界線的模糊，感到憂心忡忡，〔註123〕但無可否認的，晚明日益活躍的市

〔註116〕前揭文，p.118.

〔註117〕前揭文，p.121.

〔註118〕明代讀者所閱讀的女德故事，不論是當朝著作或是以往朝代的作品，各自都帶有一種濃厚的「感官色彩」，此種閱讀文化，是往朝所不曾流行的。見 Mark Elvin, "Female Virtue and the State in China,"*Past and Present*, No.104（1984），p.112.

〔註119〕Katherine Carlitz, "Desire,Danger,and the Body: Stories of Women's Virtue in Late Ming China," Christina K. Gilmartin（eds.）, *Engendering China: Women, Culture, and the State*（Cambridge：Harvard University Press, 1994），p.104.

〔註120〕費絲言，〈由典範到規範——從明代貞節烈女的辨識與流傳看貞節觀念的嚴格化〉，國立台灣大學歷史學研究所碩士論文，1997.6，頁231。

〔註121〕Katherine Carlitz, "Desire,Danger,and the Body: Stories of Women's Virtue in Late Ming China," p.107.

〔註122〕前揭文，pp.107-110.

〔註123〕Katherine Carlitz, "The Social Uses of Female Virtue in Late Ming Editions of

場經濟與蓬勃發展的印刷出版事業，促使《列女傳》等女教讀物得以流傳於世，並進而擴大對婦女的影響力。例如徽州地區的婦女即以忠貞和節儉著名，這與徽州地區的大族向來以禮法自重，並不惜募款來資助節婦傳的出版，藉以使婦女相互以美德砥礪自許，恐有相當大的關係。〔註124〕因此，隨著晚明市場經濟的繁榮，即使是由書坊所出版的《列女傳》，在提昇婦德的力量上自有其不可忽視的作用。〔註125〕

綜上所述，《列女傳》等女教讀物反映了男女兩性在閱讀目的上的不同：就男性而言，主要是為達到其不同的社會目的；女性則是藉由閱讀來找尋她們生活的依據與指標。〔註126〕《列女傳》所羅列的不同列女故事或傳說，形成了一套專為女性所建構的文化模式。〔註127〕尤其明代不同以往對婦女貞節觀的加強，也連帶使得《列女傳》等女教讀物注入了更多婦女以血肉之軀來呈現自我存在價值的內容。這種以女性身軀來呈現極端道德標準的故事模式中，除了把傳主所經歷的苦難刻畫得淋漓盡致、淒美哀婉──如守節要守得「苦」，殉節要殉得「烈」外；故事的背後，更夾雜了一種道德狂熱與基本人道精神的情色意識，〔註128〕《列女傳》等女教讀物所塑造的大量貞女烈婦的形象，可以視作情色意識受到極端扭曲與以男性為主導的性意識下的產物。總之，除了朝廷律法的獎勵〔註129〕、社會經濟因素的影響〔註130〕外，在晚明

Lienü Zhuan," p.118.
〔註124〕前揭文，p.139.
〔註125〕前揭文，pp.138-141.
〔註126〕前揭文，p.124.
〔註127〕Susan Mann, "The Education of Daughters in the Mid-Ch'ing Period," Benjamin A.Elman（eds.），*Education and Society in Late Imperial China, 1600-1900*（California: California University Press, 1996），pp.19-20.
〔註128〕明代情色意識的文化跡象由鄭培凱所提出，見氏著，〈天地正義僅見於婦女：明清的情色意識與貞淫問題〉，《當代》16、17（1987.8～9），頁45～65，收入鮑家麟編，《中國婦女史論集》（三）、（四）（台北：稻鄉出版社，1993、1995），頁97～120、253～272。
〔註129〕據《大明會典·賦役》規定：「凡民間寡婦，三十以前夫亡守志，至五十以後不改節者，旌表門閭，除免本家差役。」見明·李東陽等奉敕撰，申時行等奉敕重修，《大明會典》（台北：東南書報社據萬曆十五年司禮監刊本影印，1963），卷20，〈戶口二〉，頁15，「賦役」條。
〔註130〕從社會經濟的因素來考察明代寡婦守節問題，最具代表性的研究方向，是對婦女財產繼承權的探討，Jennifer Holmgren曾指出，明清節烈婦女的大量出現，主要是財產繼承方式轉變的結果，自元代以來廢除了寡婦攜奩再嫁的權利，使得她們不但不受娘家的歡迎，同時也減低了她們在婚姻市場上的價值。因此，

社會經濟繁榮、刻書業發達的基礎上，《列女傳》等女教讀物在社會上的流布，
應是促使明清婦女紛紛把貞節視為至善道德標準的楷模，以成就其自我人生
價值的背後動力之一。

在種種限制之下，寡婦守節在當時的社會，是最合乎經濟原則的。參閱氏著，
Jennifer Holmgren, "The Economic Foundations of Virtue: Widow-Remarriage in
Early and Modern China," *The Australian Journal of Chinese Affairs,* No.13
（1985.1）,pp.1-27.

第三章　明代女教書之教化思想
——理想的婦女形象

　　有明一代，不論是宮廷或士人，提倡女教均不遺餘力，女教書的紛紛出版也超過歷朝。本章透過這些女教書的內容，探討士人眼中理想的婦女形象為何？並從眾多傳記體的女教書中，傳末作者的評語觀察其不同的婦女觀與當時社會所認定的女德標準又為何？以下即分別從德行觀、貞節觀與才智觀三方面來探討女教書所蘊涵的教化思想，並究明士人之所以記錄這些閨閫典範的心態，以探索女教書在明代社會所呈現的時代意義。

第一節　德行觀

　　傳統社會對賢妻良婦所應具備的德行，以遵從「四德」為主，所謂「四德」即指：婦德、婦言、婦容、婦功四項基本德行。本文即以此「四德」為主軸，首先探討「婦人之道」的教化內涵，次就「母道」與「姑嫂、妯娌之道」一一論述。這些婦女角色的分類依據，主要以呂坤所著的《閨範》體例為本；至於后妃，亦是女教書教化的範疇，由於對帝王公侯而言，后妃夫人也算是婦道人家，故一併列於「婦人之道」中討論；繼之探討的「女德」，是女子出嫁前重要的教化內容，一併列於「婦人之道」討論。

一、婦人之道

　　后妃作為帝王之妻，亦代表一國之母，為天下之表率，如《女範編》所

言：「后以母儀天下，所謂眾母母也」，〔註1〕故后妃自然必須具備成為天下臣民表率的自覺，而女教書中對於后妃亦有其規誡的內容與供其效行的母儀典範，例如自「太姒而下，如周宣姜之待罪；漢明德之儉素；唐文德之規諫；女中堯舜如宋宣仁識達大體」〔註2〕等到明代的某些帝后妃嬪，皆成為女教書中足以教化宮闈女子的模範，而不論帝后或妃嬪，其深處宮中所扮演的角色與職司，在女教書中概分為四方面：

1、規諫君王勤政愛民：呂坤說：「古之賢妃，侍寢於君。警戒之心切，宴安之意忘……依戀者，婦人之常。賢妃忍於拂君之樂，惟懷勤政之心，可為萬世宮闈之法矣。」〔註3〕《內訓‧事君章》也說：「婦人之事君，比昵左右」，〔註4〕而既然侍奉不離左右，那麼，該如何成為君王的「賢內助」，且又不流於干政之嫌呢？《內訓》繼而提出事君之道曰：

> 忠誠以為本，禮義以為防，勤儉以率下，慈和以處眾。誦詩讀書，
> 不忘規諫。寢興夙夜，惟職愛君。居處有常，服食有節，言語有章，
> 戒謹讒慝，中饋是專，外事不涉，謹辨內外，教令不出，遠離邪僻，
> 威儀是力。毋擅寵而怙恩，毋干政而撓法。〔註5〕

其中「不忘規諫」、「謹辨內外」即是針對后妃謹守本分，以規諫君王、勤於政事為要。例如在唐代〈徐妃疏諫〉的故事中，記述徐賢妃，於貞觀時納為才人。是時太宗好土木，動干戈，海內為之騷然。徐氏見此極為憂心，乃上疏曰：「民窮乃易亂之源，願陛下布澤流恩，矜勞恤乏」又曰：「為政之本，貴在無為。……有道之君，以逸逸人；無道之君，以樂樂身。夫珍玩伎巧，乃喪國之斧斤；錦繡珠璣，實迷心之鴆毒。竊見飾極纖靡，如變化於自然。織貢珍奇，若神仙之所製。雖馳華於季俗，寔敗素於淳風。」故勸諫君王，務以儉約為本，並忌擾民過甚，才能保國祚長久。觀徐妃所言，呂坤以為，世言「宮妾不可近，婦言不可聽」，即如《書經》曾說：「王曰古人有言：牝

〔註1〕明‧馮汝宗撰，《女範編》（台北：國家圖書館善本室藏，明萬曆三十一年宛陵劉岩等刊本），頁2b-3a，〈凡例〉。

〔註2〕同前註。

〔註3〕明‧呂坤，《閨範》，收入《中國古代版畫叢刊二編》第5輯（上海：上海古籍出版社據明啟禎間新安泊如齋刊本重印，1994.10），卷1，〈嘉言〉，總頁99～101。

〔註4〕明‧仁孝文皇后，《內訓》，收於《景印文淵閣四庫全書》第709冊，頁21a，「事君章第十三」條。

〔註5〕明‧仁孝文皇后，《內訓》，頁21a-b，「事君章第十三」條。

雞無晨，牝雞之晨，惟家之索。今商王受，惟婦言是用。」〔註6〕然而呂坤卻以為此乃是君主不善用婦言之過，應「顧其人其言何如耳」。假若為「賢妃者，朝夕在側，食息受言，非耽女寵矣」。〔註7〕君王倘能「善用之，則成勸靖之仁，養生之賴」。〔註8〕可見善用婦言，猶如得一賢才，反之，則貽害深鉅，為帝王者不可不謹慎擇辨。

再如《女史全編》表揚明初馬皇后規諫君王的賢德事例，傳中載述道：「明太祖馬后，同起布衣，無一民尺土之藉，后知太祖好殺，故於渡江之初，即勸以不殺人為本，大哉言乎！又知太祖性猜忌，曰：『夫婦相保易，君臣相保難。』善哉言乎！……太祖晚年得疾，時時暴怒殺人。……后病不服藥，曰：『吾不忍其無罪而救死地。』是於永訣之際，猶以身諫也，子孫享國幾三百年，由后好生之德，有以培之矣。」〔註9〕由於馬皇后的以身作則，深深地影響下一個繼位的皇后，即成祖徐皇后，她亦深明大體，恭勤婦道，深受馬皇后的寵愛，徐皇后尤其瞭解作為賢妃之責，曾諭天下臣民曰：「妻之事夫，豈止衣服飲食，必有德行之助」，甚至在臨死前，仍不忘勸誡君王曰：「天下雖定，民未休息，惟皇上矜念之。」問再有何言？曰：「願廣求賢才，分別邪正，勿以小過棄舊人，勿以小才任新進。」〔註10〕等規諫之語，足見徐皇后的明識賢淑，一如馬皇后，奠定了明初宮闈肅然有禮的基礎。

此外，由「藉父兄之基，立帝王之業，欲紹前人，必資慈母」。〔註11〕一語看來，實為至理名言，此可由明仁宗張皇后的傳例，窺知太后明鑒史禍之明智。傳中記述張皇后於宣宗時即位，尊為皇太后；英宗即位，上尊為太皇太后。時英宗年方九歲，寵信宦官王振，並使其掌司禮監而擅作威福，太皇太后曰：「皇帝年幼，豈知此輩自古誤人家國多矣。」欲賜振死，並令付閣臣裁決，中官不得預聞國政。〔註12〕可見太后輔助幼君的責任重大，不下於妃嬪。

〔註6〕漢・孔安國傳，唐・孔穎達等正義，清・阮元校勘，《尚書正義》，收入《十三經注疏附校勘記本》（台北：大化書局據清・嘉慶二十年南昌府學堂重刊宋本影印，1977），卷11，〈周書〉，頁16b，「牧誓」條。

〔註7〕明・呂坤，《閨範》，卷3，〈婦人之道・文學之婦〉，總頁537～542，「徐妃疏諫」條。

〔註8〕前揭書，卷1，〈嘉言〉，總頁55。

〔註9〕明・朱瑞圖，《女史全編》（台北：國家圖書館善本室藏，明啟禎間萬卷堂刊本），卷1，〈后妃部〉，頁56a，「明太祖馬皇后」條。

〔註10〕前揭書，卷1，〈后妃部〉，頁57a，「明太宗徐皇后」條。

〔註11〕前揭書，卷1，〈后妃部〉，頁1a-b。

〔註12〕前揭書，卷1，〈后妃部〉，頁57b-58a，「明仁宗張皇后」條。

2、不親昵嬉狎，專寵後宮：古有明訓，歷代女禍除了多由於女子「弄權」外，就是「色惑」，〔註13〕而明代女教書中對此亦屢屢訓誡帝后妃嬪，毋恃寵而驕，應時時自飭其身，呂坤云：

> 帝后上配天地之陰陽，下表臣民之夫婦。故后妃之德，端莊靜一，無狎媚嬌妖之態，足以斂人君之德容，而消其邪念；然後象地配天，母儀天下。若親昵嬉狎，依媚留連，專後宮之寵，虧損君德，而憔悴其身，則國家之禍基也。〔註14〕

呂坤並藉由周代〈楚昭越姬〉傳強調妃嬪對君王的態度，應以義代情，而非以親狎媚態為侍奉國君之道。傳中載越姬者，乃越王句踐之女，楚昭之姬也。一日昭王燕遊，左右分別有蔡姬、越姬參隨。玩賞之餘，問蔡姬曰：「是否願意與己快樂的同生共死？」蔡姬允諾；隨後亦問越姬同一問題，越姬答：「昔者我先君莊王，淫樂三年，不聽政事，終而能改，卒霸天下。妾以君王為能法我先君，將改斯樂而勤於政也，今則不然，而要婢子以死，其可得乎？」繼而又曰：「妾聞之諸姑婦人，以死章君，若苟從於邪，以益君之過，而笑諸侯，妾不敢聞命。」於是昭王悟，乃敬重越姬。但仍親嬖蔡姬。後來昭王病重，史官言：「可移於將相之身。」王曰：「將相之於孤，猶股肱也。」不聽，越姬言：「大哉君王之德，以是，妾願從死矣。昔日之遊，淫樂也，故不敢許，今君王復於禮，國人皆將為君王死，而況妾乎？」遂自殺，昭王亦病甚，卒薨於軍中，蔡姬竟不能死。呂坤對越姬與蔡姬所為，兩人顯為一強烈之對比，讚嘆越姬說：「賢哉越姬不可及矣！柔情暱好，生死為輕，此邪淫者之童心耳。越姬不死於情而死於義，不死於言而死於心，豈不貞信！」〔註15〕《列女傳演義》亦評述越姬之「難」，難在「初之不許其死，而能勸王以淫樂，而歸於正樂；又不難在糊塗從死，以悅王心，尤難在必分別從死，是從王之義，不是從王之好也。使天下後世知溺愛而從死者，皆非其正，則其一死，不獨匡王於正，而又有益於名教多矣。」〔註16〕由此可知越姬之賢，足可為宮壺典範。

〔註13〕劉詠聰，〈中國古代的女禍史觀〉，收入《女性與歷史——中國傳統觀念新探》（台北：台灣商務印書館，1995.1），頁3～12。

〔註14〕明‧呂坤，《閨範》，卷1，〈嘉言〉，總頁171～172。

〔註15〕明‧呂坤，《閨範》，卷3，〈婦人之道‧死節之婦〉，總頁378～381，「楚昭越姬」條。

〔註16〕明‧馮夢龍，《列女傳演義》，收入《古本小說集成》（上海：上海古籍出版社據古吳三多齋梓，1990），卷5，〈節義傳〉，總頁325，「楚昭越姬」條。

此外，女教書亦明言「女寵之戒甚於防敵」，[註17] 故要后妃之間秉持「不恃寵、不妒嫉」的原則，方能保「和樂之容常在」。[註18] 也就是說，若「眾妾以齗斯之群處和集，而生息蕃盛比之。夫慈愛則下寬舒，寬舒則氣暢，氣暢則血和，是以眾妾多生」。[註19] 是故，女教書莫不勸誡后妃以大體為重，如此子孫方得綿延不絕，使國祚長久。如明初馬皇后對待後宮的嬪妃，若有生子者，即「待之加厚」，[註20] 宣宗時的胡皇后，於宣德二年（1427）孫貴妃先生一子後，即上表遜位，願退居別宮，請宣宗別立孫氏為后。[註21] 不論是明初的馬皇后抑或宣宗的胡皇后皆表露出其不妒的胸襟，可作為後世賢后的表率。

3、絕私謁之門，杜外戚之禍：女教書中勸誡后妃的另一重點，即為杜絕外戚恃寵干政之禍。《內訓・待外戚章》云：「知幾者見於未萌，禁微者謹於抑末。自昔之待外戚，鮮不由於始縱而終難制也。雖曰外戚之過，亦係乎后德之賢否爾。」[註22] 可見外戚之過與后妃之賢德與否有極大的關聯。至於該如何杜絕外戚之禍呢？《內訓》指出：

> 夫欲保全之者，擇師傅以教之，隆之以恩而不使撓法，優之以祿而不使預政，杜私謁之門，絕請求之路，謹奢侈之戒，長謙遜之風，則其患自弭。[註23]

遵循不恃恩、不姑息、不私謁、不請求乃是君王與妃嬪待外戚之準則。《閨範》在婦人之道中，即以漢明帝馬后為首，傳中稱馬后初為貴人，後正位中宮，其德「謙抑節儉，不私所親」。蕭宗即位，欲封其諸舅，太后卻曰：「田竇貴寵橫恣，傾覆之禍，為世所傳，故先帝慎防舅氏，不令在樞機之位。」故謝絕恩封；又已身雖貴為太后，卻以身率下，「身服大練，食不求甘」，希冀外戚亦當謹身自飭。呂坤評述曰：「士庶人之女，莫不私其所親，況太后耶！明德懲田竇五王之橫，裁抑外家，不令封侯，身為天下母，而衣大練之衣，無三味之膳，敦節儉以為天下先，非甚盛德，何能割恩任怨，約己率人

〔註17〕明・仁孝文皇后，《內訓》，頁23b，「事君章第十三」條。

〔註18〕明・呂坤，《閨範》，卷1，〈嘉言〉，總頁61～62。

〔註19〕前揭書，總頁63。

〔註20〕明・朱瑞圖，《女史全編》，卷1，〈后妃部〉，頁55b，「明太祖馬皇后」條。

〔註21〕前揭書，頁58a-b，「明宣宗胡皇后」條。

〔註22〕明・仁孝文皇后，《內訓》，頁32a，「待外戚章第二十」條。

〔註23〕前揭書，頁35a，「待外戚章第二十」條。

若此哉！吾首錄之以為婦道倡。」〔註24〕此外，明成祖徐皇后在臨死之際，亦猶勸誡君王「慎無驕畜外家」，〔註25〕希望藉由以身作則以防範外戚撓政之禍的發生。

4、敦廉儉之風，絕奢靡之費：女教書對於妃嬪居處宮中，凡衣物器用皆無匱乏之虞，仍諄諄告誡其勤儉惜物的重要。《內訓》云：「夫錦繡華麗，不如布帛之溫也；奇羞美味，不若糗粢之飽也。且五色壞目，五味昏智，飲清茹淡，袪疾延齡，得失損益，判然懸絕矣，古之賢妃哲后深戒乎此。」〔註26〕呂坤藉由太姒貴為周文王后而猶屬行節儉，評曰：「太姒既配文王，尊為后妃，猶自績織葛布，不以貴而驕逸。服舊則洗，服壞則補，不以富而奢侈。」〔註27〕即使如明太祖馬皇后亦常常規誡諸王妃公主曰：「生長富貴，當知蠶桑之不易，為天地惜物也。」〔註28〕認為后妃率先以節儉相尚，「蓋上以導下，內以表外，故后必敦節儉以率六宮。諸侯之夫人，以及士庶人之妻，皆敦節儉以率其家」，如此上行下效、風行草偃的結果，將可收「民無凍餒，禮義可興，風化可紀」〔註29〕之效，是故女教書莫不深誡后妃務以勤儉為重。

如前所述，后妃有無美色並不重要，首重賢德，除須具備不妒的胸襟外，君王不肖，若能殷殷苦諫，輔助國君，推舉賢良忠臣，〔註30〕使國事得以步入正軌，又不專利其母家，以私蔽公，並時刻慎防外戚專恣撓政之禍的發生，始可謂「賢妃」矣。

除了后妃外，對於廣大的士庶婦女，也是明代女教書亟欲教化的重點。由於女子一生所經歷的階段與扮演的角色頗多——未嫁為人女、既嫁為人婦、生子為人母，這種種的角色無一不考驗著女子的能力與智慧，而「女德」的賢良與否，則關切著女子往後是否能善盡往後角色的職司，誠所謂：「婦道

〔註24〕明‧呂坤，《閨範》，卷3，〈婦人之道‧兼德婦人〉，總頁332～335，「明德馬后」條。
〔註25〕明‧朱瑞圖，《女史全編》，卷1，〈后妃部〉，頁57a，「明太宗徐皇后」條。
〔註26〕明‧仁孝文皇后，《內訓》，頁11b-12a，「節儉章第七」條。
〔註27〕明‧呂坤，《閨範》，卷1，〈嘉言〉，總頁60。
〔註28〕明‧朱瑞圖，《女史全編》，卷1，〈后妃部〉，頁55a，「明太祖馬皇后」條。
〔註29〕明‧仁孝文皇后，《內訓》，頁12b，「節儉章第七」條。
〔註30〕女教書多見后妃勸諫君王任用賢才之例，如《閨範》，卷4，〈嫡妾之道〉，總頁718～719，「楚莊樊姬」條；《列女傳演義》，卷2，〈賢明傳〉，總頁89，「楚莊樊姬」傳末評述曰：「姬之進諫人，但知其論理詳明，言情懇切，足以聳動君聽。」可見如何教化后妃使之明識佐君，亦是女教書主要的教化範疇。

母儀始於女德，未有女無良而婦淑者也。」〔註31〕因此，培養賢淑的女德，
實為往後女子持婦道、執母儀的基石。早在女子未出閣前，甚至幼童時期，
即必須培養作未來賢婦的準備。呂得勝的《女小兒語》，即以淺顯易懂的韻文
題材，希望女孩在啟蒙時期，即能經常誦讀，時時勸勉。書中說道：

> 少年婦女，最要勤謹；比人先起，比人後寢。爭者做活，讓者喫飯。
> ……口要常漱，手要常洗；避人之物，藏在背裏。腳手頭臉，女人
> 四強；身子不顧，人笑爺孃。〔註32〕

這是給予閨中女子禮教上的束縛，自幼即培養她們日常生活上嚴謹的生活
習慣，使她們能以此作為立身處事的依據。沈鯉（1531～1615）在談到女
德時，認為應以三項為最基本，即「柔順端莊第一，孝敬和睦第二，勤儉
整潔第三」。〔註33〕也就是說，女子除了要秉持溫柔卑順、持身端莊的原則
外，善盡孝道也是其中不容忽視的女德要目。《女範捷錄》曰：「夫孝者百
行之源，而猶為女德之首」，〔註34〕明白點出對孝道的重視。以《閨範》來
說，〈孝女〉部分，即佔〈女子之道〉的二分之一多，呂坤對女子盡孝認為：
「夫孝為百行之原，蓋難言哉！而責之婦人、女子尤未易也。」〔註35〕可
見士人對婦女行孝顯得更加激賞。

　　試觀元代〈妙真祝壽〉的傳例，記述葛女為延母齡而不惜終身奉母的孝
行，傳曰：

> 葛妙真，元宣城民家女，九歲聞日者言，母年五十當死。妙真即悲
> 憂祝天，誓不嫁，終身齋素以延母年。母後年八十一卒，事上賜旌
> 異。〔註36〕

呂坤認為葛女深知人定勝天，而為「篤母子之情」，不惜「廢夫婦之道」的孝
行，可謂「卓絕之行，純一之心矣！」〔註37〕再觀另一則發生在元末〈袁氏

〔註31〕明·呂坤，《閨範》，卷2，〈女子之道〉，總頁185。

〔註32〕明·呂得勝，《女小兒語》，〈四言〉，收於清·陳弘謀輯，《五種遺規·教女遺
規》（台北：台灣中華書局，1984），卷中，頁1a-b。

〔註33〕明·張萱，《西園聞見錄》，收入周駿富輯，《明代傳記叢刊》第116冊（台北：
明文書局，1991.10），卷3，〈閨範〉，頁23a。

〔註34〕明·王節婦，《女範捷錄》，收入清·陳夢雷等輯，《古今圖書集成》（台北：
鼎文書局，1985再版），《明倫彙編·閨媛典》，卷3，〈閨媛總部總論二〉，頁
28，「孝行篇」條。

〔註35〕明·馮汝宗撰，《女範編》，頁3a-b，〈凡例〉。

〔註36〕明·呂坤《閨範》，卷2，〈女子之道·孝女〉，總頁224～225，「妙真祝壽」條。

〔註37〕前揭書，卷2，〈女子之道·孝女〉，總頁225，「妙真祝壽」條。

同焚〉傳，載袁女不忍寡母獨死，惟力所不逮，終捐身共焚而死，讀來不禁令人鼻酸，傳曰：

> 袁氏女，元溧水人，年十五。其母嚴氏，孀居極貧，病癱瘓臥於床，女事母極孝。至正中，兵火延其里，鄰婦強女出避，女泣曰：「我何忍舍母去乎？」遂入室抱母，力不能出，共焚而死。〔註38〕

呂坤以為袁女一孱弱之身，抱癱瘓之母出來，豈非自不量力，實乃袁女「意甘同死，不忍使母之獨死耳！道固當爾，則殺身乃所以成仁」。〔註39〕由此可見呂坤對袁女不惜捐身成仁的孝行持高度肯定的態度。此一孝行典範亦與家喻戶曉的〈楊香搤虎〉，頗為雷同。楊香雖亦為一孱弱女子，但在面對猛虎攻噬其父時，因孝念迫切，而奮不顧身力救其父。此等孝心，呂坤以為：「則俱死亦無恨矣。」〔註40〕乃因畢竟已盡全力，即使俱無得脫，此等殺身成仁之孝舉，仍為後人所稱頌。

再看另一則明朝〈康女乳弟〉傳，傳中除載康女侍奉雙親之孝外，同時也身兼許多賢德，傳曰：

> 康孝女，本朝濟源人。父友賢，年老無子，擇王玨入婿，女勸母納妾，生子而乏乳，女亦生女，遂舍之，乳其弟。曰：「吾父老矣，女可得，而弟不可再得也。」母嘗遘疾甚，女嘗糞甘苦。夫早沒，誓不再適，時人稱之。〔註41〕

呂坤對康女所為，實感無一不善曰：「康女事親之孝，愛弟之友，從夫之貞，是謂三不可及。」〔註42〕可見除孝行外，康女友弟、從夫守節的美德，亦足以作為後世婦女立身行事的閨閫典範（參見圖14）。

值得注意的是，在孝女以各種不同的方式表達其孝敬之心外，常可見到「孝感動天」而有神蹟異象顯現的傳例。例如在〈叔褘禱疾〉傳中，記南北朝一羊氏女，名叔褘。性至孝，居父喪，哭則吐血。母嘗有疾，叔褘日祈禱，忽見一高人指點，母疾始愈。呂坤對此傳評述說：「心真則事誠，事誠則神應」，〔註43〕也就是說，為人子女者，只要存有孝心，心誠自然神應而「孝

〔註38〕前揭書，卷2，〈女子之道·孝女〉，總頁229～231，「袁氏同焚」條。
〔註39〕前揭書，卷2，〈女子之道·孝女〉，總頁230，「袁氏同焚」條。
〔註40〕前揭書，卷2，〈女子之道·孝女〉，總頁212，「楊香搤虎」條。
〔註41〕前揭書，卷2，〈女子之道·孝女〉，總頁232～233，「康女乳弟」條。
〔註42〕前揭書，卷2，〈女子之道·孝女〉，總頁233，「康女乳弟」條。
〔註43〕前揭書，卷2，〈女子之道·孝女〉，總頁223，「叔褘禱疾」條。

感動天」。此外，在漢代〈曹娥求父〉傳中，載曹娥之父，為水所沒，不得其屍，娥年方十四，哭十七晝夜，夜不絕聲且孝念不衰，終投江而死，五日後竟負父屍以出。由曹娥此種至孝精神的表現，遂得「江神效靈」，〔註44〕終如願以償，若與前述〈叔禕禱疾〉傳合併來看，都在宣揚女子至孝精神的表現，最後終得神蹟貴象的顯靈。〔註45〕雖然其真實性以現代人的眼光來看未免值得懷疑，然而當時士人之所以選錄這些傳例的心態，無非是欲激勵為人子女者能多積孝心善念，倘能如此，自然「孝感動天」並得萬古流芳之名，為後世所景仰。

圖14：《閨範》明·康女乳弟圖

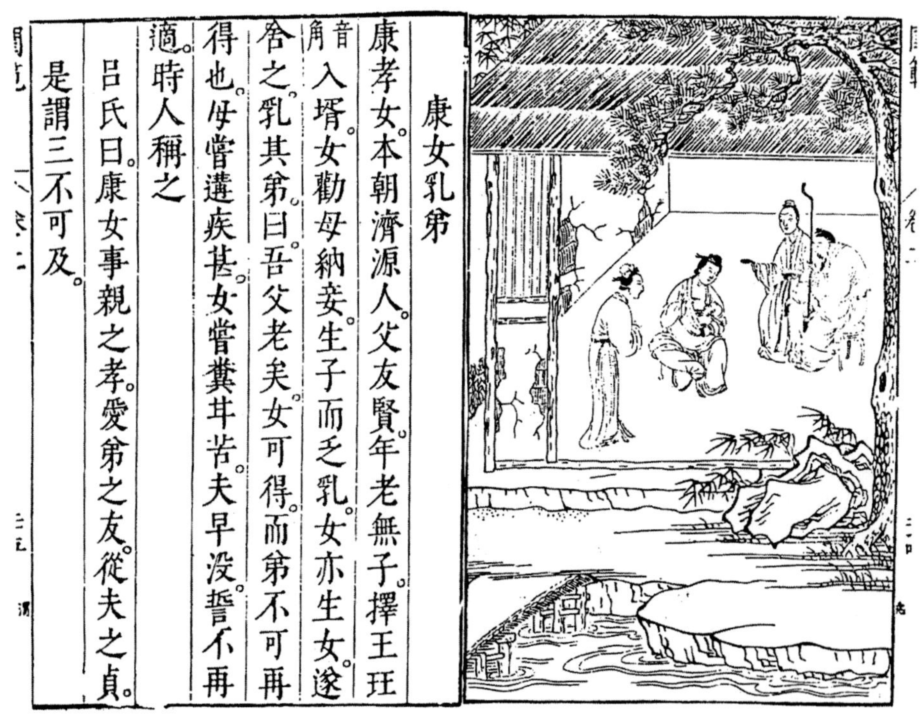

康女乳弟

康孝女本朝濟源人。父友賢。年老無子。擇王珏角音。入壻。女勸母納妾生子。而乏乳。女亦生女。遂舍之乳其弟。曰吾父老矣。女可得而弟不可再得也。母嘗遘疾甚。女嘗糞甘苦。夫早沒誓不再適。時人稱之

呂氏曰康女事親之孝。愛弟之友。從夫之貞。是謂三不可及。

女子一旦出嫁，隨即融入了夫族的家族體系中，一切莫不以夫家為重心，必須善盡為人妻、為人媳以及為人母的義務與責任。正所謂「婚禮，女道之

〔註44〕前揭書，卷2，〈女子之道·孝女〉，總頁207，「曹娥求父」條。
〔註45〕此外還有元代〈趙婦感火〉傳，記孝婦趙氏「孝感動天」，終使火燒方向改變，得以保全姑柩。見《閨範》，卷3，〈婦人之道·孝婦〉，總頁367～369，「趙婦感火」條。

終，婦道之始也」。〔註46〕由夫妻地位來看，《禮記‧郊特牲》曰：「男帥女，女從男，夫婦之義由此始也。」〔註47〕《儀禮‧喪服》亦云：「婦人有三從之義，無專用之道，故未嫁從父，既嫁從夫，夫死從子。」〔註48〕此「三從」之道，也正說明了女子婚後，主要以丈夫為主體，而其自身則處於順從依附的地位，並無獨立人格可言。傳統社會對賢妻良婦應具備的德行，以遵從「四德」為主，即婦德、婦言、婦容、婦功。對此「四德」的內容，呂坤有進一步地解釋說：

> 婦人者，扶於人者也。溫柔卑順，乃事人之性情，純一堅貞，則持身之節操。至於四德，尤所當知：婦德，尚靜正；婦言，尚簡婉；婦容，尚閑雅；婦功，尚周慎。四德備，雖才拙性愚，家貧貌陋，不能累其賢；四德亡，雖奇能異慧，貴女芳姿，不能掩其惡。〔註49〕

由呂坤所言，可知士人認為女子賢良的標準仍在於「四德」兼備，即使婦人具有「奇能異慧」之才，抑或「貴女芳姿」之容，但若缺少了上述「四德」的美德，仍是不足稱道的。

此外，在士人的眼中，婦德的賢良與否與家道的興衰，有著一體兩面的關係，如金敞曰：「禮云：婦順備而後家可長久，甚矣！婦之所繫為甚重也。」〔註50〕更清楚一點地說：「人家娶婦固以繼嗣為重，亦以宜家為先，若不為賢妻，則見棄於夫子，是不宜室矣。」〔註51〕是故「居室之道，未有妻不賢，而能夫婦父子好合者也」，〔註52〕可見婦道端整的重要。

至於為人妻的義務與責任，呂坤於〈夫婦之道〉中說：「易之家人曰夫夫婦婦而家道正，夫義婦順，家之福也。故擇夫婦之賢者以示訓焉，使之刑于

〔註46〕前揭書，卷1，〈嘉言〉，總頁130。

〔註47〕漢‧鄭玄注，唐‧孔穎達疏，清‧阮元校勘，《禮記注疏》，收於《十三經注疏附校勘記本》（台北：大化書局據清嘉慶二十年南昌府學堂重刊宋本影印，1977），卷26，〈郊特牲〉，頁19b。

〔註48〕漢‧鄭玄注，唐‧賈公彥疏，清‧阮元校勘，《儀禮注疏》，收於《十三經注疏附校勘記本》（台北：大化書局據清嘉慶二十年南昌府學堂重刊宋本影印，1977），卷30，〈喪服〉，頁15b。

〔註49〕明‧呂坤，《閨範》，卷3，〈婦人之道〉，總頁323。

〔註50〕明‧金敞，《宗約》，收於清‧張伯行輯，《課子隨筆鈔》（台北：文史哲出版社，1987.5），卷3，頁24a。

〔註51〕明‧呂坤，《閨範》，卷1，〈嘉言〉，總頁64。

〔註52〕前揭書，卷1，〈嘉言〉，總頁19。

之化，不獨責之丈夫，而同心協德，內助亦有力焉。」〔註53〕那麼，婦人該如何作，才能成為丈夫的賢內助呢？首先從消極面來看，夫妻間應有彼此「恤其患難」之心，〔註54〕可以周代〈蔡人之妻〉傳作代表，傳中載述蔡人之妻既嫁，始知夫有惡疾，妻之母欲更嫁之，女曰：「夫不幸，乃妾之不幸也。適人之道，一與之醮，終身不改。」遂謹守婦道，從一而終。明人汪氏對蔡人之妻所為，認為：「夫者，婦之天也。天有常覆，夫人不以天之開霽而忻戴惟謹；不以天之晦蝕而瞻仰或違，何者？天不可二也。女子從人仰望，夫以終身，視夫之疾，不啻痌瘝之在已，安有與之齊體，同尊卑共安樂，而不與共患難乎！」〔註55〕是故蔡人之妻其「處苦境而不以為苦者，定其心有所甘也」，所以「貞一也」。〔註56〕士人無不藉此例以勸勉天下為人妻者，應抱持夫妻一體，同尊卑共榮辱之心，與夫患難與共。至於婦道表現在積極方面，尤指助夫成德立業上而言，即所謂婦人「愛夫以正者也，成其德、濟其業」。〔註57〕在漢代即出現不少著名賢德夫妻的傳例，諸如：梁鴻妻孟光事夫「舉案齊眉」、〔註58〕鮑宣妻棄盛妝與夫同挽鹿車歸鄉、〔註59〕王霸妻堅定其夫隱遯之志、〔註60〕樂羊子妻責夫以廉，斷機喻夫勤學〔註61〕等等，在這些傳例中的婦女所表現的不僅止於對丈夫單純的恭敬而已，更是在了解其夫的德行、志向後，與夫攜手同心，夫唱婦隨。

　　女教書並指出，婦人除了以作丈夫的「賢內助」為己任外，夫妻之間情感的流露於平日居處時亦應知所分際，才不致有失賢媛之舉。如呂坤所言：「婦人之德，每病於輕浮，莫難於端莊」，〔註62〕應知「婦之道，在敬身以承其夫」，而非把「閨門視放肆之地，夫婦為褻狎之人」。〔註63〕明代中葉，士人黃標亦對夫妻之情的表現有如下的看法：

〔註53〕前揭書，卷2，〈夫婦之道〉，總頁191。
〔註54〕前揭書，卷3，〈婦人之道・賢婦〉，總頁328。
〔註55〕明・汪氏增輯，仇英繪圖，《繪圖列女傳》（台北：正中書局據清知不足齋藏版重印，1971.8），卷3，總頁298～299，「蔡人之妻」條。
〔註56〕明・馮夢龍，《列女傳演義》，卷4，〈貞順傳〉，總頁244，「蔡人之妻」條。
〔註57〕明・呂坤，《閨範》，卷3，〈婦人之道・賢婦〉，總頁328。
〔註58〕前揭書，卷2，〈夫婦之道〉，總頁305～308，「梁孟夫妻」條。
〔註59〕前揭書，卷2，〈夫婦之道〉，總頁317～319，「鮑桓夫妻」條。
〔註60〕前揭書，卷2，〈夫婦之道〉，總頁313～316，「王霸夫妻」條。
〔註61〕前揭書，卷3，〈婦人之道・兼德婦人〉，總頁348～351，「樂羊子妻」條。
〔註62〕前揭書，卷1，〈嘉言〉，總頁108。
〔註63〕前揭書，卷1，〈嘉言〉，總頁162。

婦人進門之始，雖篤夫婦之情，必明內外之分。正其夫綱，持其

大體。親愛中寓有嚴正之氣，唱隨時不失琴瑟之調。則型範既端，

……婦人自愛而敬之，依為終身，而不負其為夫之名矣。〔註64〕

其宗旨在強調婦人事夫以「敬」的重要。呂坤對於晚明婦女多「以灑樂為多情，以輕佻為風韻。夫婦相與，非情慾之感，則狎昵之私」〔註65〕的情形感到憂心忡忡，主張夫妻居室之間，不應以「婬狎、戲謔為相愛」，而應以「老成淡雅」作為居處之道。〔註66〕《女小兒語》亦揭示「媟狎謔戲，夫婦之醜。」〔註67〕的規條，金敞更表明閨門中「禮」的不容小覷曰：

閨門中少箇禮字，便天翻地覆，百禍千殃，皆從此起。故治家之道，

與其過寬甯過嚴，雖覺防範太過，無寬裕氣象，終則吉，故家將興，

父子夫婦皆濟濟有禮，於肅正之中，自然雍睦。〔註68〕

所以夫妻間情感的流露，若能秉持「和樂而不乖戾，恭敬而不媟狎」〔註69〕之原則，居處之間自然「夫夫婦婦而家道正，則家人莫不化於正」；反之，若「不夫不婦而家道邪，則家人莫不化於邪」。〔註70〕由上述可知，閨門內夫婦之間的言行舉止，對於整個家庭的門風優敗，實有著密不可分的關聯。試以周代〈欲缺如賓〉為例，傳中載述欲缺夫婦彼此相敬如賓客，以禮待之，不僅使得居處間得以「事事有容，在在不苟」，〔註71〕同時也減少了夫妻反目，閨門紛爭的機會。因此《列女傳演義》亦以為夫婦相處和樂之道，在於「不溺於情，不失於禮」，〔註72〕苟能如此，才是長遠之計。

另一方面，婦人既嫁，與夫所納婢妾之間的相處態度，對於整個家庭的和諧與否，也有密切的關係。呂坤指出：「有家之兇，嫡妾居其九」，〔註73〕明白點出嫡妾之間的不合，實居家庭禍害之首。然而，「同欲分愛，爭妍取

〔註64〕明·黃標，《庭書頻說》，〈夫〉，收於清·張伯行輯，《課子隨筆鈔》，卷3，頁4b。

〔註65〕明·呂坤，《閨範》，卷1，〈嘉言〉，總頁58～59。

〔註66〕前揭書，總頁86。

〔註67〕明·呂得勝，《女小兒語》，〈四言〉，收於清·陳弘謀輯，《五種遺規·教女遺規》，卷中，頁2a。

〔註68〕明·金敞，《宗範》，收於清·張伯行輯，《課子隨筆鈔》，卷3，頁29b。

〔註69〕明·呂坤，《閨範》，卷1，〈嘉言〉，總頁58～59。

〔註70〕前揭書，卷1，〈嘉言〉，總頁70。

〔註71〕前揭書，卷2，〈夫婦之道〉，總頁304，「欲缺如賓」條。

〔註72〕明·馮夢龍，《列女傳演義》，卷1，〈母儀傳〉，總頁14，「大舜后妃」條。

〔註73〕明·呂坤，《閨範》，卷4，〈嫡妾之道〉，總頁559。

憐」〔註74〕乃婦人的常態，故「嫉妒」自古即被視為使夫族「絕嗣」、「亂家」的重大「惡德」，也被列為婦人「七去」的條目之一。〔註75〕，《內訓》說道：「婦人之過無他，惰慢也，嫉妒也，邪僻也。惰慢則驕，孝敬衰焉；嫉妒則刻，菑害興焉；邪僻則佚，節義頹焉。」〔註76〕強調婦人若善嫉，不免「菑害興焉」，小則亂家，大則亡國，實不可小覷。事實上，中國社會在男女貞操的雙重標準下，妒忌可說是與妾制相始終，〔註77〕而所謂「妒婦」，也就是指妻子不滿於她們的丈夫有納妾或嫖妓等這些舉動。〔註78〕為防範婦女存有善妒的心裡，父母從小即教育女兒，必須時時學習壓抑自己的感情或情緒，〔註79〕並規誡她們良好的女德應以「柔順中正」為主，不可有「專輒豪敢之意」，因為「剛愎之婦」，同樣被視為「有家之兇」，〔註80〕誠如古人曰：「生女如鼠，猶恐其虎。」〔註81〕說明世人對剛愎專輒之婦的危懼。《女兒經註》第八條亦明文訓誡婦人「莫嫉妒」，並稱「慈和便是當行路，世間有等不賢良，人人都罵桑〔喪〕心婦」。〔註82〕同書第十六條也規誡婦人「莫自專」，因為「女有爺夫地有天，牝雞晨鳴家事艱，惹的人家罵不賢」。〔註83〕因此善妒與專擅之婦同為士人所嫌惡，認為非一賢婦所當為。

　　至於，該如何防範婦人嫉妒之心呢？黃標以為：

　　　　嫡妾之分，自應分明。斷無卑踰尊，賤妨貴之理。即杯酒言笑，稍
　　　　示以恩，自爾知感，奈之何入宮見妒，娥眉不肯讓人乎！誠平心以

〔註74〕前揭書，卷1，〈嘉言〉，總頁52。
〔註75〕《大戴禮記》指出：「婦有七去，不順父母去，無子去，淫去，妒去，有惡疾去，多言去，盜竊去。不順父母去，為其逆德也；無子，為其絕世也；淫，為其亂族也；妒，為其亂家也；有惡疾，為其不可與共粢盛也；口多言，為其離親；盜竊，為其反義也。」其中，妒正為其七去條目之一，見漢・戴德撰，收入《四部叢刊經部》（台北：台灣商務印書館據上海涵芬樓藏明袁氏嘉趣堂刊本景印），卷13，頁6a，「本命第八十」條。
〔註76〕明・仁孝文皇后，《內訓》，頁15a，「遷善章第九」條。
〔註77〕Chia-lin Pao Tao, "Women and Jealousy in Trtaditional China," in《中國近世社會文化史論文集》（台北：中央研究院歷史語言研究所，1992），頁534。
〔註78〕前揭文，頁532。
〔註79〕前揭文，頁535。
〔註80〕明・呂坤，《閨範》，卷1，〈嘉言〉，總頁37。
〔註81〕前揭書，卷1，〈嘉言〉，總頁37。
〔註82〕明・趙南星，《女兒經註》，收入《教家二書》（台北：中央研究院傅斯年圖書館藏，清光緒間高邑趙氏修補重刊本），頁4a。
〔註83〕前揭書，頁4b。

自處，寬厚以接下，飲食相週，疾病相扶，與侍妾藹然有一體之誼，
其感激詠歌，又不知當何如也，由是和氣積於門內，百福聚於家庭。
〔註84〕

也就是說，嫡妾之間若能秉持「嫡道寬慈，妾道柔順」〔註85〕的原則，彼此
待之以「禮」，處之有「情」，〔註86〕閨門內莫不一團和氣，否則「閨門之中，
專寵生嫌，蒙恩成妒，惡意常懷，和顏希有，此招兇釀禍之由也」。〔註87〕是
故，宋詡主張不論夫婦、嫡妾之間，均應正視儒家的綱常分際說：「夫婦之道
有綱焉，嫡妾之分有位焉；夫唱而婦隨，妻正而妾偏；夫為妻綱，斯琴瑟必
終和矣，嫡不失位，斯黃綠不倒置矣。」〔註88〕由此可知，作家主的若能秉
持「嚴正」的態度，〔註89〕嫡妾之間亦明其尊卑之別，彼此各守其分，既無
損於婦人名節，〔註90〕且閨門內自然呈現一片祥和之氣。

除此之外，若結婚多年尚未生子，為妻者應主動勸夫納妾。《女小兒語》
曰：「久不生長，勸夫取妾；妾若生子，你也不絕。」〔註91〕點出了婚姻以「嗣
續」為重的道理。明末士人陳確在其所撰《新婦譜補》一書中，也提出進一
步的解釋說：

新婦成婚後，數年無子，或丈夫不耐，或公姑年老，急欲得孫，
須及早勸丈夫取妾，或飾婢進之。即己既有子，而丈夫或更欲置
妾，以廣生育，無非為新婦代勞替力之人，當歡忻順受。但須防
其出入，謹飭閨門，稍有差池，責歸主母，不可謂無預己事也，
恩禮須優，夫喜亦喜，情同姊妹。妒在七出之條，稍形辭色，便
不成人矣。〔註92〕

〔註84〕 明·黃標，《庭書頻說》，〈妒虐侍妾〉，收於清·張伯行輯，《課子隨筆鈔》，
卷3，頁10a-b。
〔註85〕 明·呂坤，《閨範》，卷4，〈嫡妾之道〉，總頁560。
〔註86〕 明·呂坤，《四禮翼》，收入《呂司寇全書》（台北：國家圖書館善本室藏，彙
集明萬曆至清康熙間刊本），卷2，〈昏後翼·婦人禮〉，頁4a，「體婦」條。
〔註87〕 明·呂坤，《閨範》，卷1，〈嘉言〉，總頁61。
〔註88〕 明·宋詡，《宋氏家要》，收於《北京圖書館古籍珍本叢刊》第61冊（北京：
書目文獻出版社據明刻本縮印，1988），卷1，〈正家之要〉，頁3a，「夫婦」條。
〔註89〕 明·呂坤，《閨範》，卷4，〈嫡妾之道〉，總頁560。
〔註90〕 呂坤認為婦人若妒忌則「以損名節，亦夫子之過也」，見氏著，《四禮翼》，卷
2，〈昏後翼·婦人禮〉，頁4a，「體婦」條。
〔註91〕 明·呂得勝，《女小兒語》，〈四言〉，卷中，頁2a。
〔註92〕 明·陳確，《新婦譜補》，收於《叢書集成續編》第62冊（台北：新文豐出版

是故為「廣繼嗣」以維繫家族的繁衍傳續，往往為男子納妾提供了充分的理由。由於傳統社會，「妒婦」是個惡名，禮教宣揚婦女絕對依從夫主，即使並無絕嗣之慮，對於丈夫出外「座挾妓女」並欲納妾的行為，婦人仍然不得有所「違拗」，須一意「順適」，甚至要視為其「才情所寄」，不足掛慮。〔註93〕明清之際的陸圻（1614～1681）在為其女出嫁前所寫得《新婦譜》中說道：

> 風雅之人，又加血氣未定，往往遊意倡〔娼〕樓，置買婢妾。只要他會讀書，會做文章，便是才子舉動，不足為累也。婦人所以妒者，恐有此輩，便伉儷不篤，不知能容婢妾，寬待青樓，居家得縱意自如，出外不被人恥笑，丈夫感恩無地矣，其為膠漆不又多乎？……
> 若娶婢買妾，俱宜聽從，待之有禮，方稱賢淑。〔註94〕

陸圻主張，不論丈夫所愛是婢妾抑或青樓女子，婦女都不應存有妒忌不滿之心，一切應以家族為重，待之寬和有禮，如此，不僅能維持夫族一家的和樂融洽，在外也不惹人非議嘲笑，且丈夫在感激妻子的寬宏之餘，也有助於彼此的婚姻關係有進一步地提升，可見其衛道思想的濃厚。女教書中亦多輯錄周代〈宋鮑女宗〉傳，表彰婦女秉持賢淑、貞順的婦德，終博得後世一致的稱頌，傳曰：

> 女宗者，宋鮑蘇之妻也。鮑蘇仕衛三年，而娶外妻。女宗養姑甚謹，因往來人，問候其夫，略遺外妻甚厚。其嫂曰：「夫人既有所好，子何留乎？」女宗曰：「婦人一醮不改，供衣服以事夫子，精酒食以事舅姑，以專一為貞，以善從為順，豈以專夫之室為善哉！忌夫所愛，是謂貪淫，婦德之恥也。……且婦人七去，妒正居一，嫂不教吾以居室之善，而欲使吾為可棄之行耶？」宋公聞之，表其閭曰：「女宗。」〔註95〕

士人多以為：「女無美惡，入宮見妒，此婦人常性也。」呂坤對女宗其「於夫之外妻，不直、不妒、又厚遇之，以是相與，而夫不感其賢，妾不樂其德，以醸一家之和氣者，未之有也，可為婦人之法」。〔註96〕士人多藉由此傳，勉

社，1991），頁57，「待婢妾」條。

〔註93〕明・陸圻，《新婦譜》，收於《叢書集成續編》第62冊，頁44，「敬丈夫」第2條。

〔註94〕前揭書，頁45，「敬丈夫」第6條。

〔註95〕明・呂坤，《閨範》，卷4，〈嫡妾之道〉，總頁714～716，「宋鮑女宗」條。

〔註96〕前揭書，卷4，〈嫡妾之道〉，總頁716，「宋鮑女宗」條。

勵天下婦女，若能學習「宋鮑女宗」以和為貴的精神，則居室中無一不洋溢著和樂的氣氛。

　　至於婦人嫁入夫家後，與舅姑之間的關係亦極為密切，新婦應以何種態度來面對翁姑，也是女教書亟欲教化的重點。呂坤曰：「孝婦，萬善百行，惟孝為尊，故孝婦先焉。」〔註97〕把盡孝道看成事舅姑的第一要件。《女小兒語》就教女子要「孝順公婆，比如爺孃；隨他寬窄，不要怨傷」、「只怨自家有不是，休怨公婆難服事。」〔註98〕把孝事父母，推及於翁姑。《內訓·事舅姑章》進一步地說道子婦應如何表現孝心，使舅姑歡心：

> 婦人既嫁，致孝於舅姑。舅姑者，親同於父母，尊儗於天地。善事者在致敬，致敬則嚴；在致愛，致愛則順。專心竭誠，毋敢有怠，此孝之大節也。……舅姑所愛，婦亦愛之，舅姑所敬，婦亦敬之，樂其心，順其志，有所行，不敢專；有所命，不敢緩，此孝事舅姑之要也。〔註99〕

也就是說，婦人以一顆敬順、體貼的心來孝事舅姑，是執婦道的基本要件。

　　《新婦譜》中對侍奉翁姑之道，分別有其獨到的看法，以子婦事翁方面言：「新婦於翁，殊難為孝。蓋中人之產，既有僕婢，則新婦謁見有時，無須執役。但當體翁之心，不須以向前親密為孝也。」〔註100〕可見子婦行孝於翁，仍有一定的分際與戒防，不必過於親密，以免有踰禮之慮。至於該如何孝敬體翁之心呢？陸圻繼而指出：

> 如翁好客，則治酒茗必虔；翁望子成名，則勸勉丈夫成學為急。……至為翁洗濯器皿，及守藥爐酒鐺，可躬執其任，勿使婢操作，亦見服勤之義。〔註101〕

也就是視翁平日之好惡，新婦均能順其心志，毋所專行，為事翁之道。另一方面，在事姑的態度上與事翁稍有不同，陸圻說：

> 新婦事姑，不可時刻離左右，姑未冷，先進衣；未飢，先進食。姑慍亦慍，姑喜亦喜。……至姑責備新婦處，只認自不是，不必多辯，罵也上前，打也上前，陪奉笑顏，把搔背癢，無非要得其歡心。彼

<hr/>

〔註97〕前揭書，卷3，〈婦人之道〉，總頁325。
〔註98〕明·呂得勝，《女小兒語》，〈四言〉、〈雜言〉，卷中，頁1b、4a。
〔註99〕明·仁孝文皇后，《內訓》，頁24a-b，「舅姑章第十四」條。
〔註100〕明·陸圻《新婦譜》，收於《叢書集成續編》第62冊，頁43，「孝翁」條。
〔註101〕明·陸圻《新婦譜》，頁43，「孝翁」條。

　　事君者，尚曰：「媚於一人」，況婦事姑乎？非是諂曲，道當然也。

〔註102〕

由此可知，新婦事姑乃以「曲從柔順，體貼入微」的原則為主，切忌專行違拗，一切莫不以「得歡心」為其要件。雖然子婦於姑，「每病於疏薄，莫難於親愛」，〔註103〕但為了閨門內的融洽和樂，新婦仍須時時警醒自己，萬不可觸怒姑母而傷了一家的和氣。

　　在一些著名孝婦事親的傳例中，可以看出士人企盼的理想婦女德範。例如唐代〈唐氏乳姑〉傳，顯示了新婦孝姑的極致表現，傳曰：

　　唐夫人者，中書侍郎崔遠之祖母也。夫人事姑孝，姑長孫夫人，年高無齒，唐夫人每旦拜於階下，即升堂乳其姑。長孫夫人不粒食數年而康寧，一日疾病，長幼咸集，宣言無以報新婦恩。願新婦有子有孫，皆得如新婦孝敬。則崔氏之門，安得不昌大乎！〔註104〕

呂坤認為一般人視「婦事姑，菽水時供」即認為不失婦道，但如唐夫人事姑「乃奪子之乳以乳之」，此種孝行，誠「非真心至愛出於自然，何能思及此哉？」是故謹戒世人，「有孝親之心，不患無事親之法」。〔註105〕可見子婦事親，只要是真心誠意，不論以何種方式表現，均有其意義存在。再如另一則漢代〈龐氏感泉〉傳，從中也顯示了子婦侍奉「嚴親」的不易，傳曰：

　　廣漢姜詩，事母至孝，妻龐氏，奉順尤篤。母好飲江水，去舍六七里，其妻取水值風，還不及時。母渴，詩怒而遣之。妻寄止鄰舍，晝夜紡績，市珍羞，因鄰母以達於姑。久之，姑怪問，鄰母具對，姑感慚，還之，恩養愈謹。其子因遠汲溺死，妻恐姑哀傷，託以遠學不在。姑嗜鱠，又不能獨食，夫婦常力作供鱠，呼鄰母共之，舍側忽湧泉，味如江水，每日躍出鯉魚一雙，常供二母之膳。赤眉賊經詩里，弛兵而過，曰：「驚大孝，必觸鬼神。」其孝感如此。〔註106〕

呂坤對此傳的評語披露了子婦侍奉翁姑的難處，他以為：「孝子之事親也，養

〔註102〕前揭書，頁43，「孝姑」第2條。
〔註103〕明・呂坤，《閨範》，卷1，〈嘉言〉，總頁108。
〔註104〕前揭書，卷3，〈婦人之道・孝婦〉，總頁360～362，「唐氏乳姑」條。
〔註105〕前揭書，卷3，〈婦人之道・孝婦〉，總頁361～362，「唐氏乳姑」條。
〔註106〕前揭書，卷3，〈婦人之道・孝婦〉，總頁363～366，「龐氏感泉」條。

口體易，養心志難；順一時易，順終身難；事慈親易，事嚴親難。」〔註107〕
龐氏只因小過被逐，卻怨懟不生，並托鄰母以致養；又力作求繪，不惟供母，
並養鄰母以陪懽，此種孝心誠屬難能可貴，終於「孝感動天」而得善報。又
如漢代〈陳寡孝姑〉傳，載述了婦人重信諾，甘於貧賤而養姑終身的貞順節
操，也著實令人敬佩，傳曰：

> 孝婦者，陳之少寡婦也。甫嫁而夫當戍，將行，屬孝婦曰：「我生死
> 未可知？幸有老母，無他兄弟備養，吾不還，汝肯養吾母乎？」婦
> 應曰：「諾」，夫果死不還。婦無子，養姑慈愛愈固，紡績以為業，
> 終無嫁意，居喪三年，其母將取而嫁之，孝婦曰：「妾聞信者，人之
> 幹也；義者，行之節也。妾始嫁時，受嚴命而事夫，夫行，屬妾以
> 母，妾既諾之矣，受人之托，豈可棄哉！棄托，不信，背死不義。」
> 母百計勸之，……欲自殺，父母懼而從之……。〔註108〕

陳婦於夫亡時，年甫十八，別時一諾，竟持以終身，呂坤對陳婦「既守婦
節，又盡子道，艱苦幾經，不二其心」的節孝情操，表示崇高的讚揚。〔註109〕
《列女傳演義》亦指出：「所謂孝婦、節婦者，豈有他能哉？只是說得、行
得久而不變也。……但恐心口不相應則難矣。」〔註110〕不論婦人抉擇持孝
終身抑或守節終身，能真正做到如「陳寡孝姑」一般心口如一者，實屬不易。

值得注意的是，婦人於事翁公與事丈夫、婆母的態度，兩者稍有不同。
《新婦譜》曰：「事姑事夫，和而敬；事翁，肅而敬。」〔註111〕兩者均以恭敬
柔順的態度為前提，但在侍奉翁公的態度上則必須更肅正恭謹為宜。總之，
新婦初入門，所須學習的禮數與注意的地方頗多，因此總難免不合舅姑本意，
誠如《女小兒語》所言：「新來媳婦難得好，耐心調教休煩惱。」〔註112〕因
此，只要舅姑耐心調教，「教婦初來」，假以時日，必可收「物未放逸以闌防
禁」〔註113〕之效，也使新婦於夫家的關係愈益和諧融洽。

〔註107〕前揭書，卷3，〈婦人之道·孝婦〉，總頁365，「龐氏感泉」條。
〔註108〕前揭書，卷3，〈婦人之道·孝婦〉，總頁357～359，「陳寡孝姑」條。
〔註109〕前揭書，卷3，〈婦人之道·孝婦〉，總頁358～359，「陳寡孝姑」條。
〔註110〕明·馮夢龍，《列女傳演義》，卷4，〈貞順傳〉，總頁287～288，「陳寡孝婦」條。
〔註111〕明·陸圻，《新婦譜》，頁41，「顏色」條。
〔註112〕明·呂得勝，《女小兒語》，〈雜言〉，卷中，頁3b。
〔註113〕明·呂坤，《閨範》，卷1，〈嘉言〉，總頁39；明人王士晉亦說：「要之教婦在
初來；擇婦必世德。」見清·陳弘謀輯，《五種遺規·訓俗遺規》（台北：台
灣中華書局，1984），卷2，〈宗規〉，頁24b，「閨門當肅」條；呂坤在《四禮

　　另一方面，婦德的賢良與否尚可由待僕婢的態度中窺知，清人陳弘謀曰：

> 寬仁慈惠，婦人之德，即婦女之福也。婦女不與戶外，其不寬、不仁、不慈、不惠或難施於外人，而先施於門內。門內如翁姑、夫、子女或猶有不敢不忍之意。其可以逞其不寬、不仁、不慈、不惠者，惟此日夕相對之奴婢耳。故入其家，觀其奴婢，而有以知婦之良與不良也。〔註114〕

即由僕婢的態樣表現，可知女主人的寬慈仁厚與否。待僕婢以寬仁之道，實乃基於「人道主義」的立場，雖然人有貴賤之別，但誠如陶淵明所說：「此亦人子也，可善視之。」〔註115〕故女教書與士人家訓多屢屢規諫婦人，對待僕婢宜以寬慈為要。《新婦譜》將待僕婢之道，細分為待「堂上僕婢」與待「本房僕婢」兩方面來說，所謂「堂上僕婢」係指夫家的奴婢。待之不但不可責罵，亦不可疾言遽色，蓋因「優禮婢僕，即所以敬公姑也」，又說：

> 凡平時待群婢之色以和，待群僕之色以正。其或公姑偶不在前，奴婢將有怠肆之意，則待群婢之色以正，待群僕之色以嚴。……待公姑之僕婢，須常存優禮之心。此即《孝經》云：「得眾人之歡心以事親也。」況群小無怨，則讒慝無自而生。〔註116〕

說明新婦待公姑僕婢，除了僕婢有怠肆之意外，否則宜待之「優禮」，乃是「敬公姑」的表現。至於「本房僕婢」，係指本家的奴婢而言，新婦待之應持「正言教誨」的態度。若僕婢犯過不改，可罵詈之，並「許之以責」；若僕婢仍不改，且其過甚大，則可用「小界尺與三下五下，亦不可多。第一要教他敬老家主、老主母；第一要教他做公眾之用，而室中次之」。〔註117〕若是本房奴婢與堂上奴婢互有爭鬧，則「不論是非，只說本房奴婢不是，痛責之」。〔註118〕

翼》中亦指出：「女子無入門便熟為婦之理，故舅姑夫子必耐心教導，假之歲月，始可繩其違犯，不然彼此怨惡終相齟齬也。」見卷2，〈昏後翼・婦人禮〉，頁5b，「姑教」條。

〔註114〕明・王孟箕，《家訓・御下篇》，收於清・陳弘謀輯，《五種遺規・教女遺規》，卷下，頁1a；陸圻在《新婦譜》中亦曰：「主婦之不慈、不賢，入門即得知耳。」見頁45，「待本房僕婢」第3條。

〔註115〕明・王孟箕，《家訓・御下篇》，收於清・陳弘謀輯，《五種遺規・教女遺規》，卷下，頁1b。

〔註116〕明・陸圻，《新婦譜》，頁45，「待堂上僕婢」第2條。

〔註117〕前揭書，頁45，「待本房僕婢」第2條。

〔註118〕前揭書，頁45，「偷盜」條。

由此可見，對本房奴婢的要求，實比待堂上奴婢來得更為嚴格，這是恐新婦流於護短。值得注意的是，婦女與母家奴婢的往來雖然密切，但留飯、留宿均不宜盡出己意，必須先秉承堂上姑意再決定之。而婢來或在房中有低語，「亦不必多，多則恐姑見疑，以為以家事相告也。若僕則有何密語，萬不可近身，分付聲音，亦須朗朗，使眾聞之」。〔註119〕總之，婦人既嫁，一切俱應小心謹慎，以防誤會滋生而傷了兩家的和氣。

就婢僕所犯得過錯，概括來說，主要有「淫佚」、「偷竊」及「說謊、搬鬥是非」三大罪。婦人須時時「防之於漸，慎之於微」，進一步說，即須「防淫佚之法以莊，防偷竊之法以介，防搬鬥之法以默」。〔註120〕透過婦人自身持身端莊、耿介不偏以及對閒言不予理會的態度來感化婢僕，使之能守其分，而收防微杜漸之效。假若婢僕仍犯過，則「小過宜寬，若法應撲責，當即處分，責後呼喚，辭色如常，不可嘖嘖作了語，恐愚人危懼，致有他變」。〔註121〕這是告誡婦人責處過後，切勿再疾言厲色、叨絮不休，以免群小心生怨恨，致生危禍。

至於應如何懲處婢僕，才不致流於施虐呢？明人伍袁萃說：「古語云教笞不可廢于家。故奴婢僕有犯，除情重送官，過小姑恕外，只用小竹板決其臀，多不過二十而止，勿亂踢、勿亂打，而頭目、心腹、腰肋要害之處，尤當禁忌。」〔註122〕可見不宜責處過苛，尤須避其要害，以免笞撻過重而有施虐之嫌。萬曆時趙南星曾於《女兒經註》指出當時士大夫家之婦女，往往凌虐使女，不僅視如糞土且任情踐踏的行為，視為「婦女之大惡」。〔註123〕明末王孟箕亦觀察到當時婦女多有虐待婢僕之行，於其《御下篇》揭示曰：「若唾罵捶楚，略無節制，殘忍何堪；或當罵而竟撻，或宜量撻而加重撻，或無故撻之，此在男子容有之，而婦人尤甚；婦人於僕婢皆然，而於小婢尤甚。」〔註124〕往往使之「身多血漬，面有爪痕，非如卑田院乞兒，則同地獄中餓鬼」〔註125〕實悲慘之極。故《溫氏母訓》訓誡婦人若有「嚴刻僕隸」

〔註119〕前揭書，頁46，「母家奴婢」條。
〔註120〕前揭書，頁45，「待本房僕婢」第3條。
〔註121〕明‧王朗川，《言行彙纂》，收於清‧陳弘謀輯，《五種遺規‧教女遺規》，卷下，頁22a。
〔註122〕明‧張萱，《西園聞見錄》，卷6，〈婢僕〉，頁37b。
〔註123〕明‧趙南星，《女兒經註》，〈女兒經補〉，頁15a。
〔註124〕明‧王孟箕，《家訓‧御下篇》，卷下，頁1b。
〔註125〕明‧陸圻，《新婦譜》，頁45，「待本房僕婢」第3條。

之行，即易招致「無故得謗」的後果，〔註126〕就是希望婦女不應苛待僕隸，而應凡事「持之以正，群下自然畏服，不必鞭扑立威，如此則體不褻，而新婦愈尊重矣」。〔註127〕凡此種種，皆以保持閨門太和之氣為前提，處處考驗著新婦持家的智慧，因此視「御僕婢」為「治家之大略」〔註128〕亦不為過。

　　以上即為明代女教書中士人所揭示「四德」中的「婦德」觀之內涵。此外，作為婦教之一的「婦言」，也是女教書與明人家訓多所規誡的重點。例如《女兒經註》第十五條即為「戒言語」，說道：「寡言便是真婦女，婦有長舌是禍階，古人多被多言去。」〔註129〕《內訓》亦指出：「婦人德行幽閒，言非所尚，多言多失，不如寡言。」〔註130〕繼而主張：

> 夫縅口內修，重諾無尤。寧其心，定其志，和其氣。守之以仁厚，
> 持之以莊敬，質之以信義。一語一默，從容中道，以合乎坤靜之體，
> 則讒慝不作，家道雍穆矣。〔註131〕

無非希望婦女能以「謹口」為要，以慎防讒慝不休的滋生。早在宋代李氏《女戒》中即視言語之重，可為國家存亡、家道親疏的樞機，她說：

> 藏心為情，出口為語。言語者，榮辱之樞機，親疏之大節也。亦能
> 離堅合異，結怨興讎。大則覆國亡家，小則六親離散。是以賢女謹
> 口。恐招恥謗，或在尊前，或居閒處，未嘗觸應答之語，發詭諛之
> 言。不出無稽之詞，不為調戲之事，不涉穢濁，不處嫌疑。〔註132〕

可見婦言的善惡，對一家，甚至一國的影響實至為重大。至於「婦言」為何會被視為離堅結怨的禍源呢？誠如呂坤所說：

> 蓋婦人以多言為兇，以謹口為德。世俗婦人對丈夫，則道兄弟姒娌
> 短長；見父母，則言舅姑姊妹是非。躡足附耳，詭態佯聲，言則戒
> 人慎密，聽者深為掩覆。嫌成怨結，家破人亡，而彼立身於不敗之
> 地，故先王七出，多言居其一焉，為鑒深矣！〔註133〕

呂氏把道人長短所引起的骨肉失和、兄弟鬩牆，歸究於婦人多言。黃標對此

〔註126〕明‧溫璜述，《溫氏母訓》，頁12a。
〔註127〕明‧陳確，《新婦譜補》，頁57，「責僕婢」條。
〔註128〕明‧陸圻，《新婦譜》，頁45，「待本房僕婢」第3條。
〔註129〕明‧趙南星，《女兒經註》，頁4b。
〔註130〕明‧仁孝文皇后，《內訓》，頁5a，「慎言章第三」條。
〔註131〕前揭書，頁5b，「慎言章第三」條。
〔註132〕宋.李氏，《女戒》，收於明‧呂坤，《閨範》，卷1，〈嘉言〉，總頁182～183。
〔註133〕明‧呂坤，《閨範》，卷1，〈嘉言〉，總頁111。

亦深表贊同，認為「天下最足以召禍者，莫過於婦人之言」，〔註134〕探究士人之所以普遍對婦言持如此歧視的看法，多因「婦人不明典訓、不詣、義理，所聞者女流之語，所持者一偏之見，見偏則是非無常，是非無常則不顧大體」，〔註135〕加以「男子剛腸少，常偏聽婦人言」，〔註136〕致多發生「曲人直己，譖塑詆毀，爭隙是啟」〔註137〕的嚴重後果，如《女小兒語》說：「婦人口大舌長，男子家敗身亡」，〔註138〕究其所以，多端自婦女「搬弄口舌始」，〔註139〕因此士人乃屢屢規誡作家主的，於「婦初入門，當先論而禁抑之」。〔註140〕

　　至於造成婦人多言的原因，極大部分肇因於婢侍長舌所致，許相卿（1479～1557）曰：「家人離多由婦人，婦人離多由黠婢，婦勿聽婢語，男勿惑婦言，雍睦其可以漸敦已。」〔註141〕是故，女教書多告誡婦女「凡人家處前後，嫡庶妻妾之間者，不論是非曲直，只有塞耳閉口為高，用氣性者，自討苦喫」。〔註142〕強調保持緘默，是使嫌隙消弭於無形最好的方法。

　　婦女多言同樣被列為「七去」的惡德之一，姚舜牧（1542～？）就說過：「女人最污是失身，最惡是多言。」〔註143〕把多言與失貞同列為女德之醜，可見士人對女子多言的嫌惡。甚至明人家規更規定倘若婦女長舌，則以不給付喪祭費作為處罰的手段，〔註144〕藉以警示婦女切勿多言長舌。

　　除了謹戒婦人多言外，《新婦譜》指出從婦人平日說話的聲調即可窺知婦德的賢良與否：

> 婦人賢不賢，全在聲音高低，語言多寡中分。聲低即是賢，高即不賢；言寡即是賢，多即不賢。就令訓責己身婢僕，響尚不雅；說得

〔註134〕明・黃標，《庭書頻說》，〈聽信婦言〉，收於清・張伯行輯，《課子隨筆鈔》，卷3，頁11b。

〔註135〕前揭書，〈聽信婦言〉，卷3，頁11b-12a。

〔註136〕明・龐尚鵬，《龐氏家訓》，收於《叢書集成新編》第33冊（台北：新文豐出版社，1985），頁194。

〔註137〕明・霍韜，《霍渭厓家訓》，收於王雲五編，《涵芬樓秘笈》第1冊（台北：台灣商務印書館，1967），卷1，頁32a，「彙訓下第十四」條。

〔註138〕明・呂得勝，《女小兒語》，〈雜言〉，卷中，頁3a。

〔註139〕明・黃標，《庭書頻說》，〈搬弄口舌〉，卷3，頁15b。

〔註140〕明・龐尚鵬，《龐氏家訓》，頁194。

〔註141〕明・許相卿，《許雲邨貽謀》，收於《叢書集成新編》第33冊，頁181。

〔註142〕明・溫璜述，《溫氏母訓》，頁12a-b。

〔註143〕明・姚舜牧，《藥言》，收於《叢書集成新編》第33冊，頁197。

〔註144〕明人霍韜說：「凡婦女長舌、禮法不修、教子不嚴、女被人出，皆不給喪祭費。」見氏著，《霍渭厓家訓》，卷1，頁16b，「喪祭第九」條。

有道理話，多亦取厭，況其他耶？〔註145〕

可見士人以為婦言貴於「言簡意賅」，而「聲卑低下」才是賢婦的標準。《女小兒語》也說：「笑休高聲，說要低語；下氣小心，才是婦女。」〔註146〕又說：「婦人聲滿四鄰，不惡也是兇神。」〔註147〕呂坤的《閨戒》更以詼諧的口吻來諷刺婦人煩言絮聒、高聲說話的醜態說：「長舌婦，專講是和非，李四面前聲吒吒，張三耳畔口姜姜，囑付〔咐〕你休題〔提〕」。又曰：「叫噪婦，一聲滿四鄰，悄語低言悶死你，高喉大嗓震殺人，好做鎮宅神。」〔註148〕由前所述可知，明代比起前朝對婦女在言語上的訓誡，實有過之而無不及。

四德中的「婦言」從消極面來看，即以「惟女之言，貴乎謹默；勿為強辯，勿恃長舌」為要，〔註149〕但仍有其積極的一面，如清人藍鼎元（1680～1733）所說：「婦言不貴多，要于當。則有若勗夫，若訓子，若幾諫，若守禮，若賢智，若免禍。」〔註150〕可見婦人發言的時機，應審慎考量，當說則說。其中就「勗夫」一項，《新婦譜》揭示得相當透徹：

　　丈夫或一時未達，此不得意之以歲計者也；或一事小拂，此不得意之以日計者也。為妻者，宜為好語勸諭之，勿增慨嘆以助鬱抑，勿加誚讓以致憤激，但當愉愉煦煦，云吾夫自有好日，自有人諒，方為賢妻如對良友也。其或一時闕之，竭力典質措辦，勿待其言，毋令其知。〔註151〕

婦人適時地從旁軟語幾諫，溫婉鼓勵，乃是助夫的不二法門，亦如《女小兒語》說：「夫不成人，勸救須早；萬語千言，要他學好。」〔註152〕甚或當丈夫一時迷失，浪蕩嫖賭，致使祖宗基業日漸銷殆時，為婦者除殷殷苦諫外，倘能「堅守田產，尤稱哲慧」。〔註153〕此外，《溫氏母訓》對於「受謗」一事，

〔註145〕明·陸圻《新婦譜》，頁41，「聲音」條。
〔註146〕明·呂得勝，《女小兒語》，〈四言〉，卷中，頁1b。
〔註147〕明·呂得勝，《女小兒語》，〈雜言〉，卷中，頁3b。
〔註148〕明·呂坤，《閨戒》，收於《呂司寇全書》（台北：國家圖書館善本室藏，彙集明萬曆至清康熙間刊本），頁33b，37b。
〔註149〕明·鄭氏，《女教篇》，收入《古今圖書集成·閨媛典》，卷3，〈閨媛總部總論二〉，頁14。
〔註150〕清·藍鼎元，《女學·序》，收入沈雲龍編，《近代中國史料叢刊續輯》第41冊（台北：文海出版社1977.4），頁4～5。
〔註151〕明·陸圻，《新婦譜》，頁44，「敬丈夫」第5條。
〔註152〕明·呂得勝，《女小兒語》，〈四言〉，卷中，頁2a。
〔註153〕明·陸圻，《新婦譜》，頁45，「敬丈夫」第6條。

有當辯與毋辯的勸誡曰：

> 受謗之事有必要辯者，有必不可辯者。如係田產錢財的，遲則難解，此必要辯者也。如係閨閫的，靜則自銷，此必不可辯者也；如係口舌是非的，久當自明，此不必辯者也。〔註154〕

可見溫母強調，涉及田產錢財者，必當辯白，以免日久難明。至於涉及閨閫內事，十之八九源於口舌是非，婦人不必辯解，自然靜則自銷，不辯自明。《閨範》中並舉周代〈楚野辯女〉傳，〔註155〕讚揚女子當辯則辯的明理之智曰：「惟辯足以折人，惟理足以善辯。口才非婦人所尚也，而無端受辱，無言惟懼，或言而動氣犯禮，或言而浮衍無當，奚貴言哉！」〔註156〕因此，楚女之辯乃「論事明，講理透。又謙又峻，又直又婉，使人不能以非禮相加」。〔註157〕是故，當理而辯，當言則言，始足以折人，使人心服。

　　總之，「婦言」除規誡女子聲卑低下、不苟言笑外，更貴於積極地為「勗夫」、「訓子」，或為「免禍」而努力，如此，才是持家的長久之道。

　　作為婦教之一的「婦容」，女教書也有一些相關的規範，惟純粹就婦女的「姿容」而言，並無定見。《綠窗女史》即指出：「大抵女子好醜無定容，惟人所悅，悅之至而容亦至。」〔註158〕可見對女子的姿色美惡並無定論，「惟人所悅」，見仁見智而已。而所謂的女容，如鄭氏《女教篇》曰：「惟女之容，貴乎和婉。坐立恭莊，步履詳緩，頭容常直，目容常端，淑爾威儀，正爾衣冠。」〔註159〕從頭容、目容到坐立、步履等的姿態，都有詳盡的規定，強調婦容貴於顏色和悅、舉止端莊，始不失閨秀之舉。

　　至於在婦女的衣著妝飾方面，女教書有進一步的規範。《女小兒語》說：

〔註154〕明・溫璜述，《溫氏母訓》，頁12a。

〔註155〕其傳略曰：楚野辯女者，昭氏之妻也。一日鄭簡公使大夫聘於荊，途中遇有狹路，有婦人乘車，與大夫轂擊而折其軸，大夫怒，將執而鞭之。婦人此時卻辯解說：「君子不遷怒，不貳過。狹路之中，妾已極矣。今大夫之僕，不肯少引而敗子大夫之車，今反執妾，不亦遷怒乎！舍有罪僕，執無罪妾，不亦貳過乎！」大夫聽之慚，遂釋之。見《閨範》，卷3，〈婦人之道・明達之婦〉，總頁503～506，「楚野辯女」條。

〔註156〕前揭書，卷3，〈婦人之道・明達之婦〉，總頁505，「楚野辯女」條。

〔註157〕明・馮夢龍，《列女傳演義》，卷6，〈辯通傳〉，總頁463，「楚野辯女」條。

〔註158〕明・吳郡衛泳，《悅容編》，收於明・秦淮寓客輯，《綠窗女史》（台北：國家圖書館善本室藏，明末心遠堂藏版），卷1，〈閨閣・容儀〉，頁1a，「悅容編」條。

〔註159〕明・鄭氏，《女教篇》，收入《古今圖書集成・閨媛典》，卷3，〈閨媛總部總論二〉，頁31。

「婦女妝束，清修雅淡；只在賢德，不在打扮。」又說：「不良之婦，穿金戴銀；不如賢女，荊釵布裙。」〔註160〕《新婦譜》亦指出：「婦人容止端莊，非云粉白黛綠也。固不可隨俗豔妝，亦不宜亂頭垢穢。在家布衣整潔，出外櫛沐清鮮。立必擁面，行必屏人。」〔註161〕可見婦女妝扮以潔淨樸素為主，蓬頭豔妝皆不宜，假若一意「盛飾容貌」，則易遭「無故得謗」之非議。〔註162〕元末《鄭氏規範》對婦女的妝飾也列有懲處的規條載曰：「諸婦服飾，毋事華靡，但務雅潔，違則罰之。」〔註163〕然而，呂坤觀晚明婦女「羅珠刺繡，滿篋充匱，大袖長衫，覆金掩綵，互羨爭學，日新月異，有甫成而即毀者。無識男子，日悅婦人之心而不足，安望以節儉率之哉！德不如人而衣飾是尚，家不能治而容冶相先」〔註164〕之流俗，感到憂心忡忡。因此，霍韜（1487～1540）乃在其家訓中明文規定：「凡婦入門，不許僭濫珠冠花翠」〔註165〕以防僭越。此外，明人何倫更指出：「婦女以布禦寒，則堅苦其志」，倘若「以香薰羅綺，則淫蕩其心」，〔註166〕婦女盛飾容儀的後果，甚至被聯想為「淫蕩」。是故，婦女在衣飾方面，若能秉持「不事浮華，惟甘雅潔」〔註167〕、「淡妝雅束，殊無燦爛之華」〔註168〕的原則，方是士人眼中的賢德婦人，不致遭「無故得謗」之禍。

最後，作為婦教「四德」學習之一的「婦功」，主要可分為食、衣兩大方面來探討。首先就飲食方面來說，早在《詩經》即明言女子「無非無儀，唯酒食是儀」，〔註169〕又，視為母德之範的孟母也以「精五飯、冪酒漿、養舅姑、縫衣裳」作為「婦人之禮」，〔註170〕可見負責張羅家人飲食，乃是婦

〔註160〕明·呂得勝，《女小兒語》，〈四言〉，卷中，頁1b。
〔註161〕明·陸圻，《新婦譜》，頁43，「粧飾」條。
〔註162〕《溫氏母訓》即明示：「婦人盛飾容儀，無故得謗」。頁12a。
〔註163〕元·鄭太和，《鄭氏規範》，收於《叢書集成新編》第33冊，頁174。
〔註164〕明·呂坤，《閨範》，卷3，〈婦人之道·守禮之婦〉，總頁494～496，「韓氏家法」條。
〔註165〕明·霍韜，《霍渭厓家訓》，卷1，頁17b，「器用第十」條。
〔註166〕明·何倫，《何氏家規》，〈飲食服御之規〉，收於清·張伯行輯，《課子隨筆鈔》，卷2，頁8b。
〔註167〕前揭書，頁7a。
〔註168〕明·呂坤，《閨範》，卷1，〈嘉言〉，總頁50。
〔註169〕漢·毛公傳、鄭元箋，唐·孔穎達注，清·阮元校勘，《毛詩正義》，收入《十三經注疏附校勘記本》（台北：大化書局據清嘉慶二十年南昌府學堂重刊宋本影印，1977），卷11-2，頁11a，「斯干」條。
〔註170〕明·呂坤，《閨範》，卷4，〈母道·禮母〉，總頁566，「孟母三遷」條。

女責無旁貸的重要工作。呂坤的《四禮翼》對女子學習女功之職，有隨著年齡而循序漸進的規範，他說：

> 帝王生女尚弄之瓦，則紡織女功第一要務也。八歲學作小屨，十歲以上即令紡綿、飼蠶、繰絲，十二以上習茶飯、酒漿、醬醋，十四以上學衣裳、織布、染蘺，凡門內之事無所不精。〔註171〕

其中學習茶飯、酒漿、醬醋之務，尚在學作衣裳之前，可見學作烹飪乃是婦功的基本要件。許相卿也說：「主婦職在中饋，烹飪必親，米鹽必課，勿離灶前」，〔註172〕明白點出主婦職在中饋的重要性。甚至《溫氏母訓》亦指出：若婦人「不諳中饋，不入廚堂，不可以治家。」〔註173〕明末《綠窗女史》中的〈中饋錄〉，即選錄有浦江吳氏料理脯鮓、製蔬等的烹調方法，〔註174〕好比今日深受主婦喜愛的食譜大全一般。書中條理分明地記述如何烹製美味佳餚的料理步驟，可供當時不諳中饋的婦女作學習掌廚的入門工具書。

除了主中饋之職外，對於居處家庭的米鹽支出，宜以「量入為出」為要，如龐尚鵬說：「婦主中饋，皆當躬親為之，凡朝夕柴米蔬菜逐一磨算稽查，無令太過、不及。」〔註175〕《溫氏母訓》進一步的指出，婦女若能勤記帳籍，將可免除「奴僕因緣為奸」與「子孫猜疑成隙」之禍。〔註176〕而連帶於廚房內的大小物件，也須時時「料理檢點」，〔註177〕諸如：「米麵油鹽，盤楪匙箸；一切家火，放在是處」，又如：「水火剪刀，高下跌磕」〔註178〕等均要安置妥當，才不致滋生意外。

另一方面，紡織製衣也是婦人的重要工作，何倫重申《禮記・內則》的說法，強調婦人職守應以「執麻枲，治絲繭，織紝組紃以供衣服」為主，〔註179〕許相卿也說：「女婦日守閨閤，躬習紡織。」〔註180〕類似的言論，

〔註171〕明・呂坤，《四禮翼》，〈昏前翼・女子禮〉，頁2a-b，「職業」條。
〔註172〕明・許相卿，《許雲邨貽謀》，收入《叢書集成新編》第33冊，頁181。
〔註173〕明・溫璜述，《溫氏母訓》，收於《景印文淵閣四庫全書》第717冊，頁12a。
〔註174〕明・浦江吳氏，《中饋錄》，收於明・秦淮寓客輯，《綠窗女史》，卷1，〈閨閤・女紅〉，頁1a-19a，「中饋錄」條。
〔註175〕明・龐尚鵬《龐氏家訓》，頁193。
〔註176〕《溫氏母訓》指出：「懶記帳籍亦是一病，奴僕因緣為奸，子孫猜疑成隙，皆由于此。」頁10a。
〔註177〕明・何倫，《何氏家規》，〈節義勤儉之規〉，卷2，頁7a。
〔註178〕明・呂得勝，《女小兒語》，〈四言〉，卷中，頁1a-1b。
〔註179〕明・何倫，《何氏家規》，〈節義勤儉之規〉，卷2，頁7a。
〔註180〕明・許相卿，《許雲邨貽謀》，收於《叢書集成新編》第33冊，頁181。

再再顯示出主婦的職司除了主中饋外,織紝組紃亦是不容忽視的。《綠窗女史》亦選錄吳郡張淑娛在女子刺繡方面的看法,認為須具「慧心妙質,靜女文姬,及風神蕭遠,有林下風氣者」,〔註181〕始可繡出絕佳作品。然而《女小兒語》卻持較務實的態度以為:「織金妝花,再難拆洗;刺鳳描鸞,要他何用?使的眼花,坐成勞病。」〔註182〕主張衣物能實穿實用即可,不必非得繡出精巧奪目的手工,一如清人查琪所說:「一應女工及中饋等務,是婦人本分內事,非有奇才藝能可炫耀也。新婦切不可矜己之長,形人之短,妯娌姑嫂間,每以此而成嫌隙者有之。」〔註183〕可見在士人的眼裡,紡織組紃實乃婦人本分之務,毋須炫才矜長,以防閨門內嫌隙橫生。

婦女除明瞭婦功的職守外,時時不忘勤儉不息的美德,也是女教書屢屢勸誡的重點之一,如《女小兒語》所說:「少年婦女,最要勤謹;比人先起,比人後寢。爭著做活,讓著喫飯;身懶口饞,惹人下賤。」《內訓》也勸諭天下婦女:「勤勵不息,身之德也」,反之「怠惰恣肆,身之殃也」,故「農惰則五穀不穫,士惰則學問不成,女惰則機杼空乏」。〔註184〕《女範捷錄》亦點明勤儉對婦女持家的重要說:「勤者女之職;儉者富之基」,因此「若夫貴而能勤,則身勞而教以成;富而能儉,則守約而家日興」,〔註185〕婦女若能知曉勤勞儉約的重要,並躬親力行,則家道鮮有不昌隆興盛的道理。

二、母 道

女子既嫁,除了必須扮演為人妻、為人媳的角色外,倘若生子更必須擔負起為人母的責任與義務,因此,「母道」也是婦教教化的重要範疇。茲以「養育」與「教導」兩方面來探討:

就養育之責來看,首重胎教。《列女傳演義》說:「胎教之法,最為喫緊。若教得十個月,便可終身受用,何樂而不為?若果為之,縱不敢望其大賢,亦可少免不肖矣,願有娠者當學也。」〔註186〕認為胎教若做得好,縱使不敢

〔註181〕明‧吳郡張淑娛,《刺繡圖》,收於明‧秦淮寓客輯,《綠窗女史》,卷1,〈閨閣‧女紅〉,頁1a,「刺繡圖」條。

〔註182〕明‧呂得勝,《女小兒語》,〈四言〉,卷中,頁1b。

〔註183〕清‧查琪,《新婦譜補》,收於《叢書集成續編》第62冊,頁53,「逞能」條。

〔註184〕明‧仁孝文皇后,《內訓》,頁7b-8a,「勤勵章第五」條。

〔註185〕明‧王節婦,《女範捷錄》,收於《古今圖書集成‧閨媛典》,卷3,〈閨媛總部總論二〉,頁29,「勤儉篇」條。

〔註186〕明‧馮夢龍,《列女傳演義》,卷1,〈母儀傳〉,總頁31,「文母太任」條。

望其子孫大賢，卻可降低子孫不肖的可能性。那麼婦女該如何做好胎教的功夫呢？許相卿曰：

> 古者教道貴豫，今來教子宜自胎教始。婦妊子者，戒過飽、戒多睡、戒暴怒、戒房慾、戒跛倚、戒食辛熱及野味；宜聽古詩、宜閒鼓琴、宜道嘉言善行、宜閱賢孝節義圖書、宜勞逸以節，動止以禮，則生子形容端雅，氣質中和。〔註187〕

希望孕婦能從日常生活及早做好修身的準備，使胎兒可得「蒙養之正」。〔註188〕《女史全編》也贊同胎教的重要說：「蒙養以胎教為先，童子隨大人而化，欲勵以禮義廉恥之行，端本於飲食服用之微。」〔註189〕迨孩子出生後，若自己無病痛在身，最好能親自餵哺嬰孩，切忌另請乳母照顧，何倫說：「凡產子，須是為母者自哺，不可委之乳母。吾嘗見人家用乳母者，傭直服食，稍不如願，反令其子寒暖失時，飢飽無節，或跌撲驚傷，隱蔽不言，至疾莫知所自，且乳母中，端潔者寡，常生意外之虞，不可不謹。」〔註190〕足見其對世俗乳母品德良窳的不信任。對於撫育幼兒的方法，陳確於《新婦譜補》中提出詳細的說明曰：

> 凡生養子女，固不可不愛惜，亦不可過於愛惜。愛惜太過，則愛之適所以害之矣。小兒初生，勿勤抱持，裹而置之，聽其啼哭可也。醫云：小兒頓足啼哭所以宣達胎滯，無須憐惜。乳飲有節，日不過三次，夜至難將鳴飲一次。衣用稀布，寧薄毋厚，乃所以安之也。語云：若要小兒安，常帶三分飢與寒。蓋孩提家，一團元氣，與後天斲喪者不同，十分保煖，反生疾病，此易曉也。珠帽繡衣等物，切不可令著身。無論非從樸之道，而珠帽誨盜，繡衣裏溺，稍明理者，必不當墮此陋習矣。滿月拿周，即是慶生張本，並須從簡。〔註191〕

此段文字以今日育兒的常識來看亦頗有幾分道理。而綜合士人所提看養嬰兒所應注意的地方約有以下幾個重點，如勿過份憐惜（戒勤抱、過飽暖）、勿穿戴錦衣繡服以及勿費財慶生等訓誡，〔註192〕無非是讓小兒「及能言、能行、

〔註187〕明・許相卿，《許雲邨貽謀》，頁181。
〔註188〕古《列女傳》亦載述道：「古者婦人妊子，寢不側，坐不邊，立不蹕。不食邪味，割不正不食，席不正不坐。目不視邪色，耳不聽淫聲，夜則令瞽誦道正事，如此，則生子形容端正，才德過人矣。」見《閨範》，卷1，〈嘉言〉，總頁157。
〔註189〕明・朱瑞圖，《女史全編》，卷2，〈母教部〉，頁1a。
〔註190〕明・何倫，《何氏家規》，〈鞠育教養之規〉，卷2，頁3a。
〔註191〕明・陳確，《新婦譜補》，頁58，「抱子」條。
〔註192〕《女小兒語》中的〈四言〉部分提到看養嬰兒之道，如戒飽暖與忌生冷食，

能食時，良知端倪發見，便防放逸」，〔註193〕收其防微杜漸之效。

　　再就教導之責而言，傳統中國的子女教育，尤其是家庭蒙養教育，與母親有著極為密切的關係。〔註194〕呂坤對母教之責認為：「母不取其慈，而取其教。溺愛姑息，教所難也。」〔註195〕可知「教子」非易。《內訓‧慈幼章》也揭示為人父母者，固以慈為本，「然有姑息以為慈，溺愛以為德，是自敝其下也，故慈者非違理之謂也，必也盡教訓之道乎！」〔註196〕亦即慈愛不等於姑息，因為「姑息則縱，而教不行矣」。〔註197〕《內訓‧母儀章》提出其母教之道說：

　　　　教之者，導之以德義，養之以廉遜，率之以勤儉，本之以慈愛，臨
　　　　之以嚴格，以立其身，以成其德。〔註198〕

凡此種種，皆從母親以身作則開始，始足以為子「立身成德」的模範。以下即就《閨範》中的〈母道〉，依為母教子之法所呈現德範懿行的不同，除「智母」於本章第三節「才智觀」再予以討論外，其餘母範的類型諸如：「禮母」、「正母」、「仁母」、「公母」、「嚴母」、「慈繼母」以及「慈乳母」等七種教化的思想分別討論如下：

　　首先，就「禮母」而言，為「禮母」者，乃擇「教子以禮，正家以禮者也。若孟母，禮不足以盡之，而事歸於禮。故以禮名」。〔註199〕可以家喻戶曉

　　　　指出：「看養嬰兒，切戒飽暖；些須過失，就要束管。」又有「生冷果肉，
　　　　小兒毒藥」等語，見卷中，頁 2b；許相卿也提到看養嬰兒切戒飽暖與戒飾
　　　　金綺繡，他說：「及嬰孩懷抱，毋太飽煖，寧稍饑寒，則肋骨堅凝，氣岸精
　　　　爽；毋飾金銀珠玉綺繡，以導衒侈以召戕賊。」見氏著，《許雲邨貽謀》，
　　　　頁 181；何倫亦提到切戒置酒張筵、靡費奢財說：「子女出生，三朝滿月，
　　　　慎勿置酒張筵，多害生命。惟齋沐更衣，具酒果，抱子告於祠堂，其世俗
　　　　催生送羹之禮，靡費無益，概宜謝絕。」見氏著，《何氏家規》，〈鞠育教養
　　　　之規〉，卷 2，頁 3b。
〔註193〕明‧許相卿，《許雲邨貽謀》，頁 181。
〔註194〕徐泓據《古今圖書集成》中〈閨媛典‧賢淑部〉所輯錄明代方志的列女傳中，
　　　　發現婦女善於「教子」可作為賢淑的典範，並指出：「教養懲戒權，以母子關
　　　　係最為密切。」見氏著，〈明代家庭的權力結構及其成員間的關係〉，《輔仁大
　　　　學歷史學報》，第 5 期（1993.12），頁 197。
〔註195〕明‧呂坤，《閨範》，卷 4，〈母道〉，總頁 551～552，但就繼母而言，則「繼
　　　　母不責其教，而責其慈，忌嫌憎惡，慈所難也。」見同頁。
〔註196〕明‧仁孝文皇后，《內訓》，頁 30a，「慈幼章第十八」條。
〔註197〕前揭書，頁 27a，「母儀章第十六」條。
〔註198〕同前註。
〔註199〕明‧呂坤，《閨範》，卷 4，〈母道‧禮母〉，總頁 552。

的〈孟母三遷〉傳為代表，[註200]呂坤針對孟母之行以為：「教子若孟母，古今稱賢焉。世俗婦人，姑息以養子之惡，掩護以格父之教，長也不才，乃深自忿恨，付之無可奈何，不亦晚乎！」[註201]指出姑息寵溺之惡，為人母者不可不慎。另一則周代〈魯之母師〉傳，記魯母乃九個兒子的寡母，其為教以身作則，與子約期守信，並愛子重情的母儀之德。傳中雖然沒有提及魯母平居教子之事，然而「觀其出也，必斷以禮；其入也，必期以信。是母以身教也」。[註202]《列女傳演義》對此傳說得更為透徹，認為魯母的行止有禮，動靜有法，已然與家庭合為一體曰：「早歸、遲歸，小節也。即或犯之，未為大過。不知歸不以時，突然入室，使人檢飭不及，坐失禮儀，以致報愧生慚，不獲自安，則又非小節矣。甚至慚愧不已，轉生忿戾，則又大過矣。處家庭而令家人以小失成大過，豈善處家庭者哉？論至此，方知如約而還之兩全為妙，此母師所以為母師也歟。」[註203]可見魯母善處家庭的明識之見。至於為「正母」者，乃「望子以正者也。無兒女之情，惟道義是責」。[註204]例如周代〈楚子發母〉傳，載子發母教子，應與士卒同甘共苦，平等相處，才能使兵卒與將相之間團結一氣，作戰力更加增強的道理，可謂善於教子。[註205]《列女傳演義》對此傳亦評述道：「分甘士卒，賢將用兵之道也。……古之賢婦人又不徒以中饋、女紅塞其責也。」[註206]可見楚母的耿介賢德，已然超越了一般婦女徒以中饋、女紅為限的境界。另一則周代〈王孫氏母〉傳，記述王孫氏母教子忠君討賊，置個人死生於度外，表揚其「義而能教」的崇高美德。呂坤對此傳讚嘆曰：「世之愛子者，多欲保全其身，至見危授命，則深悲而固止之。豈知不義而生，不若成仁而死哉！王孫母以求君望其子，寧失倚門之望焉，賢哉母也，善用愛矣。」[註207]可見王孫氏為「奉母命，激於

〔註200〕傳中除記載孟母明識居家環境的優窳對於幼子學習的影響，而表揚孟母審慎擇鄰而處的母德外，另藉由斷織之善譬以教子勸學成名，以及孟母深明禮儀而謹守姑母之德，再再均顯示孟母善於教子的母德。前揭書，卷4，〈母道·禮母〉，總頁563～567，「孟母三遷」條。
〔註201〕前揭書，卷4，〈母道·禮母〉，總頁566～567，「孟母三遷」條。
〔註202〕明·朱瑞圖，《女史全編》，卷2，〈母教部〉，頁7b-8a，「九子母」條。
〔註203〕明·馮夢龍，《列女傳演義》，卷1，〈母儀傳〉，總頁55，「魯之母師」條。
〔註204〕明·呂坤，《閨範》，卷4，〈母道·正母〉，總頁553。
〔註205〕前揭書，卷4，〈母道·正母〉，總頁572～573，「楚子發母」條。
〔註206〕明·馮夢龍，《列女傳演義》，卷1，〈母儀傳〉，總頁51，「楚子發母」條。
〔註207〕明·呂坤，《閨範》，卷4，〈母道·正母〉，總頁574～576，「王孫氏母」條。

義而不知有死生也。由是觀之，則子之節義，為母之節義也明矣」。〔註208〕
宣揚母親的節義操守，亦深深地影響下一代，兩者交相影響，足見母德的重
要。

此外，在《女史全編》中，錄有明代〈章綸母〉傳，記章母不僅厚愛庶
子，且教子以正，最後課子成名的賢德母範，傳曰：

樂清章文寶，聘金氏為室，未成婚，納妾包氏，有妊。文寶得疾，
垂死，金氏聞，請往視之，父母不許，金堅欲往，文寶一見而沒。
金為棺斂，撫妾守喪，妾生子綸，親教讀書，通四書大義，遣就外
傅，綸中正統四年進士，官禮部主事。景泰間，欲疏請復儲，恐貽
母憂，金聞之曰：「吾平日教汝何為！汝能諫死職，我雖為官婢，無
恨也。」疏入忤旨，廷杖幾死，繫獄，金怡然。天順初，復官，綸
奉母至孝，官至禮部右侍郎。

章母並嘗撰詩明志云：「誰云妾無夫？妾猶及見夫方殂；誰云妾無子？側室生
兒與夫似。兒讀書，妾辟纑，空房夜夜聞啼烏。兒能成名妾不嫁，良人瞑目
黃泉下。」〔註209〕此傳在許多明代女教書中均屢屢出現，如《列女傳演義》
對章母所為，評述道：「夫垂死而亟請往嫁之，以尚及一面，為夫妻之幸；妾
生子而撫如己子，竟教子以成進士之名，又教之以敦忠臣之節；而守之終身，
題詩明志，有含笑入地之意。此其心，此其性，殆只知有倫常、有名教，而
不知有人慾者矣。」〔註210〕傳中除表彰章母能持節終身外，又能親撫庶子，
及長並教之以正，終能顯耀宗族，論章母克盡母職的賢德，正符合了當時社
會的期望，作為母儀之範，實不為過。

再觀為「仁母」者，取「慈祥教子者也，一念陰德，及於萬姓」。〔註211〕
如在漢代〈雋不疑母〉與〈嚴延年母〉兩傳中，其子均以嚴酷出名。而為母
者，卻深富「天道好生之德」，教子為民父母者，應廣行「仁義教化」，才是
保國安民長久之道。〔註212〕對〈雋不疑母〉，《列女傳演義》評述道：「凡為賢

〔註208〕明・馮夢龍，《列女傳演義》，卷5，〈節義傳〉，總頁392，「王孫賈母」條。
〔註209〕明・朱瑞圖，《女史全編》，卷2，〈母教部・補遺〉，頁40a-b，「章綸母」條；
　　　　明・夏樹芳，《女鏡》（台北：國家圖書館善本室藏，明萬曆間原刊本），卷8，
　　　　頁35，「章綸母」條。
〔註210〕明・馮夢龍，《列女傳演義》，卷1，〈母儀傳〉，總頁71，「章母金氏」條。
〔註211〕明・呂坤，《閨範》，卷4，〈母道・仁母〉，總頁553。
〔註212〕前揭書，卷4，〈母道・仁母〉，總頁586～591，「雋不疑母」與「嚴延年母」
　　　　條。

母，未有不教子者。或叮嚀以勸，或痛責以懲，然皆一往久或忘之。惟此以母居家之喜怒，為子治政之寬嚴。又深切又著明，苟為孝子，未有不為仁吏者矣。」〔註213〕可見雋母的善於教子，使其子終能行仁義教化，而受到人民的愛戴。至於為「公母」者，乃擇「責子而不責人者也。世皆私其女，而尤人無己，不公甚矣」。〔註214〕就漢代〈張婦戒驕〉與宋代〈魯氏戒食〉兩傳來說，前者乃婦人嫁女於夫家時，勸誡其女勿以夫家貧窮，而事人不謹；同時亦須善盡事兄伯如父，事嫂姑如母之道。呂坤以為：倘若「新婦能守此言，雖百世同居可矣」；〔註215〕後者則是載述婦人魯氏，雖極鍾愛其女，但在其女嫁為人婦後，一日見其廚舍後有鍋斧之物，而對於有小兒輩私作飲食之事，大表不滿，遂規誡其女，可見其家法之謹嚴，故此傳可作為「婦人愛女之法」。〔註216〕再看表「廉母」者，顧名思義，即婦人以廉潔正直出名，而「以貪戒子者也」。〔註217〕例如周代〈齊田稷母〉與晉代〈晉陶侃母〉二傳，可為「廉母」的代表。前者記述齊田稷母責子受賄，並教以忠孝，屬以廉潔的事蹟；後者除讚揚侃母為成子結善友，乃自剉薦，密斷髮以延賓客之德外，同時也責子為吏不廉，而屬以廉潔之美德。〔註218〕再觀表為「嚴母」者，乃取「威克厥愛者也。有父道焉」，〔註219〕如宋代〈吳賀之母〉與〈二程之母〉兩傳，皆為母道之楷模。前者謝氏答子道人長短，直訐醜詆，而教與謹言慎口，以免遭受亡身之禍猶不自知。呂坤評述吳母教子，誠可謂：「知所重矣。」〔註220〕另在〈二程之母〉傳中，記二程之母「仁恕寬厚，撫愛諸庶，不異己出」，且「不喜笞朴下人」，但對己子二程，有過則絕不姑息，嚴加責處，可謂：「治家有法，不嚴而整。」呂坤評論程母曰：「庶子從叔，婦人所厭惡者也，夫人視如己子；幼子，婦人所溺愛者也，夫人待若嚴師；小

〔註213〕明‧馮夢龍，《列女傳演義》，卷1，〈母儀傳〉，總頁66，「雋不疑母」條。
〔註214〕明‧呂坤，《閨範》，卷4，〈母道‧公母〉，總頁553～554。
〔註215〕前揭書，卷4，〈母道‧公母〉，總頁596～597，「張婦戒驕」條。
〔註216〕前揭書，卷4，〈母道‧公母〉，總頁598～600，「魯氏戒食」條。
〔註217〕前揭書，卷4，〈母道‧廉母〉，總頁554。
〔註218〕前揭書，卷4，〈母道‧廉母〉，總頁601～606，「齊田稷母」與「晉陶侃母」條；明末吳震元亦評述侃母曰：「侃母以剪髮供饌交結知名，而王珪之母學之；侃母以封鮓責子不受官物，而李畬之母學之，皆可云巧於教子者矣。」見氏著，《奇女子傳》（台北：國家圖書館善本室藏，明末葉刊本），卷2，頁86～87，「陶侃母」條。
〔註219〕明‧呂坤，《閨範》，卷4，〈母道‧嚴母〉，總頁554。
〔註220〕前揭書，卷4，〈母道‧嚴母〉，總頁613～615，「吳賀之母」條。

臧獲，婦人所責備者也，夫人不輕笞朴。慈而正，嚴而恩，二子皆為大儒，有自哉！」〔註221〕可見程母善教，恩威必濟，始能培育出如二程如此的大儒。

此外，表為「慈繼母」者，乃取「恩及前子者也」。〔註222〕呂坤認為繼母對於前子的態度，若能以「中心慈愛，不在聲音笑貌間；始終慈愛，不在一時勉強間」〔註223〕對待前子，即可保兩者相安和樂。試觀周代〈親子代死〉傳，載齊義繼母，乃齊二子之母也。一日有人鬥死於道，二子立其旁，官吏欲連坐焉。兄弟兩人均爭相求死，於是官吏期年不決，乃相問於母。其母對泣云：「殺其少者。」問其原因，說：「少者妾子也。長者，前妻之子也。其父疾且死屬妾曰：『善視之。』妾既諾矣，豈可以忘，且殺兄活弟是廢公也，背言忘信是欺死也。」其後二子皆獲赦免。呂坤於傳末指出，一般繼母對前子，多持仇讎的態度，唯恐「彼其先吾子之年共吾子之業，又慮為吾子他日害，雖前子孝養恭誠，未必肯諒其心，而恒不樂其有。況肯救其死，又以己子代之死乎！若義繼者，於夫為賢妻，於子為慈母」。〔註224〕讚揚齊義繼母不以私費公，背言忘信的美德。另一則宋代〈余楚之妻〉傳，記陳氏乃余楚繼妻，生子翼，三歲而楚死。陳氏乃畀盡其產與前妻二子。後翼中進士，迎母入官。惟前二子卻貧困，陳氏復又收養並存恤之。對於陳氏所為，呂坤倍加讚揚說：「繼母每私其所生，能均產業足矣，況夫產盡讓前子。既貧而又恤之，即親母何加焉。均產，中道也；讓產，賢道也。」〔註225〕如此賢德的風範，甚或比親母有過之而無不及。最後所謂「慈乳母」者，乃取「乳母所保他人子也。祇以受人之託，遂盡親之情。或身與俱死，或以子代死。為人保子，義當如是」。〔註226〕可以周代〈魯孝義保〉傳為代表。〔註227〕

綜上所述，可知母道中除了「繼母」、「乳母」取其慈外，餘皆以「善教」為要。呂坤以為善教子者，「一嚴之外無他術；善用嚴者，一慎之外無他道」。繼而感嘆道：「今人教子，每事疏忽寬縱，不耐留心，及德行已壞，而笞朴

〔註221〕前揭書，卷4，〈母道‧嚴母〉，總頁622～625，「二程之母」條。
〔註222〕前揭書，卷4，〈母道‧慈繼母〉，總頁555。
〔註223〕前揭書，卷4，〈母道‧慈繼母〉，總頁641～643，「芒卯之妻」條。
〔註224〕前揭書，卷4，〈母道‧慈繼母〉，總頁644～647，「親子代死」條。
〔註225〕前揭書，卷4，〈母道‧慈繼母〉，總頁655～657，「余楚之妻」條。
〔註226〕前揭書，卷4，〈母道‧慈乳母〉，總頁555～556。
〔註227〕傳中載義保乃魯孝公之保母也，與其子俱入宮養孝公。一日，魯人作亂，欲殺孝公。義保乃令己子著孝公之衣，臥孝公之處，魯人即殺之，孝公遂得以脫險。前揭書，卷4，〈母道‧慈乳母〉，總頁662～664，「魯孝義保」條。

日加，徒令傷恩，無救於晚。」〔註228〕《內訓・母儀章》亦指出，教子「嚴恪不至於傷恩，傷恩則離」，〔註229〕是故《溫氏母訓》也不主張絕對的權威教育說：「兒子是天生的，不是打成的。古云棒打出肖子，不知是銅，打就銅器；是鐵，打就鐵器，若把驢頭打做馬面有是理否？」〔註230〕鼓勵教子應擇因材施教之法。所謂因材施教，除需秉持「相時開導，因事制宜」〔註231〕以防放逸之原則外，並「必覷定子之所失而教之也」，〔註232〕若子「失」在不能擇友，則教以擇友之道，如《溫氏母訓》指出：「汝與朋友相與，只取其長，勿計其短。如遇剛鯁人，須耐他戾氣；遇駿逸人，須耐他罔氣；遇樸厚人，須耐他滯氣；遇佻達人，須耐他浮氣，不徒取益無方，亦是全交之法。」〔註233〕若子失在不知勤奮而有淫心，則教以力績致勞之事，苟能如此，母子關係就好比「恩同慈父，誼比嚴師」〔註234〕一般，始確實善盡「母道」之責。

三、姑嫂、妯娌之道

婦人出嫁後，對於夫族的家庭成員，如舅姑之女等姑嫂間的關係亦不宜等閒視之，如何使彼此間的關係更為融洽，不外乎從以下幾點著手，呂坤說：

衣食欲其溫飽，禮貌欲其謙遜，顏色欲其溫和，財物欲其分施，言語欲其忍讓，疾苦欲其將惜，過失欲其掩覆，謗訕欲其昭雪。〔註235〕

處處謙讓厚愛，可謂姑嫂間彼此最佳的相處之道。《新婦譜》也揭示姑嫂間的相處之道說：「凡姑嫂之間，尤宜愛厚。母之憐女，人所同然，姑喜則婆亦喜矣。故凡有好物衣飾，察婆欲與姑者，須竭力贊成之；婆未有此意，或微開導之，又不可比例我也要。」〔註236〕可見善體人意、厚愛小姑是為人子婦者對姑母孝敬之情的表現。姑嫂之間若能如此，則「雖處夷狄冠讎，亦如腹心骨肉矣」。反之，若婦人「以薄惡待同室，而又於母家作怨語，即於

〔註228〕前揭書，卷4，〈母道・嚴母〉，總頁626～628，「呂榮公母」條。
〔註229〕明・仁孝文皇后，《內訓》，頁27a，「母儀章第十六」條。
〔註230〕明・溫璜述，《溫氏母訓》，頁5b。
〔註231〕明・朱瑞圖，《女史全編》，卷2，〈母教部〉，頁1a。
〔註232〕明・馮夢龍，《列女傳演義》，卷1，〈母儀傳〉，總頁38，「魯季敬姜」條。
〔註233〕明・溫璜述，《溫氏母訓》，頁9b。
〔註234〕明・朱瑞圖，《女史全編》，卷2，〈母教部〉，頁1a-b。
〔註235〕明・呂坤，《閨範》，卷1，〈嘉言〉，總頁169～170。
〔註236〕明・陸圻，《新婦譜》，頁44，「妯娌姑嫂」條。

兩家生嫌」，必導致「一身無措，非敗辱其名，則不得其死」。〔註237〕故婦人若能知曉「和叔妹」的重要，將可使舅姑歡悅且夫主親依，閨門內必呈現一片祥和之氣。在幾個著名描述姑嫂間的傳例中，充分表露出姑嫂間的濃厚情份，例如宋代〈歐陽賢嫂〉傳，描述宋人歐陽氏親乳小姑閏娘，迨及長，又厚嫁之，姑嫂情深表露無遺。呂坤對晚明「嫁女之家，聞有小叔姑則戚，而嫂亦厭惡此兩人，若不可一日有，何者？為母耳目，譖愬相虐也」。勉勵「世之為嫂者，誠如歐陽氏賢，則舉世皆閏娘矣」。〔註238〕

　　再如另一則宋代〈陳氏堂前〉傳，同樣也是描述為嫂者對小姑的厚愛之情，比之前例尤有過之而無不及，傳曰：

> 陳安節之妻，王氏，始嫁歲餘而夫卒，遺孤甫月。家貧，王氏躬操勤苦如男子，修行最謹，教子孫有法，家漸以饒，鄉人敬之，呼曰：「堂前。」初堂前之歸陳氏也，舅姑歿，時夫之妹尚幼，堂前教育撫字如女，及笄，厚嫁之。舅姑歿。妹求分財，堂前盡出室中所有與之，無吝色。妹得財，盡為夫淫蕩所罄，貧不能自存，堂前為又置田宅，撫諸甥如己出，終無怨語。〔註239〕

呂坤對陳婦王氏所為，無一不表稱頌曰：「堂前孝養舅姑，教育子孫，周恤宗族，廣施陰功，砥礪名節，無一不善者。而姑嫂之情，尤世所希。」〔註240〕畢竟世之婦人，能做到如堂前一般「持節而兼持家，課孫同於課子；承順夫之父母，撫育夫之幼妹；恩及宗親，惠施貧窶」〔註241〕等非易事。汪氏亦不免激賞說：「節烈婦不乏於時，節烈而以賢稱，詎易得哉！」〔註242〕可見節婦烈女雖然在明代屢見不鮮，然而倘能如陳婦一般，不論於家教、陰功等各方面，皆具賢德，誠屬難能。

　　另一方面，新婦嫁入夫家後，與妯娌間的接觸也極可能至為密切，因此若能善處兩者間的關係，也考驗著新婦治家的智慧。而所謂妯娌，乃指兄弟之妻間的互稱，古稱「娰娣」。由於妯娌係以異姓處人骨肉間，難免時起搆釁，

〔註237〕明・呂坤，《閨範》，卷1，〈嘉言〉，總頁169～170。

〔註238〕前揭書，卷4，〈姑嫂之道〉，總頁697～700，「歐陽賢嫂」條。

〔註239〕前揭書，卷4，〈姑嫂之道〉，總頁701～703，「陳氏堂前」條。

〔註240〕前揭書，卷4，〈姑嫂之道〉，總頁703，「陳氏堂前」條。

〔註241〕明・汪氏增輯，仇英繪圖，《繪圖列女傳》，卷11，總頁1052～1054，「陳堂前」條。

〔註242〕前揭書，卷11，總頁1053～1054，「陳堂前」條。

互相爭執，[註243] 如黃標所說：

> 一家之中，往往兄弟失歡，手足乖離者，其造禍多由於妯娌之不睦。
> 何言之？妯娌本非同姓，又非同氣，以異姓之子居一門之內，其能
> 宜家而明大義者無論矣，而驕悍之婦，忌嫉易生，猜疑易起，或爭
> 室中之箕帚而搆成莫大之釁；或競閨內之巾櫛而釀為難解之恨；甚
> 至博殷勤於翁姑，而揚己滅人；私愛憎於子女，而此長彼短，兼之
> 巧拙，有相形之感，妍媸有並衡之嫌，貧富有較量之際，積其怨於
> 胸中，遂肆其言於枕畔矣。[註244]

由於妯娌間的不睦，導致「丈夫各聽婦言，遂成參商」[註245] 的局面，對
此，呂坤強調尤須慎加嚴防，倘若為夫者秉持「以理反覆教之忍讓」的態度，
察覺有「造言妄語」者，則視為「第一大惡」，必「痛加懲創」，[註246] 如
此才不致生鬩牆之禍。究其妯娌不睦之因，姚舜牧說得很明白曰：

> 妯娌間易生嫌隙，乃嫌隙之生，嘗起於舅姑之偏私，成于女奴之讒
> 搆。[註247]

就前者「公姑之恩，微有厚薄」[註248] 而言，就極易使得妯娌間心生嫉忌而
日有所爭。女教書亦屢屢規誡新婦，假若公姑有所偏愛，致有多分物件的情
形時：

> 一勿較量，只是仰承。或我富他貧，我貴他賤，皆須曲意下之，周
> 其不足，不可使勢凌他。若他富貴，我貧賤，亦宜謙卑委婉，不可
> 有感憤相抗之意。蓋貧富貴賤，俱是各人分定，只宜認骨肉同氣，
> 不可多生形跡，致有妒心也。[註249]

畢竟秉承公姑之意本是新婦體貼翁姑所應持的基本態度。除此之外，「群小搬
鬥，乳嫗贊襄」。[註250] 也是造成妯娌間多是非的主因。明人胡氏指出：「婦
女之易生言語者，又多出於婢妾之閒鬥」，蓋因「婢妾愚賤，尤無見識，以言

〔註243〕《內訓》中亦提到：「凡一源之出，本無異情，間以異姓，乃生乖別。」頁
　　　　 28b，「睦親章第十七」條。
〔註244〕明‧黃標，《庭書頻說》，〈妯娌相和〉，卷3，頁8a。
〔註245〕明‧陸圻，《新婦譜》，頁44，「妯娌姑嫂」條。
〔註246〕明‧呂坤，《四禮翼》，卷2，〈昏後翼‧婦人禮〉，頁2b-3a，「內譜」條。
〔註247〕明‧姚舜牧，《藥言》，頁197。
〔註248〕明‧陳確，《新婦譜補》，頁57，「妯娌」條。
〔註249〕明‧陸圻，《新婦譜》，頁44，「妯娌姑嫂」條。
〔註250〕前揭書，頁44，「妯娌姑嫂」條。

他人之短，識為忠於主母。若婦女有見識，能一切勿聽，則虛佞之言，不復敢進；若聽之、信之，從而愛之，則必再言之，又言之，使主母與人遂成深讎」。〔註251〕是故為防戒妯娌不和、親戚不睦，女教書總不厭其煩地訓誡婦人「別房有此，切勿聽之」，而以「謹言慎口」為要，假若是「本房僕婢，尤當痛飭」，〔註252〕如此才能確保閨門之太平和樂。

　　試觀〈少娣化嫂〉傳，描述新婦善用智慧，而使得妯娌間原本惡劣的關係，終轉為和睦相處，其傳略曰：蘇少娣，姓崔氏，未嫁前即聞夫家兄弟五人，娶婦者四，各聽女奴語，日有爭言，甚者鬩墻操刃。少娣入門，事四嫂執禮甚恭，嫂有缺乏，少娣即遺之；母家有果肉之餽，嫂不食，未嘗先食；嫂各以怨言告少娣，少娣笑而不答；少娣女奴以妯娌之言來告者，少娣笞之，尋以告嫂，引罪。久之，四嫂乃自相慚曰：「五嬸大賢，我等非人矣。」終相與和睦，無怨語。透過此傳，可見妯娌間是非的惡源，歸因於女奴說長道短，實不為過。為新婦者，若能學習傳中少娣所為，自可化嫌隙於祥和，使彼此關係得以改善，誠如呂坤所說：「天下易而家難，家易而妯娌難。專利辭勞，好讒喜聽，婦人之常性也。然始於彼之無良，成於我之相學。三爭三讓而天下無貪人矣；三怒三笑而天下無兇人矣。賢者化人從我，不賢者壞我猶人，吾於蘇少娣心服焉。」〔註253〕由此可知妯娌間凡事「禮文遜讓」，是彼此間相處的要道。《新婦譜》也說：

> 為新婦者，善處妯娌，第一在禮文遜讓，言語謙謹。勞則代之，甘則分之。公姑見責，代他解勸；公姑蓄意，先事通知，則彼自感德，妯娌輯睦矣。如我為伯姆彼為叔娣，先須做小伏低，儻彼偶疾言遽色，我歡然受之，不得回答，為姆且然，況為娣乎！〔註254〕

強調事事遜讓、言語謙謹，是新婦者善處妯娌的不二法門。試觀另一則晉代〈王木叔妻〉傳，亦可窺知王氏夫友婦賢之德範，其傳略曰：何氏，永嘉王木叔之妻。初歸王氏，家甚貧，何氏佐以勤儉，家用遂饒。一日與夫曰：「弟妹貧寒何，橐中餘資，久蓄奚益，請以分之。」夫喜而贊同，且日盡散簪珥

〔註251〕明‧柳城胡氏，《女範》，收於明‧秦淮寓客輯，《綠窗女史》，卷1，〈閨閣‧懿範〉，頁4a，「女範」條；又，此言原出於宋‧袁采，《袁氏世範》，收於《叢書集成新編》第33冊，卷1，〈睦親〉，頁147，「婢僕之言多間鬪」條。

〔註252〕明‧陸圻，《新婦譜》，頁44，「妯娌姑嫂」條。

〔註253〕明‧呂坤，《閨範》，卷4，〈妯娌之道〉，總頁690～693，「少娣化嫂」條。

〔註254〕明‧陸圻，《新婦譜》，頁44，「妯娌姑嫂」條。

不遺。其後夫既仕，弟妹尚困，何氏又與夫曰：「有田如許，何不畀之！」夫喜而從之。由於世之婦人莫不「憎同室而專貨利」，呂坤對何氏一再讓產之舉贊曰：「欲其彼我分明已難，況盡推所有以與弟妹乎！」〔註255〕

綜上所述，可知婦女一生所經歷的階段與扮演的角色頗多，除了后妃與閨女外，既嫁後，融於夫族的家族體系中，扮演著為人婦、為人母，以及為人姑嫂、妯娌等種種的角色，處於這些角色中所應盡得義務與職司，亦無一不考驗著婦女的智慧與能力。

婦道中，除了必須遵從「四德」的原則立身處世外，婦德又可細分為與夫、舅姑以及家中僕婢間的相處。前兩者以「敬順」為要，後者則必須時時善加調教，以防盜亂。至於母德的賢良與否，亦關切著子女的賢肖與家道之興衰，因此，除了做好胎教的功夫以防放逸外，更須積極地助其德業以成，亦是母道中責無旁貸的義務。另一方面，若新婦身處於大家族中，則免不了與其姑嫂、妯娌等親友相處，因此，如何做到面面俱到，不傷和氣，乃為新婦持家至為重要的學習要目。畢竟閨門內鎮日紛爭不已、構釁不休，家道如何興盛昌隆呢？反之，婦人若能明瞭「家和萬事興」之真義，處處「以和為貴」，待人「仁恕寬厚，敷洽惠施。不忘小善，不記小過」，〔註256〕居室中自然「百釁不作」〔註257〕而呈現一片「藹然和樂」之景象，凡此種種的處事態度，皆是士人眼中理想的婦女德範，亦足以為閨閫典範供世人模效。

第二節　貞節觀

宋儒「餓死事小，失節事大」的貞節觀念，歷經元代的發展，到明代乃蔚為大觀，不僅普及於社會的每一階層，並且有愈益嚴苛之趨勢。〔註258〕論

〔註255〕明・呂坤，《閨範》，卷4，〈姒娣之道〉，總頁694～696，「王木叔妻」條。

〔註256〕明・仁孝文皇后，《內訓》，頁28b-29a，「睦親章第十七」條。

〔註257〕明・呂坤，《四禮翼》，卷2，〈昏後翼・婦人禮〉，頁4b，「和家」條。

〔註258〕元朝政府對節烈婦女的旌表獎賞，以及對再醮婦財產權的限制，比前朝有更進一步的規範，也因此給明廷在制度上的強化方面奠定了基礎，相關論述請參閱：鄭桂瑩，〈元朝婦女的守節與再嫁──以律令為主的討論〉，清華大學歷史研究所碩士論文，1995.7。又歷朝貞節觀念，至明代已蔚為大觀，且普及於社會的每一階層的相關論述可參見：董家遵，〈歷代節烈婦女的統計〉；聶崇岐，〈女子再嫁問題之歷史的衍變〉，皆收入鮑家麟編，《中國婦女史論集》（台北：牧童出版社，1979），頁111～117，128～138。

其原因，除了明廷以政策明文歧視寡婦再醮〔註 259〕外，太祖又於洪武元年（1368）下詔「民間寡婦，三十以前夫亡守志，五十以後不改節者，旌表門閭，除免本家差役」。〔註 260〕此種以道德表彰與經濟利益雙管齊下的優惠政策，無異為寡婦守節提供了制度化的助力。至於其它制度上的強化措施，如旌表節烈的對象、範圍、程序到獎賞規格等，明廷亦都有相當完備的規範，此一課題已有專人研究，〔註 261〕不再贅述。

另一方面，以往士人的貞節觀係從婦女的道德人格上來制約婦女，唯恐有擾亂宗法之嫌，到明代則更進一步衍變從生理上來要求婦女嚴守貞節，〔註 262〕婦女一旦身體為男性所碰觸或見到，即視為失節敗德，寧以死明志，甚至死後的防閑仍被講求，這在《明史·列女傳》、方志甚或女教書中均屢見不鮮、汗牛充棟。若從女教書所蒐羅婦女的貞烈事蹟來看，如馮汝宗的《女範編》裡，對於貞、烈女事蹟的記載，即超過全書的二分之一；許有穀的《古今貞烈維風什》裡，入傳的女子除孝女外，個個非節即烈，多不勝數。凡此種種，除了反映禮法上的僵化外，亦說明了當時士人對婦女嚴守貞節，視死如歸的激賞與認同。因此，在這樣社會氛圍的期許下，婦女既無法突破自身所受的限制，許多的節烈婦女遂在自願與非自願的情形下被塑造出來。是故，明代節烈婦女之多，超過前此的各個時代。

本節討論的重點，將從禮別男女、內外防閑以及婦女守節、殉節與死節三方面，來探討女教書中所揭示的貞節觀之意涵為何？又士人眼中理想的婦女節烈形象所代表的意義為何？作為本文討論的重心。

〔註 259〕明代規定再醮婦不得申請誥敕，見明·申時行纂修，《明會典》，收入《國學基本叢書》第 86 冊（台北：台灣商務印書館，1968.12），卷 6，〈史部五〉，頁 131，「誥敕」條。

〔註 260〕前揭書，卷 20，〈戶部七〉，頁 534，「賦役」條。

〔註 261〕安碧蓮，〈明代婦女貞節觀的強化與實踐〉，中國文化大學史學研究所博士論文，1995.6。

〔註 262〕鄧前成，〈明代婦女的貞節問題〉，《四川師範大學學報（文哲版）》，第 6 期（1989），頁 85～90、68；此種觀點亦為陳東原所贊同，他說：「貞節觀念的基礎，固然建在宗法的組織之上，但使其為宗教化的原故，宋明以來對於女子性器官之特別重視，實有莫大的關係。因此可以說貞節觀念之成為迷信、成宗教化，都是由於男子的嗜好、男子的利己要求啊！」見氏著，《中國婦女生活史》（台北：台灣商務印書館，1990.12），頁 246。

一、禮別男女

儒家禮法特重嚴男女之防，如呂坤所言：「先王立天下之防，惟禮為峻，而禮於男女為尤峻，懼禍之所從來也。」〔註263〕而「禮別男女」的具體主張，早在先秦時代《禮記‧曲禮》中即已明言：

> 男女不雜坐，不同椸枷，不同巾櫛，不親授。嫂叔不通問，諸母不漱裳。外言不入於梱，內言不出於梱。女子許嫁纓，非有大故，不入其門，姑姊妹女子已嫁而反，兄弟弗與同席而坐，弗與同器而食。
>
> 〔註264〕

凡此種種，無非是寓「防嫌遠別」之意於居處的規範中。這套嚴格的禮法也曾被周代的貴族婦女所遵行，甚至不惜犧牲生命，例如女教書中屢屢出現的周代〈宋恭伯姬〉傳，載伯姬在無保、傅母並至的情況下，堅不下堂避火，以致被火燒死，〔註265〕以及堅持「妃后踰閾必乘安車輜軿」、「野處則惟裳擁蔽」的齊孟姬〔註266〕等，都可說明上古貴族階層對這套禮法的重視。

究其儒家所建構嚴男女之防的禮法，莫不是為維護女性貞節所制訂的，誠如《繪圖列女傳》所云：「禮始諸男女，聖人防其欲之蕩也。故制禮以節之」，〔註267〕稍有微瑕，則萬善不能相掩，呂坤說：

> 女子守身，如持玉卮，如捧盈水。心不欲為耳目所變，迹不欲為中外所疑，然後可以完堅白之節，成清潔之身。何者，丈夫事業在六合，苟非嬻倫，小節猶足自贖。女子名節在一身，稍有微瑕，萬善不能相掩。〔註268〕

〔註263〕明‧呂坤，《閨範》，卷3，〈婦人之道‧守禮之婦〉，總頁486～489，「齊孝孟姬」條。

〔註264〕漢‧鄭玄注，唐‧賈公彥疏，清‧阮元校勘，《禮記注疏》，收入《十三經注疏附校勘記本》（台北：大化書局據清嘉慶二十年南昌府學堂重刊宋本影印，1977），卷2，〈曲禮上〉，頁13a-b。

〔註265〕呂坤雖然哀伯姬因嚴於守禮而死，但他認為伯姬所為仍昧於乏「通變之權」，見《閨範》，卷3，〈婦人之道‧守禮之婦〉，總頁482～485，「宋恭伯姬」條；此外，《列女傳演義》亦云：「觀伯姬前後所為，只是認得禮真，不肯稍失也。……至於死於火不計也。」可見頗為贊同呂坤的說法，皆以為伯姬過於恪守禮法，而死於火之行乃是不合乎「正道」。見明‧馮夢龍撰，卷4，〈貞順傳〉，總頁237，「宋恭伯姬」條。

〔註266〕明‧呂坤，《閨範》，卷3，〈婦人之道‧守禮之婦〉，總頁486～489，「齊孝孟姬」條。

〔註267〕明‧汪氏增輯，仇英繪圖，《繪圖列女傳》，卷13，總頁1262，「柳氏女」條。

〔註268〕明‧呂坤，《閨範》，卷2，〈女子之道‧貞女〉，總頁188。

可見呂氏對女子守身如玉的看重。茲舉〈高郵死蚊〉傳為例，以說明古時女子嚴男女之防的激烈：

> 江南有一女子，父繫獄，無兄弟供朝夕，女與嫂往省之。過高郵，其郡蚊盛，夜若轟雷，非帳中不能避。有男子招入帳者，嫂從之，女曰：「男女別嫌，阿家為誰而可入耶！」獨露宿草莽中，行數日，竟為蚊嘬而死，筋有露者，土人立祠祀之，世傳為露筋廟。〔註269〕

呂坤對此傳評述曰：「姑嫂同行，旦夕不相離，即投民舍，少避須臾，誰得而議之？貞女守禮愛名，重於生死，固如此。」繼而感嘆晚明遠別之道的不明，他說：

> 翁婦相避，夫兄弟妻相避，而叔嫂妻妹嫚罵昵謔，兄弟姊妹同食私語，男僕與主人少婦，理衣上食，靚面交談，不但授受之親而已。即心可自信，而跡易生疑。無別而不苟合者有矣，未有苟合而不始於無別者也。故先王遠男女於天壤，明嫌微於毫髮，豈惟口語是憂，而實死亡禍敗之為懼也。〔註270〕

可知男女苟合，始自男女無別，而男女若無別，則與禽獸無異，〔註271〕故女書屢屢規誡，以防家敗國亡之禍。再如五代〈李氏斷臂〉傳，載述李氏之夫疾卒於官，李氏乃攜其子，負夫之遺骸欲歸，因天色已晚，欲投宿旅舍一宿，但為旅館主人所拒，並牽李氏之臂而出，李氏仰天慟哭曰：「我為婦人，不能守節，而此手為人所執耶！」遂引斧自斷其臂。呂坤評述曰：「男女授受不親，故嫂溺始援之手，苟不至溺，兩手不相及也。李氏以引臂為污，遂引斧斷之，豈不痛楚？義氣所激，禮重於身故耳，可為婦人遠別之法。」〔註272〕可見傳統中國遠別男女即由重禮守身開始，即使對出嫁婦也一樣規

〔註269〕前揭書，卷2，〈女子之道‧貞女〉，總頁252～255，「高郵死蚊」條

〔註270〕前揭書，卷2，〈女子之道‧貞女〉，總頁254～255，「高郵死蚊」條；此與其所著《四禮翼》中提及晚明「弟婦、夫兄相避不妨，而叔嫂、妻弟婦、小姨姊夫，不惟不遠別且相謔罵，是謂惡俗，宜相與禁之。」所說的情況類似，見卷2，〈昏後翼‧婦人禮〉，頁5a，「遠別」條。

〔註271〕明‧曹端，《曹月川集》，〈雜著〉，收於《景印文淵閣四庫全書》第1243冊，頁1b，「夜行燭」條；另宋詡亦與曹端的想法相似，他說：「為家而無內外以別之，男女雜處則與禽獸不遠矣。」見氏著，《宋氏家要》，收於《北京圖書館古籍珍本叢刊》第61冊（北京：書目文獻出版社據明刻本縮印，1988），卷2，〈治家之要〉，頁2b，「分內外」條。

〔註272〕明‧呂坤，《閨範》，卷3，〈婦人之道‧守節之婦〉，總頁437～439，「李氏斷臂」條。

範，除「本房至親」得與相見外，餘並不許，可相見者亦須「子弟引導，方入中門」。〔註273〕至於寡婦亦一樣以守節持身為重，不可踰禮一步。明末《溫氏母訓》對寡婦的規誡頗多，諸如：「凡寡婦，雖親子姪兄弟只可公堂議事，不得孤召密囑」、「寡居有婢僕者，夜作明燈往來」，又「凡寡婦不禁子弟出入房閣，無故得謗」〔註274〕等，處處顯現出對寡婦嚴守貞節與居家行事的要求，皆須秉「禮」而行，甚至有更為嚴格的趨勢，正所謂「貞順者，貞於心而順於禮也」，〔註275〕婦女除持身端正、心存貞一外，居處時的立身行事亦必不悖於禮。〔註276〕

除此之外，對於男女婚戀情慾的規範更是嚴格，孟子曾指出：「不待父母之命、媒妁之言，鑽穴隙相窺，踰牆相從，則父母國人皆賤之。」呂坤對此有進一步地申論，他說：

> 六禮以序，大倫正始，嘉會有儀，父母之光，夫婦之體也……豈有知禮守義之人，肯為喪節辱身之事哉！一時苟合，終身媿悔。二人失德，九族含羞。少年男女可不慎乎！慎之當自謹閨門，防交締，塞見聞，無開情竇始。〔註277〕

可見男女私奔苟合的難容於世，士人主張男女「行媒，然後名相通，受幣，然後情相及。告君告廟，示不敢專也；召鄉黨僚友，示不敢私也。凡若此者，皆所以重男女之倫，以明遠別之道」。〔註278〕而透過南北朝〈倪女被刺〉傳，可顯示女子寧死從禮不苟合之烈行，以譏諷「彼窺穴墻者」的不知羞恥：

> 倪氏，後魏涇州人，許嫁彭老生，家貧，常自谷汲以養父母。老生往犯之，不從，老生曰：「汝終不為吾婦耶！」女曰：「女道正終，婦道正始。禮未及成，何得相辱？」老生苦相逼，女變色堅拒，老生怒而刺之。女曰：「我所以執節自固，正為君守身，不敢苟從耳，君乃見殺耶。」言訖而絕，老生遂論死，詔旌其墓曰：「貞

〔註273〕明·柳城胡氏，《女範》，收於明·秦淮寓客輯，《綠窗女史》，卷1，〈閨閣·懿範〉，頁3b，「女範」條。按此語又見元·鄭太和《鄭氏規範》，收於《叢書集成新編》第33冊，頁174。

〔註274〕明·溫璜述，《溫氏母訓》，頁12a。

〔註275〕明·馮夢龍，《列女傳演義》，卷4，〈貞順傳〉，總頁55。

〔註276〕如同沈鯉所言：「女子若持身不正，縱才能理家與各樣好處都不足觀。」見明·張萱撰，《西園聞見錄》，卷3，〈閨範〉，頁23b。

〔註277〕明·呂坤，《閨範》，卷1，〈嘉言〉，總頁21～23。

〔註278〕前揭書，卷1，〈嘉言〉，總頁122～123。

女。」〔註 279〕

呂坤對倪女寧死不為苟合之行深表讚嘆，認為：「夫女子苟從，豈非從一？而婚禮不備，則貞女不行。重禮所以重身，重身所以重節。女子萬善之長，不足以掩一節之失。」〔註 280〕可見呂氏對女子持身守禮的重視。《內訓》亦明言：「女德有常，不踰貞信」，〔註 281〕倘若踰禮敗貞，則視為女德之蠹，人皆恥之。

　　由上所述可知，不論女子出嫁與否，抑或寡婦之身，其一言一行，一舉一動皆必合於「禮」，呂坤專闢「守禮之婦」者，乃取「謹敕身心，慎修名節，一言一動，必合於禮而不苟。」〔註 282〕不論遠近疏親，婦女一切的言行舉止均須不踰禮而行，始能真正做到「遠嫌別疑」而保全貞節。

二、內外防閑

　　儒家禮法除嚴男女之防外，亦重內外之別。《易經》中之彖曰：「家人女正位乎內，男正位乎外；男女正，天地之大義也」，〔註 283〕規範出男女不同的分工原則與居所範圍。〔註 284〕就婦女而言，「正位於內」最好的作法即是「至老勿踰內門」。〔註 285〕楊繼盛指出：「女子十歲以上，不可使出中門；男子十歲以上，不可使入中門」，〔註 286〕許相卿也說：「男十歲勿內宿，女七歲勿外出」，〔註 287〕更加縮短了女子可以隨意外出的年齡。明人家訓中並明言規定：「凡大門，設司門一人，朝夕防檢雜人出入；防檢婦女私買酒肉恣口腹」，以及「防檢子姪出外宿臥」〔註 288〕等，藉此監督婦女的行動以防

〔註 279〕前揭書，卷 2，〈女子之道·烈女〉，總頁 241～243，「倪女被刺」條。

〔註 280〕前揭書，卷 1，〈嘉言〉，總頁 75。

〔註 281〕明·仁孝文皇后，《內訓》，頁 27b，「母儀章第十六」條。

〔註 282〕明·呂坤，《閨範》，卷 3，〈婦人之道·守禮之婦〉，總頁 328。

〔註 283〕魏·王弼、韓康伯注，唐·孔穎達等正義，清·阮元校勘，《周易正義》，《十三經注疏附校勘記本》（台北：大化書局據清嘉慶二十年南昌府學堂重刊宋本影印，1977），卷 4，頁 16a，「家人」條。

〔註 284〕徐秉愉，〈正位於內——傳統社會的婦女〉，收於《（吾土與吾民）中國文化新論社會篇》（台北：聯經出版社，1989），頁 143。

〔註 285〕明·許相卿，《許雲邨貽謀》，頁 181。

〔註 286〕明·楊繼盛，《諭應尾應箕兩兒》，收於清·張伯行輯，《課子隨筆鈔》，卷 2，頁 15a。

〔註 287〕明·許相卿，《許雲邨貽謀》，頁 181。

〔註 288〕明·霍韜，《霍渭厓家訓》，卷 1，頁 30a，「彙訓上第十三」條。

踰矩之事發生，《女兒經註》第九條，亦訓誡女子務以「守閨房」為要，稱「行住坐臥莫離娘，張頭露面不自藏，人人都笑不端莊」。〔註289〕《女小兒語》也告誡女子：「古分內外，禮別男女；不必嫌疑，招人言語。」〔註290〕故為防招人閒語與苟合之事的產生，士大夫多主張「男女之辨，正在內外，則婦人不當出外明甚」，倘若女子隨意出門，其「飄揚衢路，肩摩稠人」之態樣，實非雅觀，而一些吉凶節慶之日，已有男子於外交際處理，又何須婦女出面？故大力反對婦女恣意出遊。〔註291〕明太祖朱元璋於立國之初即曾告諭臣民說：「男子婦人，必有分別。婦人家專一在裡面，不可出外來，若露頭露臉出外來呵！必然招惹淫亂的事。」〔註292〕可見其深恐婦女拋頭露面而致貞節不保的憂懼。是故，明人家訓與女教書屢屢訓誡婦女無故不得外出，諸如：「入廟游山，及街上一切走馬、走索、賽會等戲，俱不可出看」。〔註293〕因為「男女混雜，因而失節者有之，無窮醜行未易更僕，總本於嬉遊之所致也」。〔註294〕《溫氏母訓》並載示「婦人得以結伴聯社，呈身露面，不可以齊家」〔註295〕的規條，勸誡閨門婦女勿恣意出遊，以達整肅閨門、防閑內外之目的。

值得注意的是，居處中除了要求婦女做到「深居簡出」，甚至「足不出戶」外，對出入房內的婢僕們，亦須做到防閑的功夫。姚舜牧說：「家人內外大小防閑不可不嚴，凡女奴男僕，十年以上不可縱放其出入。」〔註296〕宋詡亦指出：「男最幼孺者，聽令在內應門，不許擅入閨房；男五尺以上者，非有命呼喚，不許擅入內庭。」〔註297〕呂坤於《四禮翼》中，更規定了男僕出入年齡的限制說：「男子童僕十二以上不入中門，此內外之大閑也。」〔註298〕除了嚴

〔註289〕明・趙南星，《女兒經註》，頁4a。

〔註290〕明・呂得勝，《女小兒語》，〈四言〉，卷中，頁1b。

〔註291〕明・徐三重，《明善全編》，〈家則〉，收於《古今圖書集成・家範典》，卷3，〈家範總部總論一〉，頁29。

〔註292〕明・朱元璋，《大誥武臣》，收於吳相湘主編，《中國史學叢書》第34冊，《明朝開國文獻》（台北：台灣學生書局，1966），頁36，「男女混淆第二十三」條。

〔註293〕明・陳確，《新婦譜補》，頁57，「不看劇」條。

〔註294〕明・黃標，《庭書頻說》，〈婦女嬉遊〉，卷3，頁13a。

〔註295〕明・溫璜述，《溫氏母訓》，頁12b。

〔註296〕明・姚舜牧，《藥言》，頁198。

〔註297〕明・宋詡，《宋氏家規》，收於《北京圖書館古籍珍本叢刊》第61冊，卷3，頁3b，「使僕隸」條

〔註298〕明・呂坤，《四禮翼》，卷2，〈昏後翼・婦人禮〉，頁5b，「內慎」條。

防男僕女婢隨意出入外，對於平日飲食居處，亦須做到防閑的功夫，明人王朗川曰：

> 人家僕婢，不可一處飲食，須內外各別。屋多地寬，宜婢內僕外，各食；屋少，不妨僕先婢後，亦猶夫各食也。所以然者，僕婢同食，語言之間，未免錯雜，非宜家之道也。下人有分別，則上人愈有分別矣。〔註299〕

王孟箕亦以為：「惟婦人得僕婢，代為出入，而己得嚴內外之防，得供使令之役，是婦人之於僕婢尤切也」，〔註300〕類似的言論，也再再強調嚴「內外之防」的重要，即使是家中婢僕亦不容小覷。

　　內外防閑另一個值得注意的重點，即是嚴禁外婦的入門搭訕。〔註301〕據沈鯉觀察晚明世風以為：「人家有關防內外者，止計較外來男子而不知外婦為尤甚。蓋此輩多窺探人意，扮弄是非，其為長舌銛於利刃，卻又無可防之形」。〔註302〕可見閨門女眷對外婦的難以抗拒，明末楊繼盛也贊同此點，認為：「居家之要，第一要內外界限嚴謹。」而「外面婦人雖至親，不可使其常來行走，一以防其談是非，致一家不和；一以防其為姦盜之媒也。」〔註303〕女教書亦屢屢規誡婦人：「三婆二婦，休教入門；倡揚是非，惑亂人心。」〔註304〕士人多以為此輩的身份雖然低賤，但危害居家婦女與家庭卻不容小覷，而究其對居家女眷的危害，主要可歸納為以下三點：

　　1、挑撥是非：明中葉時人黃標曾說：「婦女生於閨門，不識詩書之義，而又以數輩妖魔，鼓簧其間，挑鬥是非，因而上下失懽，彼此不睦，大非家門之慶也。」〔註305〕由於姑婆們經常串街走巷，自然多深諳人心，士人難免

〔註299〕明・王朗川，《言行彙纂》，卷下，頁22a。

〔註300〕明・王孟箕，《家訓・御下篇》，卷下，頁1b-2a。

〔註301〕所謂外婦即指所謂的「三姑六婆」，元末明初士人陶宗儀於《輟耕錄》中說道：「三姑者，尼姑、道姑、卦姑也；六婆者，牙婆、媒婆、師婆、虔婆、藥婆、穩婆也。」見氏著，《輟耕錄》，收入《筆記小說大觀》第7編（台北：新興書局，1982.11），卷10，總頁435，「三姑六婆」條；對於「三姑六婆」的相關研究，可參閱衣若蘭，〈從「三姑六婆」看明代婦女與社會〉，台灣師範大學歷史研究所碩士論文，1997.6。

〔註302〕明・張萱，《西園聞見錄》，卷3，〈閫範〉，頁24b。

〔註303〕明・楊繼盛，〈諭應尾應箕兩兒〉，收於《課子隨筆鈔》，卷2，頁15a。

〔註304〕三婆指：師婆、賣婆、媒婆；二婦指娼婦與唱婦，見明・呂得勝，《女小兒語》，〈四言〉，卷中，頁2b。

〔註305〕明・黃標，《庭書頻說》，〈禁止六婆〉，卷3，頁15a。

疑懼深處閨門中的婦女無所提防，而被其巧言利口所污染，導致上下失懼、家人不睦，此為一懼。

2、哄誘費財：大抵姑婆們「既知主人不禁，遂得各行其術於家人婦女之前，或誘以齋，或誘以巫，或誘以布施結緣，或誘以典當服飾，或誘以卦卜問壽夭，或誘以彈曲消寂寞，家人一為所惑，而金錢、粟帛將有日見其消耗者矣」。〔註306〕由此可知，假若門禁不嚴，縱容三姑六婆往來穿梭，各擅其長，自然使閨門女眷財帛耗費殆盡，此為二懼。

3、導淫亂家：一般來說，「六婆所欲得者，錢財耳。得其錢財，則門內之隱皆可宣揚於外；得其錢財，則戶外之情又何難巧傳於內乎！甚至內外相通，踰牆鑽穴，在所不免。由此觀之，任用六婆，是猶開門而招淫也」。〔註307〕即姑婆們挾其性別優勢，而行「穿房入戶」之便，不僅得以使閨門內外聲息相通，同時也極可能間接成為男女私情穿針引線的媒介者，因此士人莫不憂其招淫鑽穴，有敗壞門風之慮，此為三懼。

由以上三點，可見「三姑六婆」的穿門踏戶，不僅易使居家婦女有「人財兩失」之危慮，破壞家庭和諧尤是其中之大蠹，是故士人莫不極力防範，列為拒絕往來戶。如許相卿即說：「尼嫗、牙媒婆、唱詞婦穢行，鄰婦勿容入室。」〔註308〕《龐氏家訓》亦明示：「修齋、誦經、供佛、飯僧皆誕妄之事，……凡僧道、師巫，一切謝絕，不許惑於婦人世俗之見。」以及「小家婆婦往來，類多簸弄是非，窺竊飲食，甚或誘引祈卜，煽惑婦女，因而盜騙財物，當不時詰問，如無故往來者，重治而禁絕之。」〔註309〕等規條，《新婦譜》更開宗明義地揭示「絕尼人」之條曰：

> 三姑六婆必不可使入門，尤當痛絕尼人……此肅閨門第一要義也。
> 雖或素嘗與姑往還，不無異同之嫌，然新婦苟賢孝素著，事事恭順，
> 惟此一事過執，亦不見怪。且或以嚴見憚，使此輩蹤跡漸疎，家風
> 清楚，亦是新婦入門一節好事也。〔註310〕

為防嫌遠疑，新婦自己不但以痛絕尼人為要，〔註311〕若能力勸其姑，勿近尼

〔註306〕前揭書，卷3，頁14b-15a。
〔註307〕前揭書，卷3，頁15a。
〔註308〕明·許相卿，《許雲邨貽謀》，頁181。
〔註309〕明·龐尚鵬，《龐氏家訓》，頁194。
〔註310〕明·陳確，《新婦譜補》，頁57，「絕尼人」條。
〔註311〕明柳城胡氏亦指出：「婦人親族有為僧道者，不許往來。」見氏著，《女範》，

人，則「更為賢哲」。〔註312〕凡此種種規範，莫不透露了士人對三姑六婆的嫌
惡與對晚明人倫道德日壞、婦女貞節不保的憂心。

　　至於該如何防止這些姑婆們的不請自來呢？楊繼盛（1516～1555）提出
了防範之道，他說：

　　院牆要極高，上面必以棘針緣的周密，少有缺壞，務要追究來歷。
　　如夏間霖雨，院牆倒塌，必即時修起，如雨天不便，亦即時加上寨
　　籬，不可遲延日月，庶止姦盜之原。〔註313〕

即藉由層層防護的森嚴四壁，不僅杜絕了婦女與外界接觸的可能，同時也使
婦女得以保全自身的貞節。因此，只要婦女嚴守「一切閑雜老嫗，直拒門外」
〔註314〕的原則，遵從毋「入寺燒香，許願祈男」、毋「優厚三婆」以及「看龍
舟、觀燈、觀會，諸外場雜逕事」等「婦禁」規條，〔註315〕自可終日安守於
閨門之內，「目不見非僻之人，耳不聞非僻之言。賢者固可以矢志潔清，即不
賢者亦無不兢兢自好焉」。〔註316〕進而達到防閑內外之效。

　　總而言之，舉凡涉及婦女角色之處，皆為禮教擁護者最感憂心的關鍵。
因此，如何訓誡婦人，成為家庭美德的模範，尤為明代士人與家訓所重視的
範疇。〔註317〕如前所述，在士人的眼裡，大抵婦人「喜視聽而駭新奇，故
挑誘婦女者，多以新奇之視聽惑之」。〔註318〕而三姑六婆的穿門踏戶、深諳

　　　　收於明・秦淮寓客輯，《綠窗女史》，卷1，〈閨閣・懿範〉，頁3b，「女範」條；
　　　　此外，元人鄭太和亦列示此規條，見氏著，《鄭氏規範》，收於《叢書集成新
　　　　編》第33冊，頁174。又究士人所以嫌惡尼人之因，據林麗美的分析說：「佛
　　　　教對人世之『捨離』態度，與儒家中心思想之『人文化成』有根本的衝突，
　　　　因而出家者常被奉行儒學的知識分子視為異端；加上傳統家庭的年輕婦女等
　　　　閑不出家門，尼姑在庵中則必須接見香客、必須外出化緣，種種拋頭露面的
　　　　行為，都與傳統禮教悖離，如果不巧尼姑年輕貌美，就容易予人遐思誤解。」
　　　　見氏著，〈《三言二拍》中的女性研究〉，國立中央大學中國文學研究所碩士論
　　　　文，1995，頁61～62。

〔註312〕明・陸圻，《新婦譜》，頁43，「姑佞佛」條。
〔註313〕明・楊繼盛，〈諭應尾應箕兩兒〉，收於《課子隨筆鈔》，卷2，頁15a。
〔註314〕明・楊應震，《貞懿錄》（台北：國家圖書館善本室藏，明天啟間潼津楊氏家
　　　　刊本），卷2，〈行實〉，頁12a。
〔註315〕明・王朗川，《言行彙纂》，卷下，頁19b。
〔註316〕明・黃標，《庭書頻說》，〈防閑內外〉，卷3，頁7b。
〔註317〕Charlotte Furth, "The Patriarch's Legacy: Household Instructions and the
　　　　Transmission of Orthodox Values," Kwang-Ching Liu（eds.）, *Orthodox in Late
　　　　Imperial China*（Berkeley: University of California Press,1990）, p.202.
〔註318〕明・呂坤，《閨範》，卷1，〈嘉言〉，總頁116。

人心、說長道短之舉，最足以惑亂閨房女眷，使人防不勝防。因此，唯有教導婦女「邪書休看，邪話休聽。邪人休見，邪地休行」，〔註319〕與謹守「峻往來之防，明出入之禁」〔註320〕的原則，始能徹底禁絕外婦的上門，而真正做到「內外防閑」。

三、守節、殉節與死節

　　大抵而言，女教書中入傳的婦女不論過門與否，倘若夫君不幸早逝，對婦人此時恥於改嫁、並立志守貞的節操，士人莫不持肯定的態度，呂坤曰：「天地常經，古今中道，惟守為正。」〔註321〕《女範捷錄》亦云：「忠臣不事兩國，烈女不更二夫，故一與之醮，終身不移。男可重婚，女無再適。」〔註322〕明白點出婦女不二嫁的規條，而從「貞婦白頭失守，不如老妓從良」〔註323〕以及「從一不二，其志先定，故視執節為常事，以改適為獸行」〔註324〕二句話，亦可窺知明人對婦女失節改嫁態度之嚴苛。

　　女教書中入傳的婦女，於其夫死後，不外是選擇守節終身或從夫殉死兩種途徑。就後者而言，不論女子本身係受貞節觀念的深化，抑或基於一時義烈之情而殉死，從夫於地下後，所有的問題就不需再去面對，《繪圖列女傳》曰：「女之烈者，一死已可塞責；女之貞者，終身難於堅持，故貞比烈尤罕睹焉。」〔註325〕因此二者相較，守節婦人所面臨的痛苦比一時「激昂死烈」者來得更深，且其所背負的責任亦更重。呂坤認為：「守節之婦，視死者之難，不啻十百，而無子之守，為尤難。」〔註326〕婦人選擇守節終身比從夫殉死要難，而無子寡守更是難上加難。明人劉孔當亦贊同曰：「婦節之尤難於臣忠，夫世嬖者眾矣，財為之衛，而子為之天，即慕義者何不勉焉！要以少寡而又

〔註319〕明・呂得勝，《女小兒語》，〈四言〉，卷中，頁2b。
〔註320〕明・黃標，《庭書頻說》，〈禁止六婆〉，卷3，頁15a。
〔註321〕明・呂坤，《閨範》，卷3，〈婦人之道〉，總頁327。
〔註322〕明・王節婦，《女範捷錄》，收於《古今圖書集成・閨媛典》，卷3，〈閨媛總部總論二〉，頁28，「貞烈篇」條。
〔註323〕明・呂坤，《續小兒語》，收入清・陳弘謀輯，《五種遺規・養正遺規》，卷下，頁13b。
〔註324〕明・汪氏增輯，仇英繪圖，《繪圖列女傳》，卷15，總頁1413～1414，「程鏴之妻」條。
〔註325〕前揭書，卷16，總頁1505～1506，「方貞女」條。
〔註326〕明・呂坤，《閨範》，卷3，〈婦人之道〉，總頁327。

無子誠難矣！」〔註327〕畢竟在漫長的孀居生活中，遺孤很可能即是寡婦餘生的精神寄託與生命歸宿，故無子可資慰藉下的寡婦，其艱苦難熬自不在言下。

守節與殉節孰難孰易？《貞懿錄》對此表達的相當明白，曰：

> 節之貞有二：有烈者，有貞者。烈之云者，視死如歸者也；貞之云
> 者，從一而終者也。烈固難，貞亦非易。而貞之撫孤，則又難之難
> 者也。何也？殺身死節乃奮發於一時，故慷慨激烈之士類亦能之。
> 〔註328〕

《雙節錄》亦載：節婦之難，有「立孤難于殉葬，善後難于捐軀。」〔註329〕楊繼盛對此也持相同的看法說：「成天下之事功易，立天下之節義難。語節義之難者，又莫難於婦人之所守。」〔註330〕說明了士人咸認婦人慷慨從夫殉死雖難，但仍比不上忍死撫孤、矢志全貞之難。那麼究竟婦人選擇守節終身須要面對何種困境與苦楚呢？《貞懿錄》指出婦人獨身撫孤約有「四難」：

> 孤燈隻影，則蕭條寂寞之難；瞻前顧後，則進退掣肘之難；夏楚督
> 責，則恩常掩義之難；延師訓誨，則束脩館穀之難。〔註331〕

這段文字相當細膩地刻畫出寡婦獨身撫孤所遭遇的痛苦與困境，不外有四種難處。首先，必須忍受精神上的孤單寂寥之苦。馮夢龍於其《情史》中，記載一節婦守貞所經歷的痛苦，非一般人所能體會忍受：

> 昔有婦以貞節被旌，壽八十餘。臨歿召其子媳至前，屬曰：「吾今日
> 知免矣。倘家門不幸，有少而寡者，必速嫁，毋守，節婦非容易事
> 也。」因出左手示之，掌心有大疤，乃少時中夜心動，以手拍案自
> 忍，誤觸燭釘，貫其掌，家人從未知之。〔註332〕

〔註327〕明‧劉孔當，《劉喜聞先生集》（台北：漢學研究中心藏日本內閣文庫景照本，明萬曆三十九年刊本），卷4，頁13b，「彭貞婦傳」條。

〔註328〕明‧楊應震，《貞懿錄》，卷4，〈序文〉，頁5a-b，王嗣美，〈贈恩榮楊母李太夫人貞節序〉。

〔註329〕明‧不著撰人，《雙節錄》（台北：國家圖書館善本室藏，明鈔本），劉榮嗣，〈邵貞母張太宜人傳〉。

〔註330〕明‧楊繼盛，《楊忠愍公集》，收於《叢書集成新編》第75冊，卷2，頁552，「集張節婦冊葉詩文序」條。

〔註331〕明‧楊應震，《貞懿錄》，卷4，〈序文〉，頁5b，王嗣美，〈贈恩榮楊母李太夫人貞節序〉。

〔註332〕明‧詹詹外史（疑為馮夢龍又一別號，但有學者以為此係他人所偽託）評輯，《情史》（瀋陽：春風文藝出版社，1986.7），卷1，〈情貞類〉，頁11，「惠士玄妻」條。

節婦因親身經歷守節之苦，勸告晚輩夫死毋守，實乃發自肺腑的慘痛經驗，因為守節之苦除了經濟上的負擔外，莫若數十寒載在精神上的孤寂之苦，不是一般人可以承受的。

　　次就操守上的「進退掣肘」之難而言，傳統社會對寡婦道德上的要求，有愈來愈益嚴格的趨勢已如前述，故以寡婦之身「斯須檢點之或疏，則群議紛然而起，凜凜焉戒慎避嫌之心，自少至老，一時不敢少懈。」〔註333〕可見寡婦的一言一行、一舉一動勢必應時時不苟，謹慎小心，方不致招人議論。

　　再就教育上的「恩常掩義」之難而言，若節婦有幼孤待養，除必須撫育幼孤外，又須「振兒先業」，以一「陰柔之身，百責所萃」〔註334〕來教育子女，這其中之難亦無一不考驗著婦人的智慧與能力。最後更重要與更切身的一點，即是經濟上的「束脩館穀」之難，誠如宋濂（1310～1381）所言：「嗚呼！婦之青年喪夫，最號多艱。儻居貴富家，有僕媵足以備驅役，閭廬足以蔽雨風，粟帛足以供衣食，猶可自安。」〔註335〕若節婦家有恆產，經濟富裕，可以不虞匱乏，守節婦人自然就大大減少來自於物質生活上的直接壓力。然而，事實上，根據學者依據《古今圖書集成》〈明倫彙編・閨媛典〉中的傳記所作之統計可知，明代經元末戰亂後，大家庭難得正常發展，而在平均每戶不到六口的資料顯示，似乎是以小家庭（即核心家庭）與折衷家庭為當時主要的家庭型態。〔註336〕因此夫亡後，往往隨即面臨著「內無所藉，外無所資，煢然獨立，狼狽無依，其植立之難如此」〔註337〕捉襟見肘的困境。由此可知，對許多寡婦來說，寂寞固然痛苦，但更難捱的還是生計上的艱難，在當時婦女經濟尚不能自立自主的社會裡，生活上的無依無靠顯然比情感上的空虛來

〔註333〕明・楊繼盛，《楊忠愍公集》，《叢書集成新編》第75冊，卷2，頁552，「集張節婦冊葉詩文序」條。

〔註334〕明・楊繼盛，《楊忠愍公集》，《叢書集成新編》第75冊，卷2，頁552，「集張節婦冊葉詩文序」條。

〔註335〕明・宋濂，《宋學士文集》，收入《國學基本叢書》（台北：台灣商務印書館，1968.12），卷58，〈芝園後集〉，頁959～960，「王節婦湯氏傳」條。

〔註336〕所謂「小家庭」是指小到由一對夫婦或加上子女所組成的家庭，一稱「核心家庭」（Nucler Family），至於「折衷家庭」則係指由一對夫婦加上其父母與子女，亦即包括祖孫三代的家庭形態，一稱「主幹家庭」（Stem Family），見徐泓，〈明代家庭的權力結構及其成員間的關係〉，《輔仁大學歷史學報》，第5期（1993.12），頁168，174。

〔註337〕明・楊繼盛，《楊忠愍公集》，《叢書集成新編》第75冊，卷2，頁552，「集張節婦冊葉詩文序」條。

得更加切身與直接。

　　由明人對守志婦女的褒揚與推崇可知，士大夫並不贊成節婦因生計困難而不顧一切地求死。明初薛瑄（1389～1464）於「書貞節堂詩文後」一文中指出：「誠以婦道臣道所全者節義耳，又豈可為飢寒禍患所迫，貪生畏死，自壞其節義哉！」〔註338〕可見寡婦餘生所要面臨的苦難之深長與擔負責任之艱鉅。馮琦（1558～1603）甚至認為即使日後有賢子賢孫可報答寡母的養育之恩，母親多半已臨垂垂老矣、髮白齒搖之境，他說：

　　　婦人之立節者，往往當其家中葉，或以死，或以僅存，或中微而後
　　　乃昌大，則有幸有不幸焉！彼自盛年迄於白首，所歷皆悼心摧骨，
　　　形影相弔之境，即幸而有賢子孫躬食其報，則已春秋高耳，目視聽
　　　衰，僅乃見之，或遂有不及見者。嗟乎！節固若是苦耶！〔註339〕

可見守寡之路的漫長艱辛，卻又未必有苦盡甘來的回報。

　　值得一提的是，《溫氏母訓》對守節與否的問題，認為應由寡婦自己來做決定，曰：

　　　少寡不必勸之守，不必強之改。自有直捷相法：只看晏眠早起，惡
　　　逸好勞，忙忙地無一刻丟空者，此必守志人。身勤則念專，貧也不
　　　知愁，富也不知樂，便是鐵石手段，若有半晌偷閒，老守終無結果。

　　　〔註340〕

該書對寡婦守節抱持頗為開明的態度，並揭示寡婦的立身行事，若能秉持「身勤念專」的原則，自然老有所成而無「失節敗德」之慮，此觀點亦與《女小兒語》相似，認為「孤兒寡婦，只要勁做」自可「能自樹立」〔註341〕而守志終成。（提振風教）

　　至於在夫死殉節方面，有一個值得探討的問題，即是關於婦人「殉節」時機之考量。對於夫死後，婦人不顧一切從夫殉死的節烈行為，士人的意見較為分歧。大致說來，除了官修《古今列女傳》、《女範編》與《古今貞烈維風什》中輯錄較多明代婦女殉夫或室女殉婿的傳例外，其他士人如呂坤、汪

〔註338〕明・薛瑄，《薛敬軒先生文集》，收於《叢書集成新編》第75冊，卷10，〈雜
　　　　著〉，頁484，「書貞節堂詩文後」條。
〔註339〕明・馮琦，《北海集》，收於沈雲龍等輯，《明人文集叢刊》第26冊（台北：
　　　　文海出版社據明萬曆末年雲間林氏刊本影印，1770），卷14，〈墓表〉，頁
　　　　15a-15b，「贈淑人李節婦墓表」條。
〔註340〕明・溫璜述，《溫氏母訓》，頁1b-2a。
〔註341〕明・呂得勝，《女小兒語》，〈雜言〉，卷中，頁3b。

氏等則抱持不鼓勵的態度。呂坤即藉由周代〈共世子妻〉傳，〔註342〕明白揭
示對於寡婦殉夫死節的看法說：「從一，妻道也；守志不更夫，中道也；自殺
以殉，則賢者之過耳。」〔註343〕也就是說，呂坤反對寡婦殉夫，認為不合乎
「中道」原則，視為賢者之「過」。而在周代〈杞梁之妻〉傳，載齊人杞梁死
於戰，其妻悲慟欲絕，歎曰：「上無父母，下無子女，中無兄弟，人生之苦，
亦至是乎！吾何歸矣？」乃仰天慟哭，赴淄水而死。針對杞梁妻從夫殉死的
節烈行為，呂坤以為：「夫終正寢，而婦自殺以殉，余不錄。」究杞梁之妻殉
死之行，乃因「自傷無依而投淄水，非世俗兒女情矣」，故「哀其賢而數奇，
非以節也」。可見呂坤反對寡婦盲目地殉夫，認為並不符合所謂的「節烈」之
舉。他以為，所謂的「節」應有三種表現的形式，即「臨難不奪之謂節，茹
苦不變之謂節，持一念以終身之謂節」。〔註344〕換句話說，除非已至非殺身無
以全節之境地，婦人始可守貞殉死，否則堅忍不拔、茹苦含辛地守志終身才
是完「節」的表現，也才更能顯現「節」的真正意涵。對於杞梁妻殉死從夫
之舉，《列女傳演義》也提出其看法說：「人不難於一死。或死節，或死義，
要死得分明，方不為輕隕其命。若杞梁妻者，斟酌於無所歸，認定於不再嫁，
可謂審處其死而得其死之正者矣。舍此而惑於情，忿於氣，皆浪死耳，不足
取也。」〔註345〕可見「審處其死」才算是死得「正」，否則一意尋死，終歸得
一「浪死」之名罷了！

明末陳確（1604～1677）對於婦女於夫亡後執意殉死之舉，有強烈的感
慨，認為「烈婦之死，非正也」，並歸咎烈婦的選擇是「三代以後，學不切實，
好為節烈之行，寖失古風」所致，他解釋如下：

> 然使烈婦忍死立孤，窮餓無以自存，人豈有周之者？白首而死，亦豈
> 有釀葬之而碑之，傳記之，詩歌之者？夫速死之與忍死，其是非難易
> 皆什佰，而士往往捨此而予彼。甚矣，人心之好異！此烈婦之所以之
> 死而不悔者也。……烈婦亦從一而終足矣，何必殉死？然不殉死，天
> 下何繇知烈婦？語云三代而下，士惟恐不好名，悲夫！〔註346〕

〔註342〕其傳略曰：衛共姜者，乃周朝衛世子共伯之妻也。既嫁而共伯早死，共姜欲
　　　　守義，但其父母欲奪而嫁之，共姜不從，乃題詩以明其不復再嫁之心。見《閨
　　　　範》，卷3，〈婦人之道·守節之婦〉，總頁419～421，「共世子妻」條。
〔註343〕前揭書，卷3，〈婦人之道·守節之婦〉，總頁420，「共世子妻」條。
〔註344〕前揭書，卷3，〈婦人之道·死節之婦〉，總頁383～384，「杞梁之妻」條。
〔註345〕明·馮夢龍，《列女傳演義》，卷4，〈貞順傳〉，總頁257，「齊杞梁妻」條。
〔註346〕明·陳確，《陳確集》，〈文集〉（北京：中華書局，1979），卷17，〈書後·社

在這種社會好名的流俗下，陳確對烈婦的從夫殉死之舉感到「虧體傷化，莫
過於此」，故強調人不在其生或死，而在其「賢或不肖」，在其能否「成仁」，
他說：

> 果成仁矣，雖不殺身，吾必以節許之；未成仁，雖殺身，吾不敢以
> 節許之。〔註347〕

由此可知，陳確不主張從表面的死與不死來衡量人物的賢肖與否，而應究烈
婦之死是否合乎「正道」？〔註348〕明末歸有光（1506～1571）亦明白地指出：

> 苟非迫於一旦，必出於死為義，而出於生為不義，是乃為可以死之
> 道，不然，猶為賢智者之過焉耳。〔註349〕

換言之，婦女倘若面臨迫嫁或強暴的狀況下才可以死節，否則，其他的殉死，
皆是違反中道原則的「過中」，不足為人所稱道。

那麼到底婦人從夫殉死在何種情況或時機下，才算是合乎所謂的「正道」
呢？楊繼盛於臨死之前，在對其妻的遺言中，就相當明確地界定了殉節與守
節的界線：

> 蓋以夫主無兒女可守，活著無用，故隨夫亦死，這纔謂之當死而
> 死。死有重于泰山，纔謂之貞節。若夫主雖死，尚有幼女孤兒無
> 人收養，則婦人一身，乃夫主宗祀命脈，一生事業所係于此，若
> 死，則棄夫主之宗祀，墮夫主之事業，負夫主之重托，貽夫主身
> 後無窮之慮，則死不但輕于鴻毛，且為眾人之唾罵，便是不知道
> 理的婦人。〔註350〕

這個論調亦為許多女教書認同，認為婦女應審慎衡量當時所處的情勢而作出
理性的決定。假若膝下有子，則應以夫主宗祀為重，始不負夫之重託，否則
盲目地一意殉死，只被視為「不知道理的婦人」，而當「為眾人之唾罵」。黃
居中亦贊同此看法，他說：

> 雖然白首在侍，黃口在懷，百年之養，千年之祀，懸於一絲而日必

　　　　約〉，頁395～396，「書潘烈婦碑文後」條。
〔註347〕前揭書，卷5，〈論〉，頁154，「死節論」條。
〔註348〕相關論述可參閱，何冠彪，《生與死：明季士大夫的抉擇》（台北：聯經出版
　　　　社，1997），頁148～160。
〔註349〕明‧歸有光，《震川先生集》，收入《國學基本叢書》（台北：台灣商務印書館，
　　　　1968.12），卷23，頁394，「貞節婦季氏墓表」條。
〔註350〕明‧楊繼盛，《楊忠愍公遺筆》，收於《叢書集成新編》第33冊，頁184。

以死為殉，可謂能終其事乎！夫事有大於舍生，生可也；生而有以
終人之事，則生賢於死；死而匱人之祀，則死不如生。〔註351〕

這也是為了夫族的宗祀命脈不至斷絕，反對婦人以身殉死的論調。而除了為
夫族宗祀、血胤著想外，士人多不鼓勵婦人殉夫的原因，莫不是為堂上舅姑
著想，認為婦人應代夫以盡人子之孝道。《繪圖列女傳》即云：

婦身殉夫，有可以死之道，有可以無死之道。故道在於死，則求生
為害仁；而道在於無死，則敢死為傷勇。此惟知道之君子能決擇
焉。……婦道之中，彼誠知一死，則責塞而名隨，且死易立孤難也。
然而重傷舅姑之心，終缺舅姑之養，則所尤重又不在於徒死矣。夫
且故隱忍圖存以煢煢之荊布當數十年之荼蓼，送往事居艱苦萬狀，
甘心於其所難，可不謂賢矣！〔註352〕

該書認為婦人殉夫棄養舅姑於不顧，非一賢婦所當為，因此主張「夫既無
幸，義不獨生。設有子可依，是宜無死；而子未生矣，有姑當事，亦宜無
死」，〔註353〕可見「婦之於夫，能死非難，善處死為難」。〔註354〕在《貞懿
錄》中，載楊母以年方二十守寡，卻一肩擔負起家計重責，且一心撫幼奉姑、
委屈圖全的景況，傳曰：

夫節者，死事易，成事難。有可以身殉者，慷慨慕義勉為烈婦易；
有不可以身殉者，委屈圖全求為貞婦難。當所天既隕，太孺人甫二
十齡耳，豈不欲捐軀生前，以從夫地下，祇以煢煢在堂，呱呱在抱，
皆屬已死者不了之局，即是未亡人難卸之擔也。若拋白髮而罔顧，
棄赤子而若遺，使我今日有可卸之擔，又是我異日不了之局也。太
孺人權衡於一生一死之間，徘徊於老老幼幼之際，卒能事親以孝婦
職也，亦子職也；撫孤以子，母道也，亦父道也。五十年來含酸茹
辛有如一日，而間聞其精神炯炯，碧瞳鶴髮反於艱難困塞處得之
正……。〔註355〕

〔註351〕明・黃居中，《千頃齋初集》（台北：漢學研究中心藏日本內閣文庫景照本，
　　　　明刊本），卷12，頁22a，「贈高母姚碩人旌節序」條。
〔註352〕明・汪氏增輯，仇英繪圖，《繪圖列女傳》，卷15，總頁1385~1386，「方氏
　　　　細容（明朝）」條。
〔註353〕前揭書，卷15，總頁1448，「鄭璲妻（明朝）」條。
〔註354〕前揭書，卷15，總頁1402，「節孝范氏（明朝）」條。
〔註355〕明・楊應震，《貞懿錄》，卷5，〈序文〉，頁29b-30a，王元爽，〈奉賀恩旌貞
　　　　節楊母太孺人壽誕序〉。

強調丈夫不幸先逝，子婦仍須以孝事舅姑為己任，不可逃避罔顧，否則負夫之託當非賢婦所為。

《閨範》中並透過元代〈張氏求夫〉傳，表揚孝婦忍死負重、孝事舅姑之節操，傳曰：

> 李五妻，張氏，濟南鄒平縣人，年十八。夫戍福建之福寧州，死於戍。時舅姑老，家貧無子，張蠶績以為養。及舅姑歿，張歎曰：「夫死數千里外，不能歸骨以葬者，以舅姑無依不能遠離也。今大事盡矣，而夫骨終棄遠土。妾何以生？」乃臥積冰上，誓曰：「使妾若能歸夫骨以葬，即幸不凍死。」臥月餘不死，鄉人異之，乃相率贈以錢糧，大書其事，……張如言求之，果得以歸，有司上其事旌表焉。

呂坤對張氏所為，認為：「張氏孝節可謂審於先後矣！夫死而舅姑無依，則我身重於夫，故代夫為子。而夫死若忘，舅姑死而夫為客鬼，則夫身重於我，故忍死間關而夫屍竟得，不亦貧婦而有斯人。」〔註356〕由此可知，士人對於婦人夫死無子，欲作殉節的決定前，應以盡孝於舅姑為優先考量，而此種「審處先後」之明智，不但獲得了士人的激賞，亦可作為後世婦人之典範。

除了反對寡婦速死殉夫外，對閨女未嫁而從婿殉死之舉，呂坤與汪氏等人亦抱持不鼓勵之態度，認為不合乎「中道」原則。如元代〈江文鑄妻〉傳，載江妻范氏，年方二十一，歸於江，及門，尚未合巹，而文鑄痼疾發作而死。范曰：「入江氏門，即江氏婦也。豈以夫亡有異志哉！」遂潔身守志年七十四而卒。呂坤對范氏雖未為人婦，但已醮命於家且親迎入門，選擇守志終身之舉，認為不失為「聖人之道」，但對於「彼許聘在室，而赴哭從死」者，則指出「鍾情過禮，不可為訓者也」。〔註357〕再如元代〈甯貞節女〉傳，同樣也是表揚未嫁女從婿守志不更的節操，傳曰：

> 元甯氏女，初許嫁安丘劉真兒。未嫁而真兒死，甯氏年十六，聞訃哭甚哀，既而謂父母曰：「古云烈女不更二夫。吾身雖未之醮，然媒妁聘幣，父母之命皆已定矣。今不幸而死，其父母老無所依，吾豈忍背之捸它人家箕帚耶！」遂請往夫家，侍養舅姑。父母初未之許，女請益堅許之，甯氏至其家哭，臨葬祭無違禮，執婦道恭織紝以供

〔註356〕明·呂坤，《閨範》，卷3，〈婦人之道·兼德婦人〉，總頁353～355，「張氏求夫」條。

〔註357〕明·呂坤，《閨範》，卷3，〈婦人之道·守節之婦〉，總頁446～448，「江文鑄妻」條。

> 甘旨，如是者凡五十二年，卒年六十八，鄉里稱焉，事聞詔表其門曰：「貞節。」〔註358〕

汪氏對此傳評述道：「女子之貞，在不更字。然女之貞者，多或感其夫之愛，而弗忍改焉耳。未同衾枕而持節以終身，則不可易得；婦之孝者，亦多或受其夫之託，而弗忍背焉耳。未通笄贄而著代以盡孝，則不可概見。甯之於劉字而未醮，未成婦禮也，而能不變志，不易節，以明婦順。哭臨喪葬即齊體之素者，或未能無違禮而甯氏女任之如儀，侍養舅姑勤供甘旨，貞而兼之乎孝者歟！」〔註359〕觀甯女所為，可謂「貞孝兩全」，符合明代社會對婦女的期望與肯定。

由前兩例可知，士人對在室女與已嫁婦的看法一樣，均視「守志終身」為正道，反對赴哭從死，認為踰禮不容，（除了如前述〈齊杞梁妻〉斟酌於無所歸，乃甘心殉死外）並對於女子守貞持孝與善事舅姑的孝行義舉，多表鼓勵與激賞，認為足以符合「貞孝兩全」之婦道典範。〔註360〕

另一方面，對於婦女「死節」的看法，也是一個值得討論的問題。此處所指的「死節」，與上述所論單純地從夫殉死不同，而係指婦女在遭受外力的壓迫，諸如面臨逼嫁或強暴的情形下非以死明志的節烈之行而言。呂坤對婦女「死節」，提出其解釋曰：

> 死節之婦，身當兇變，欲求生必至失身，非捐軀不能遂志。死乎不得不死，雖孔孟亦如是而已。〔註361〕

也就是說，婦女除了「一死之外，更無良圖，所謂舍生取義者也」。〔註362〕然而一旦遇事，仍有其「先後緩急」的處變之法，如《女範編》所言：

> 均烈耳，乃慷慨殺身，從容就義較難易焉，何哉？當其時值其事，有先後緩急殊耳。故輕一決，則不爽之，九死則不移。豔羨者難之，而彼之烈也易；雌黃者易之，而彼之烈也難。何難易辯也！夫人至

〔註358〕明・汪氏增輯，仇英繪圖，《繪圖列女傳》，卷13，總頁1220～1221，「甯貞節女」條。

〔註359〕前揭書，卷13，總頁1221，「甯貞節女」條。

〔註360〕至於其它有關「貞女」的相關論述，可參閱，董家遵著，卞恩才整理，〈明清學者關於貞女問題的論戰〉，收入《中國古代婚姻史研究》（廣州：廣東人民出版社，1995），頁345～351。

〔註361〕明・呂坤，《閨範》，卷3，〈婦人之道・死節之婦〉，總頁325～326。

〔註362〕前揭書，卷2，〈女子之道・烈女〉，總頁187。

於死，而萬用盡矣，死而節烈出焉，其用不亦巍乎大哉！〔註363〕
也就是當所有應變的方法均用盡，始不得已而死，如此的「死節」，才是真
正的「節烈」之行。試觀明代〈張友妻〉傳，載國朝歙縣張友妻，洪氏之女
也。夫死，辛勤養姑，姑憐其早寡無子，欲奪其志，洪不為所動。當邑富者
求為配，族人與姑陰納聘，至期逼嫁，洪氏見勢已至此，非死無以全節，乃
閉門自縊而死。汪氏對此傳評述說：「匹婦之志，有必不可奪者。不可奪而
欲奪之，此所以成其節烈也，又所以顯其節烈也。」〔註364〕顯見士人贊同
張婦的「節烈」之行，並非盲目地一意尋死，而視事已至無可挽救的地步，
始捐身以明其志。再觀另一則漢代〈皇甫規妻〉傳，載皇甫規妻不僅美姿容，
又能文，工書，時為規答書記。後規不幸早卒，妻方年少，時董卓為相，欲
聘以輜軿百乘，規妻乃縗服詣卓門，跪自陳情，表明不二嫁之心。卓使侍者
拔刀迫規妻允諾，規妻知不免，乃大罵卓，最後鞭撻至死。呂坤對規妻所為
贊曰：「義哉！誘之以利，怵之以兵，而竟不奪其志。至於跪卓乞免，積誠
意以感動之，可謂從容不迫矣。不愛死，不求死，不得已而後死，其善用死
者哉！」〔註365〕亦即規妻實「不得已」而死，在其力陳大義後，仍無法感
化董卓，始從容就死，如此的「死節」即貴「重於泰山」且明其「析義之精」，
可謂「善處死耳」。〔註366〕

　　婦女倘若身處亂世，不幸為盜賊所執，明人曹勳對婦女此時選擇死節之
烈行，認為「夫不自期死，至不得不死而死者，一時之氣也；早自辦死，至
得死而視死如歸者，平日之志也。志能帥氣，是為真節」。〔註367〕顯見其對婦
女為免被污而視死如歸的激賞。不過，呂坤對婦女倘若不幸被盜賊所執時，
提出其應變之法曰：

　　　向使節婦貞女，當被執之初，或陳設大義以愧之，或婉語悲情以感
　　　之，義理之心，盜賊皆有，寧必其無一悟者乎。要之，身陷於賊，

〔註363〕明・馮汝宗撰，《女範編》，頁5a，〈凡例〉。
〔註364〕明・汪氏增輯，仇英繪圖，《繪圖列女傳》，卷15，總頁1374～1375，「張友
　　　　妻」條。
〔註365〕明・呂坤，《閨範》，卷3，〈婦人之道・死節之婦〉，總頁385～388，「皇甫規
　　　　妻」條。
〔註366〕明・汪氏增輯，仇英繪圖，《繪圖列女傳》，卷5，總頁560～561，「梁節姑姊」
　　　　條。
〔註367〕明・曹勳，《曹宗伯全集》（台北：漢學研究中心藏日本內閣文庫景照本，清
　　　　刊本），卷10，頁17b-18a，「節烈湯母趙孺人墓表」條。

> 非死不足以成名,非罵不足以成死,彼怒心甚,則慈心衰,亦保節
> 之一道。然吾竊有懼焉,一女子不能當兩健兒,倘激其怒而必欲相
> 辱,即死不足雪恨,以是知不如媿之感之之為得也。〔註368〕

呂氏以為婦女遇賊,若能力言於寇,使之「媿之」、「感之」,才是上乘的處變
之法,倘若「萬善盡矣」,則此時「死節全貞」亦無所憾。而透過明代〈善歌
婦人〉傳,〔註369〕呂坤肯定善歌婦人之行,「使富貴家不敢以勢,而輕奪匹婦
之節」〔註370〕外,對於婦人持節不改,而一心報夫深仇,雖事終不克,但卻
已盡全力,比婦女一時激於義烈而慷慨殺身卻無以濟事之烈行,要來得受人
敬仰與讚嘆。

　　除此之外,「死節」與否的時機,也須顧慮到是否有遺孤?汪氏說:

> 天下事有經有權。權也者,稱物輕重,而往來以取中者也。膠固而
> 不通,執泥而不變,則不得謂之權。故道在於誠實,欺詐,非道也,
> 而欺詐以免盜不害,為能權;道在於死節,苟活非道也,而苟活以
> 撫孤不害為能權。如必以死為貞,矯激輕生之婦將奔走也,其於中
> 道詎得無刺繆哉!〔註371〕

可見其贊成婦人應知「權變之道」,非必以死全貞,死節與否完全依當時情勢
而定,倘若尚有幼子、姑老待養,則「苟活以撫孤不害為能權」,方不致失於
「中道」之慮。

　　綜上所述,明代女教書對婦女貞節的提倡,可謂不餘遺力。然而,在婦
女嚴守貞節的背後,女教書亦揭示了所謂「貞烈」之意涵。無論婦女於其夫
亡後,選擇守節、殉節或死節,均應審慎酌量當時的情勢。倘若上有舅姑,
下有幼子,則當忍死守節,委屈圖全,以善盡人子之道與母道為先,是故,「矢
孝全貞」抑或「貞孝兩全」可視為當時士人認為婦女至高的理想典範。

〔註368〕明・呂坤,《閨範》,卷3,〈婦人之道・死節之婦〉,總頁523～526,「余洪敬
　　　　妻」條。
〔註369〕其傳略曰:載善歌婦人頗有姿容,又兼善藝,一大帥愛之,召與私,不從,
　　　　帥以他故殺其夫,而置婦於別室。多具金珠綺綉以悅之,逾年,帥入其室,
　　　　婦先以欣然婉戀之情接待之,及就榻,婦人忽出白刃於袖中,欲殺之,帥絕
　　　　裾而走,遣人執之,婦人已自斷其頭。前揭書,卷3,〈婦人之道・死節之婦〉,
　　　　總頁416～418,「善歌婦人」條。
〔註370〕明・馮夢龍,《列女傳演義》,卷5,〈節義傳〉,總頁420～421,「明歌者婦」條。
〔註371〕明・汪氏增輯,仇英繪圖,《繪圖列女傳》,卷15,總頁1379,「歐寧江氏」
　　　　條。

第三節　才智觀

　　一般認為「女子無才便是德」一語始見於明人著述，並盛行於晚明，蓋由明人馮夢龍（1574～1646）於《智囊全集》中曾說：「語有之，男子有德便是才，婦人無才便是德。」〔註372〕此外，與他同時的陳繼儒（1558～1639）在《安得長者言》一書中，也收錄「男子有德便是才，女子無才便是德」一語。〔註373〕值得注意的是，兩人皆是徵引前人所說過的話，可見早在這句名言出現之前，此種意識已然萌現。推究「女子無才便是德」觀念的盛行，其背後大致出於兩種顧慮：即「才可妨德」與「才可妨命」兩說。〔註374〕本文所討論的「才」，尤指「詩才」而言，不論是女教書抑或傳統士人的觀點，均以「才德相妨」的理由來斂抑女子吟詩作賦。本節即就文才與閨智兩方面來探討女教書所揭示婦女才智觀之內涵，除究明士人反對女子吟詩填詞之心態外，並就士人對閨智展現所認可的標準與期望作一說明。

一、不重文才

　　大體而言，主張女子完全不須讀書識字的，並不多見，認為女性不宜吟詩作賦的則大有人在。這主要是因為在士人的眼裡，「婦人女子，不貴有才，而貴有德」。〔註375〕換句話說，女性之所以要學習讀書認字，主要是為了往後知曉為婦之道，故只讓女子粗識文字，足以相夫教子即可，是一種相當普遍的想法。正如明末《溫氏母訓》所說：「婦女只許粗識柴米魚肉數百字，多識字無益而有損也。」〔註376〕由女性自身亦主張婦女不須多識文字，可見此種觀念在當時的盛行。

　　文字之教既不予提倡，更遑論是學詩吟詞，《閨範》指出：「女子無儀，

〔註372〕明·馮夢龍，《智囊》（河南：中州古籍出版社，1986.3），卷25，〈閨智部·總敘〉，頁652。

〔註373〕明·陳繼儒，《安得長者言》，收於王雲五等輯，《叢書集成初編》第70冊（上海：上海商務印書館據寶顏堂秘笈本排印，1936），頁1。

〔註374〕相關論述可參閱，陳東原，《中國婦女生活史》（台北：台灣商務印書館，1990.12），頁188～202；劉詠聰，〈「女子無才便是德」說的文化涵義〉，收於氏著，《女性與歷史——中國傳統觀念新探》（台北：台灣商務印書館，1995.1），頁89～103。

〔註375〕明·馮夢龍，《列女傳演義》，卷3，〈仁智傳〉，總頁186，「衛靈夫人南子」條。

〔註376〕明·溫璜述，《溫氏母訓》，頁2a。

且不以學名，況詩乎？」〔註377〕究明潛藏士人不鼓勵婦女學詩文的心態，蓋因恐婦女對文學的追求，有礙其在家庭中的角色，還可能啟發少艾幼女心中傷春悲秋之思，甚至引發情慾而導致越禮的行為發生；換言之，藉由詩詞的傳情達意，極可能刺激女性的慾望而有導淫的危險。文才與婦德（尤其是貞節）的對立，猶如情慾與禮教的衝突，也是傳統士人不主張婦女學詩詞的主因。因此即使如漢代的蔡文姬、宋代的李易安與朱淑貞等女子，她們個個「回文絕技，詠雪高才」，卻仍不免受到「大節有虧，則眾長難掩」〔註378〕之譏。再如《繪圖列女傳》所載漢代〈徐淑〉傳，汪氏評述徐淑雖堪稱一「才婦」，卻「不免以情欲之感介乎！……動靜其視班婕妤之詩賦，猶隔一塵也；視曹大家之著述，猶退三舍也，無關風教，徒長淫心」。〔註379〕此外，該書在才女〈陳淑真〉傳中，載淑真極富文才，七歲能通詞詩、鼓琴。元至正十八年，陳有諒寇城，淑真自忖城蹈必遭辱，不如早死。遂躍水自殺，惟水淺不死，賊抽矢脅之上岸，淑真不從，賊射殺之。汪氏將陳女與同樣被視為才女的蔡琰做一對照，評論曰：「蔡琰失節，而范蔚宗私置其傳於列女，豈非謂其才敏，能賦詩，能辨琴，而欲以斯自多於時，自炫於後也乎！……淑真以偽漢犯城，不甘自辱，期一死以待賊，……死猶生也。世之女婦設不幸而遇難，寧為淑真，毋為蔡琰」，〔註380〕可見士人以為即使婦女資性聰穎，善屬詩文，惟臨難不奪，保貞全節者，始可入傳成為閨閫典範，如明朝王素娥〔註381〕、盧進士妻〔註382〕、鄒賽貞〔註383〕等人，反之即淪為蔡琰之流，為世人詬病。〔註384〕

〔註377〕呂坤錄詩女二人，如「寄征人詩」、「上刑官詩」，非因其詩之故，而係以「男女者，萬物之情，惟聖人能通之；節義者，生人之紀，為聖人能植之，喜二女之遇」而錄之。見《閨範》，卷2，〈女子之道‧詩女〉，總頁190。

〔註378〕前揭書，卷3，〈婦人之道‧文學之婦〉，總頁330。

〔註379〕明‧汪氏增輯，仇英繪圖，《繪圖列女傳》，卷5，總頁573，「徐淑」條。

〔註380〕前揭書，卷13，總頁1266～1267，「陳淑真」條。

〔註381〕前揭書，卷15，總頁1408～1409，「王素娥」條。

〔註382〕明‧馮汝宗，《女範編》，卷3，〈貞女〉，頁41b-42b，「盧進士妻」條。

〔註383〕明‧汪氏增輯，仇英繪圖，《繪圖列女傳》，卷15，總頁1418～1419，「鄒賽貞」條。

〔註384〕呂坤所持論點似更為嚴苛，除把「文學之婦」列於卷尾外，更明言：「然亦有貞女節婦，詩文不錄者，彼固不以文學重也。」可見對婦人工詩名之態度，即使貞女節婦亦不予入傳。見《閨範》，卷3，〈婦人之道‧文學之婦〉，總頁329～330。

　　士人除認為詩詞之學徒長淫心外，另一方面也認為「詩詞浮華，多為吟詠」，〔註385〕無補於世道人心，故反對婦人吟詩誦詞。清人章學誠（1738～1801）在不厭其煩地考證「婦學」源流的背後，其實潛藏著防閑精神的關注，認為婦人習詩，實乃大壞「男女之防」的禁忌，他說：

> 婦言主於辭命，古者內言不出於閫，所謂辭命，亦必禮文之所須也，……古之婦學，必由禮而通詩，……後世婦學失傳……舍其本業而妄託於詩，而詩又非古人之所謂習辭命而善婦言也，……今之婦學，轉因詩而敗禮，禮防決而人心風俗不可復言矣。夫固由無行之文人，倡邪說以陷之，……古之賢女，貴有才也。前人有云：女子無才便是德者，非惡才也；正謂小有才而不知學，乃為矜飾鶩名，轉不如村姬田嫗，不致貽笑於大方也。〔註386〕

章氏認為賢媛不應以炫才為能事，反對女子不務「學」而以「才」矜飾鶩名。明末《女範捷錄》並辯正「女子無才便是德」一語，非惡女子有「才」，只是要女子明白「有才者必貴乎有德」，亦即「德本而才末」才是處世之正道，〔註387〕否則極易流於「矜才鶩名」。

　　明代以來，多有不讓女子讀書識字的呼聲，呂坤以為此非「正道」，他說：

> 女子固不宜弄文墨，但古之賢女未嘗不讀書，如《孝經》、《論語》、《女誡》、《女訓》之類，何可不讀？婦女邪正不專在此，古如魏、李、孫、朱固為可戒，若班婕妤、徐賢妃，何害於文墨乎？詩辭歌詠斷乎不可。〔註388〕

言下之意，並不反對女子讀書識字，而是希望為人父母者，能教與女子閨範必讀之書，並嚴守「淫佚之書，不入於門；邪僻之言，不聞於耳」〔註389〕的原則，時時「思患而豫防之，則養正以毓其才，師古以成其德」，〔註390〕自可

〔註385〕清・藍鼎元，《女學》，收入沈雲龍等輯，《近代中國史料叢刊續輯》第41冊（台北：文海出版社，1977.4），卷6，〈婦功篇〉，總頁386，「右第五十章」條。

〔註386〕清・章學誠，《文史通義》（台北：廣文書局印行，1967.11），卷5，〈內篇〉，頁41～42，「婦學」條。

〔註387〕明・王節婦，《女範捷錄》，收於《古今圖書集成・閨媛典》，卷3，〈閨媛總部總論二〉，頁29，「才德篇」條。

〔註388〕明・呂坤，《四禮翼》，卷2，〈昏前翼・女子禮〉，頁4b，「書史」條。

〔註389〕明・王節婦，《女範捷錄》，頁30，「才德篇」條。此與呂得勝所說：「邪書休看、邪話休聽」均為防閑精神的關注，而所謂的淫佚邪書，一般蓋指描寫男女之情的詩詞、小說、戲曲等作品而言。見《女小兒語》，〈四言〉，卷中，頁2b。

〔註390〕明・王節婦，《女範捷錄》，頁30，「才德篇」條。

收防微杜漸之效。

由前所述可知，士人雖反對女子吟詩作賦，但並未完全禁止女性知書識字，如《列女傳演義》所云：

> 或曰女子無才便是德，似乎不宜讀書矣，不知此亦言不宜讀無益之書耳。若夫聖經賢傳，有益於身心性命之用者，又何可不讀哉！〔註391〕

此語正與施閏章（1618～1683）所持論點相同，女性識字乃用於知「先王之教」，他說：

> 先王之教，始自閨門，漸被于邦國。易著〈家人〉、禮詳〈內則〉，凡所為端本立防者，無微不慎，然古士大夫家女子之生也，多學詩書，受姆訓，幼而習之，其行之也恒易。後世風教既弛，山陬里巷之女，目不識文字，耳不聞《內則》、《列女》諸書，非其得之性成，鮮克為婦。〔註392〕

希望女性多讀「聖賢經傳」，而從中學習「節孝」、「事夫」之道，乃是傳統士人與女教書一貫秉持的態度。〔註393〕不論《閨範》、《女範捷錄》、《列女傳演義》、《繪圖列女傳》或《奇女子傳》等女教書，皆對婦人誦習聖賢經書又「才德兼備」者一併收錄，其中《奇女子傳》云：

> 文學，非婦人事也，然而亦有可稱者。崔篆母師氏，通九經百家之言。漢末寵以殊禮，賜號義成夫人；韋逞母宋氏，世傳周官禮注，年八十視聽無闕，符堅就其家，立講堂、置生徒百二十人，隔絳紗

〔註391〕明‧馮夢龍，《列女傳演義》，卷6，〈辯通傳〉，總頁443，「齊管妾倩」條。

〔註392〕明‧施閏章，《施愚山集》（安徽：黃山書社，1993.11），卷10，〈壽序〉，頁198，「程母七十壽序」條。

〔註393〕諸如宋人司馬光曾言：「女子在家，不可以不讀《孝經》、《論語》及《詩禮》，略通大義，其女功則不過桑麻、織績、制衣裳、為酒食而已，至於刺繡華巧、管絃歌詩，皆非女子所宜習也。」見氏著，《家範》，收於《景印文淵閣四庫全書》第696冊，卷6，頁2b，「女」條；明人許相卿亦曰：「婦來三月內，女生八歲外，授讀《女教》、《列女傳》，使知婦道。然勿令工筆札、學詞章。」見氏著，《許雲邨貽謀》，頁181；明人宋詡也主張女子：「八歲教令讀書識字，驪知禮義；針指、女紅、中饋婦職皆宜親習。」見氏著，《宋氏家規》，卷3，頁2b，「女子」條；馮夢龍亦言：「大家閨女，雖曾讀書識字，也只要他識些姓名、記些帳目；他又不應科舉、不求名譽，詩文之事，全不相干。」見氏著，《醒世恆言》（北京：人民文學出版社，1995.12），卷11，〈蘇小妹三難新郎〉，頁226。由前所述可知，自宋明以來士人皆以女子識字以習婦道、知禮儀為主，反對詩詞之學。

帳而受業，賜侍婢十人，號宋氏為宣文君；虞韙妻趙氏，作《列女
傳》解注賦數十萬言，韙沒詔入宮，省號曰：「趙母」；宋廷芬女五
人，長若華、次若昭、若倫、若憲、若荀，皆善屬文，欲以學名家。
　　德宗召入禁中，試文章並問經史大義，悉留宮中呼！〔註394〕

可見其對女子「知書識字，達禮通經」，而使「名譽著乎當時，才美揚乎後世」
〔註395〕所展露識達古今「文才」的肯定。

　　總而言之，「婦人解詩，則犯物議」〔註396〕是當時士人普遍的想法。而
根據傳統的兩性分工與「內言不出閫外」的婦道原則，紡織經絡、烹調酒食、
孝事舅姑、乳養子女等方是女性所應執掌的工作。既然婦女以「四德」為重，
自然不以文采相尚，「無非無儀，唯酒食是議」，〔註397〕是自周代以來，傳統
士人一脈相承的觀點，即使至清代亦相沿承襲，無多大的變更。〔註398〕

二、肯定閨智

　　早在北朝《顏氏家訓》即云：「婦主中饋，唯事酒食、衣服之禮耳。國不
可使預政，家不可使幹蠱。如有聰明才智，識達古今，正當輔佐君子，勸其
不足，必無牝雞晨鳴，以致禍也。」〔註399〕可見士人以為婦人若具「聰明才
智」又兼「識達古今」者，必可輔佐夫君的不足，成為一賢內助。明代馮夢
龍於其所著《智囊・閨智部》中說道：

　　語有之，男子有德便是才，婦人無才便是德，其然豈其然乎？……
　　夫才者，智而已矣，不智則憒。無才而可以為德，則天下之憒婦人
　　毋乃皆德類也乎？譬之日月：男，日也；女，月也。日光而月借，

〔註394〕明・吳震元，《奇女子傳》，卷1，頁47，「班姬」條。
〔註395〕明・王節婦，《女範捷錄》，頁30，「才德篇」條。
〔註396〕明・陸楫編，《古今說海》，收於《景印文淵閣四庫全書》第886冊，卷133，
　　　　〈說纂17〉，頁13b，「教女」條。
〔註397〕漢・毛公傳、鄭元箋，唐・孔穎達注，清・阮元校勘，《毛詩正義》，收入《十
　　　　三經注疏附校勘記本》（台北：大化書局據清嘉慶二十年南昌府學堂重刊宋本
　　　　影印，1977），卷11-2，頁11a，「斯干」條。
〔註398〕清人蔣伊曾曰：「女子但令識字，教之孝行禮節，不必多讀書。」見氏著，《蔣
　　　　氏家訓》，收於《叢書集成新編》第33冊，頁213；又清人藍鼎元亦說：「女
　　　　子讀書，但欲其明道理，養德性，詩詞浮華，多為吟詠，無益也。必有功名
　　　　教之書乃許論著，不然，則寧習女紅而已矣。」見氏著，《女學》，卷6，〈婦
　　　　功篇〉，總頁386，「右第五十章」條。
〔註399〕明・呂坤，《閨範》，卷1，〈嘉言〉，總頁181。

妻所以齊也；日歿而月代，婦所以輔也。此亦日月之智、日月之才
也。今日必赫赫，月必暄暄，曜一而已，何必二？余是以有取於閨
智也。〔註400〕

馮氏對閨智的運用得當，認為不僅小可益於「相夫勖子」，大可收「經國祚家」
之效，〔註401〕蓋不可小覷。至於《女範捷錄》對於有智婦女則更表肯定，曰：

治安大道，固在丈夫。有智婦人，勝於男子。遠大之謀，豫思而可
料；倉卒之變，泛應而不窮。求之閨閫之中，是亦筆幗之傑。……
婦人之明識，誠可謂知人免難，保家國而助夫子者歟！〔註402〕

因此不論婦人深具「明識之見」，抑或「臨難應變之智」上，兩者皆為婦女表
現閨智的方法，也是本文討論閨智的分類依據。

　　茲先就婦人深具「明識之見」方面來看：《列女傳演義》表彰婦女為「仁
智」者，乃取「事至矣，不動聲色而處之裕如；情觸矣，不費調停而應之漠
然；迫以時而游戲解之，絕不勞力；臨以勢而談笑卻之，了不動心，故先機
垂訓而為『賢母』，當事出奇而為『賢妻』。」〔註403〕因此，作為一「智母」
的標準，正為「達於利害之故者也」。〔註404〕如以漢代〈嬰母知廢〉與〈陵
母知興〉兩傳來說，前者表揚陳嬰母深謀遠慮之賢德，而教子以謹守先故之
業為先，以防身亡家敗之禍。呂坤對嬰母之言深表贊同說：「人情多喜進而
不量力，見目前而不顧後，及事敗乃悔」，〔註405〕為時已晚，故藉由此傳，
使後人知所警惕；此外，《列女傳演義》對嬰母所言，認為「非識古今之成
敗，亦非明天下之大計，止不過自量其家世，自度其福分，自揣其力量，……
然後知此退一步，正賢母之深謀遠慮也」。〔註406〕至於後者〈陵母知興〉傳，
亦為與前者作一對照，表彰王陵之母「知興之智與殺身之勇」，〔註407〕王母
死生之際，尚能果斷堅決，立義棄身以成子名，此種智勇雙全的賢德，堪稱
「女子中偉丈夫哉！」〔註408〕所為亦「士君子所難」。〔註409〕

〔註400〕明・馮夢龍，《智囊》，卷25，〈閨智部・總敘〉，頁652。
〔註401〕前揭書，卷25，〈閨智部・賢哲卷〉，頁676，「唐湖州妓」條。
〔註402〕明・王節婦，《女範捷錄》，頁29，「智慧篇」條。
〔註403〕明・馮夢龍，《列女傳演義》，卷3，〈仁智傳〉，總頁163～164。
〔註404〕明・呂坤，《閨範》，卷4，〈母道・智母〉，總頁555。
〔註405〕前揭書，卷4，〈母道・智母〉，總頁635～637，「嬰母知廢」條。
〔註406〕明・馮夢龍，《列女傳演義》，卷2，〈賢明傳〉，總頁147，「陳嬰母」條。
〔註407〕明・呂坤，《閨範》，卷4，〈母道・智母〉，總頁638～640，「陵母知興」條。
〔註408〕明・馮夢龍，《智囊》，卷25，〈閨智部・賢哲卷〉，頁661～663，「陳嬰母、

又如周代〈魏節乳母〉傳，載秦攻魏時，殺魏王與誅諸公子，唯一公子不得，乃貼告示：「得公子者，賜金千鎰；匿之者，夷三族。」乳母與公子俱逃，遇魏故臣，故臣告與乳母，秦欲重賞獲公子者，包庇者，罪至夷。乳母曰：「見利而反上者，逆也；畏死而棄義者，亂也。今持逆亂而求利，吾不為；且為人養子者，務生之，非為殺之也，豈可利賞畏誅，廢正義而行逆節哉！」遂帶公子逃亡。故臣密告秦，秦軍爭射之，乳母以身蔽公子，遂同死。雖然女教書中多歌頌乳母「守忠死義」的義勇節操，並恥魏故臣之不肖，兩者猶如天淵之別的寫照，然而呂坤卻對乳母缺乏識人之智，終究無法忠義兩全，不免嘆曰：「乳母短於料人也。設見故臣號泣而問之曰：『公子安在？』或故臣有問，告以被難，又安知公子不能免乎？彼乳母者，固望故臣協力共謀，以免公子也，詎知又一秦哉！君子貴忠，又貴有智以成其忠，誠而不明，保身以濟事，難矣哉！」〔註410〕可見欲成其事必賴識見，否則「誠而不明」，終無所濟。

承前所述，表「賢妻」者，擇「當事出奇」，具「識斷」之見者。例如周代〈晉弓工妻〉傳，載弓工所造之弓，晉平公試射之，卻不能射穿一札，平公大怒，欲殺弓工。弓妻乃冒死求見，先敘公劉、秦穆公、楚莊王等以仁義行天下之道，次論其夫選材製弓之辛勞，因此絕非弓之不佳，而係君王不懂得善射之道。遂教之射，果可穿七札有餘，弓工始獲釋。呂坤對弓妻之言評述曰：「氣與識，緩急之所賴也。弓工妻之言，弓工之所知也。一怒奪其氣，而就死不敢言，向非其妻之明辯，何以得生？況獲賜乎！若婦人者，氣伸萬乘之上，辯屈一人之尊，豈不毅然一丈夫哉！要亦脫夫於死，真情至愛之所激也。」〔註411〕此外，由「晉公自不善射，而歸罪於弓，欲殺弓人，此其護短不明可知也」，又「護知之人，而遽指其不善射之短，彼必愈怒而妄為矣」。是故，「弓妻妙在先以仁心平其氣，再以治弓之勞鳴其冤，然後直指王之不善射而教之射，使之一射而貫七札，則為功為罪，不辯而自明矣。辯通之妙，有如此哉，可不知乎！」〔註412〕由此可知士人以為「明達之婦，見理真切，

　　　　王陵母」條。
〔註409〕明・呂坤，《閨範》，卷4，〈母道・智母〉，總頁640，「陵母知興」條。
〔註410〕明・呂坤，《閨範》，卷4，〈母道・慈乳母〉，總頁659～661，「魏節乳母」條。
〔註411〕前揭書，卷3，〈婦人之道・賢婦〉，總頁471～474，「晉弓工妻」條。
〔註412〕明・馮夢龍，《列女傳演義》，卷6，〈辯通傳〉，總頁454～455，「晉弓工妻」
　　　　條。

論事精詳」，〔註413〕智辯如弓妻者，實屬不易。

再如周代〈陶答子妻〉傳，載陶妻屢諫其夫勿貪富務大、見利忘義，然數諫不從，遂悲泣之，其姑以為不詳，乃逐之。處期年，其夫判有罪而誅，母以老得免，無所依附，婦乃歸養之，終其天年。呂坤對陶妻「審於利害之機，而獨有敗亡之懼」，〔註414〕感到十分讚嘆；對陶妻始違禮求去，實屬不得已之苦衷，倘不如此，則與子均不能免，但最後「終能復禮養姑，其識可謂遠矣！」〔註415〕士人對陶妻不貪財好利，深具遠識之見，復又能守節養姑之德行，認為實堪稱賢婦的典範。

又如家喻戶曉的漢代〈齊太倉女〉傳，傳主緹縈為救父而上書朝廷曰：「妾傷夫死者不可復生，刑者不可復屬，雖後欲改過自新，其道無由也。妾願入身為官婢，以贖父罪使得自新。」最後天子憐其意，除肉刑，其父亦得免。緹縈雖為女子之身，但其基於孝心而展現的智辯之才，不但使父得免於刑，又使不合乎人道之「肉刑」得以解除，其所為亦不遜於男子，無怪呂坤贊曰：「生男未必有益，顧用情何如耳。若緹縈者，雖謂之有子可也。」〔註416〕

另一方面，在女子「臨難應變之智」的典範中，女教書對閨智展現的懿行方面，可歸納為以下三種類型：

1、保貞、全親

例如在《古今貞烈維風什》中，載一趙氏女，傳曰：

> 趙氏女，平陽人，年二十未嫁。賊至，驅掠以行，女度不能免，紿
> 曰：「吾取所藏金遺之。」賊驅還取金，抵家投廁中死。〔註417〕

編者許有穀對趙女完節之行贊曰：「廁穢尤勝賊穢身，脫身無地不堪論。設隨賊去方求死，便死清流也不馨。」〔註418〕可見其對趙女為避污而以智紿賊，雖死猶榮的激賞。再觀明初〈王觀妻女〉傳，載曰：

> 王觀者，明安慶人也。以狀元及第，官至學士，承旨靖難兵至南京
> 金川門，自恨大事已去，乃朝服東向，再拜於羅剎磯，湍水急處，

〔註413〕明·呂坤，《閨範》，卷3，〈婦人之道〉，總頁329。

〔註414〕前揭書，卷3，〈婦人之道·賢婦〉，總頁460～463，「陶答子妻」條。

〔註415〕明·馮夢龍，《列女傳演義》，卷2，〈賢明傳〉，總頁108，「陶妻」條。

〔註416〕明·呂坤，《閨範》，卷2，〈女子之道·孝女〉，總頁201～204，「齊太倉女」條。

〔註417〕明·許有穀，《古今貞烈維風什》（台北：國家圖書館善本室藏，明陽羨許氏刊本），卷2，頁29a。

〔註418〕明·許有穀，《古今貞烈維風什》，卷2，頁29a。

投江而死。妻翁氏并二女尚在京師，俱被執，奉旨各配象奴。象奴
方欲領歸，翁氏心生一計，詭言誘之道：「前避難時，有金銀數千，
暫寄城外某至親家，須吾母女同往去取，方與，不去必為所匿。」
象奴因利其物，欣然偕往，及至城門，市人填塞難行。翁氏道：「吾
母女三人，當以衣裙幅相，連結而行，恐稠人廣眾之中，一時相失
不便。」象奴聞言大喜道：「此法極是。」遂母女固結而行，其二女
亦不解母意，比至江側，竟縈二女同溺水死。君子謂：「王觀妻女巧
於全節。」〔註419〕

《列女傳演義》於傳末評述曰：「王觀之死以忠；翁氏之死以節；二女之死以
孝，忠孝節義萃于一門，深可景仰。第笑象奴之愚，是利令智昏耳。」〔註420〕
上述兩傳所顯現的閨智，均有一共同的特點，即非單純智巧的展現，而係以
保全貞節為前提，其目的實在宣揚婦女臨危遇難之際，卻寧死不污、從容就
死的節操。

　　又如宋末〈王氏毀容〉傳，載王氏之夫早逝，王氏誓不改嫁。適逢靖康
之亂，自忖年少有姿，名節難保，乃以「堊土塗面，髼頭散足」，負姑攜幼子，
避走南方，終得保清白之操。呂坤對王氏深知「冶容誨淫」之禍，而不惜易
容示人之智，誠可為「美婦女避亂之法」。〔註421〕另元末〈韓氏從軍〉傳，記
韓女慮賊兵所掠，遂偽服示人，得保貞白之智。〔註422〕呂坤評述曰：「慷慨以
全節，勇者事也；明智以全身，智者事也。死者，無可奈何之見著耳。苟取
義不必捨生，聖人豈貴死哉！若韓氏者，權而不失正者也。」〔註423〕可見呂
氏以為保貞守節不一定非殉死不可，不論如韓氏、木蘭女、抑或上例所舉之
王氏者，皆為善盡權宜之智，以權濟變，不僅可保全貞節，又得以保全父兄、
舅姑，可視為閨閫婦女效法的典範。

　　至於元末〈潘氏投火〉傳，除顯現婦人以智紿賊，保己貞白外，又得以

─────────────

〔註419〕明・馮夢龍，《列女傳演義》，卷5，〈節義傳〉，總頁423～424，「王觀妻女」條。
〔註420〕前揭書，卷5，〈節義傳〉，總頁424，「王觀妻女」條。
〔註421〕明・呂坤，《閨範》，卷3，〈婦人之道・守節之婦〉，總頁440～442，「王氏毀
　　　　容」條。
〔註422〕其傳載：「韓氏，保寧人，年十七。元末遭明玉珍兵亂，慮為所掠，乃偽為男
　　　　子服，混處民間。既而被擄，居兵伍七年，人莫知其為女子也。後從玉珍兵
　　　　掠雲南還，遇叔父贖歸成都，以適尹氏，猶然女身，稱為韓貞女云。」前揭
　　　　書，卷2，〈女子之道・貞女〉，總頁249～251，「韓氏從軍」條。
〔註423〕前揭書，卷2，〈女子之道・貞女〉，總頁250～251，「韓氏從軍」條。

與夫骨同葬一坎，了卻遺憾，傳曰：

> 潘氏，字妙圓，山陰人，適同邑徐允讓。甫三月，值元兵圍城，潘
> 同夫匿嶺西，賊得之，允讓死於刃，執潘欲辱之，潘顏色自若曰：「我
> 一婦人，家破夫亡，既已見執，欲不從君，安往？願焚吾夫，得盡
> 一慟，即事君百年，無憾矣。」兵從之，乃為坎燔柴，火正烈，潘
> 躍入烈焰而死。〔註424〕

呂坤對潘婦所為評述曰：「濟變以才，含情以量，使妙圓罵賊不屈，豈不獲死，
而夫骨誰收？又安得同為一坎之灰耶！哀懼不形，安詳以成其志，圓也可為
丈夫法矣。」〔註425〕士人以為閨智貴於臨難不奪其節，又貴於富處變濟事之
才，即使不能全身而退，至少可了卻心中遺憾如潘節婦者。再如元末〈梁氏
重生〉傳，記梁氏臨難不懼，並能保全其夫之智。〔註426〕呂坤對梁婦「全夫
之智，臨變不迷，從一之貞」，且「金石之操，兩世猶事一夫」〔註427〕的夫妻
之情倍感讚嘆，設梁氏無用智紿賊，委屈自身，其夫必不能免，故閨智於臨
危之際尤顯其難能可貴。

又透過宋代〈詹氏全親〉傳，記詹女為保全夫兄，不惜「捐身盡孝」之
情，讀來亦令人為之鼻酸，傳曰：

> 詹氏女，紹興初，年十七。淮寇號一窠蜂，破蕪湖。女嘆曰：「父子
> 俱無生理，我計決矣。」頃之，賊至，執其父兄將殺之，女泣拜曰：
> 「妾雖寠陋，願相從，贖父兄命。不然，且同死無益也。」賊釋父
> 兄縛，女麾之曰：「亟走，無相念，我得侍將軍足矣。」從賊行數里，
> 過市東橋，躍入水中而死，賊相顧駭嘆而去。〔註428〕

〔註424〕前揭書，卷3，〈婦人之道・死節之婦〉，總頁407～409，「潘氏投火」條

〔註425〕前揭書，卷3，〈婦人之道・死節之婦〉，總頁408～409，「潘氏投火」條；《古
今貞烈維風什》中提到潘婦於明洪武初旌其門，見明・許有榖著，卷2，頁
67a-b。

〔註426〕傳載稱：「梁氏，臨川人，歸王氏家。纔數月，會元兵至，與夫約曰：『吾必
死兵，若更娶，當告我。』頃之，夫婦俱被執，有軍千戶欲納梁氏，梁紿曰：
『同行而事兩夫，情禮均病，乞歸吾夫而後可。』千戶從之，夫去，計不可
追矣，即拒搏怒罵，遂被殺。越數年，夫謀更娶，議輒不諧，因告妻，夜夢
妻云：『我死後，生某氏家，後當復為君婦。』明日遣人聘之，一言而合，詢
其生，與婦死年月日正同云。」見《閨範》，卷3，〈婦人之道・死節之婦〉，
總頁398～400，「梁氏重生」條。

〔註427〕前揭書，卷3，〈婦人之道・死節之婦〉，總頁400，「梁氏重生」條。

〔註428〕前揭書，卷2，〈女子之道・烈女〉，總頁238～240，「詹氏全親」條。

呂坤於此傳評述曰：「宋儒有云死天下事易，成天下事難。故聖人貴德，尤貴有才之德。詹女委屈數言，忍死數里，而父兄俱脫於兵刃之下。向使罵賊不屈，闔門被害，豈不烈哉！而一無所濟，智者惜之，若詹烈女可為處變法矣。」〔註429〕認為詹女此種「捐身盡孝」又「紿賊不污」的處變之法，不僅保全了父兄，又讓己身全貞而死，可謂善用其智，否則激昂罵賊，不免闔門被害，終一無所濟。

綜觀以上「紿賊免盜」所舉之傳例，可知有智婦女在明代士人的眼中，雖以「詐騙紿賊」之法，得保全家人抑或為己全貞，然而計出此策，實迫於情勢，故仍不失為善用「能權」之智。〔註430〕而此種處變權宜之計，有的當可全節而退，有的卻不免犧牲自我，使家人父兄得免盜害，對於婦女此種勇於面對賊寇之義勇表現，均博得明代士人一致的讚揚，其德範也成為當時社會所認可對閨智的肯定與標準。

2、智勇復仇

《閨範》中輯錄唐代〈謝娥殺盜〉傳，載謝女小娥幼有志操。一日，父與夫在商販途中，為盜所殺。小娥為報父與夫仇，乃詭服為男子，託傭於盜家，趁群盜飲酒醉臥之時，終斬盜之首而完成復仇之舉。呂坤除肯定小娥的「節孝」外，對其「智勇」之表現，又有「偉丈夫所不及者」的稱揚。〔註431〕再如五代時〈淮帥僕妻〉傳，記載婦女濟事之才與處變之智的難能表現，傳曰：

> 穎上某為帥淮楊，有一僕號稱驍勇，過芒碭間，其地多盜，僕與妻前驅至葭葦中，僕大呼曰：「素聞此處多豪傑，何無一人敢與吾敵耶？」俄而，葭葦中數盜出，攻僕，殺之。僕妻跪賊慟哭，叩頭感謝曰：「妾本良家婦，被此人殺吾夫而擄之，無力復讎。大王今為吾斷其首，妾殺身無以報大德，前途數里，吾母家也，肯惠顧，當有金帛相贈。」賊喜而從之，至一村，保聚多人，外列戈戰，婦人走入，哭訴其故，保長賺賊入，就而擒之，惟一人得免。〔註432〕

呂坤於此傳評述曰：「倉促之際，恐懼之心，智者且眩然失策，況婦人乎？乃

〔註429〕前揭書，卷2，〈女子之道‧烈女〉，總頁240，「詹氏全親」條。
〔註430〕明‧汪氏增輯，仇英繪圖，《繪圖列女傳》，卷15，總頁1379，「歐寧江氏」條。
〔註431〕前揭書，卷2，〈女子之道‧孝女〉，總頁216～218，「謝娥殺盜」條。
〔註432〕前揭書，卷3，〈婦人之道‧明達之婦〉，總頁527～529，「淮帥僕妻」條。

能以節義之語，觸群盜之憐，既免殺辱又報仇讎，智深勇沈，烈丈夫所讓。」〔註433〕由以上兩傳例可知，呂氏認為若婦人有勇而無謀，不僅無以濟事，且不免殺身之禍。傳中之婦女，為報殺父夫深仇，即使深處危難亦面不改色，堪稱「智勇雙全」之人。

3、保家、衛鄉

前者可以周代〈周主忠婢〉傳為代表，〔註434〕記一婢妾能以智謀保全主人及其主母，即使自己遭受鞭笞之苦，亦不言主母之惡的忠誠仁義之心，為「衣冠所不及」。〔註435〕呂坤對忠婢之義，亦倍加稱許曰：「不彰主母之惡，厚也；不忍主父之毒，忠也；陽僵覆酒，智也；笞將死終不言，貞也；不敢居主母之處，禮也。」〔註436〕由此傳可見義婢忠主之心與濟變之智，實屬難能可貴。另明代〈白母〉傳，〔註437〕表彰白母展現「擒縱諸賊於反覆手中」〔註438〕的臨危之智外，對於其義不棄夫的節操與果斷的勇識，士人亦多所肯定。至於閨智展現於保衛鄉土方面，可以宋代〈魯婦守砦〉傳為代表，其傳略曰：魯婦晏氏，汀州寧化人，夫死，守幼子不嫁。宋紹定間，寇破寧化，欲索婦女金帛，晏氏乃召田丁，散家財首飾與田丁，田丁感激思奮，終能團結一氣，互相應援，使賊弗能攻，而眾人生命財產始得以安保。呂坤對晏氏

〔註433〕前揭書，卷3，〈婦人之道‧明達之婦〉，總頁529，「淮帥僕妻」條。

〔註434〕傳載稱：「忠婢者，周大夫妻之媵也。大夫自衛仕於周，二年，且歸，其妻淫於鄰人，淫者憂之，妻曰：『無憂，吾為毒待矣。』三日夫至，其妻曰：『與子久別，何以相勞？』使媵取酒而進之，媵知其毒也，計念，進之，則殺主父，不義；言之，又殺主母，不忠；因陽僵覆酒，主大怒，笞將死。終不言。大夫弟聞其事，具以告大夫，乃殺其妻，將納媵以代，媵辭曰：『主以辱死，而妾獨生，是無義也；代主之處，是逆禮也。』欲自殺，大夫乃厚幣而嫁之，士君子爭娶焉。」前揭書，卷4，〈婢子之道〉，總頁728～731，「周主忠婢」條。

〔註435〕明‧馮夢龍，《列女傳演義》，卷5，〈節義傳〉，總頁351～359，「義婢葵枝」條。

〔註436〕明‧呂坤，《閨範》，卷4，〈婢子之道〉，總頁730～731，「周主忠婢」條。

〔註437〕其傳曰：「白母，山陰葛氏女也，歸白瑾。瑾素弱，母為善調節使讀書，成化中以進士，為分宜知縣。母與俱往其，明年公病，踰時而庫所貯折銀尚數千兩。鄰境有因饑作亂者，聚徒百人，將劫取。縣固無城郭，寇倉卒將及門，諸簿承與其妻孥皆棄署走匿他所。母獨分命家人力拒其兩門，乃遷白公別室，埋其銀污池中，著公之服升堂以俟賊。賊至，則陽為好語，相勞苦益，盡出其所私藏，敘珥衣服諸物以與賊，賊謝而去。不知陰已表識其間，用是後卒捕得之。未幾，瑾竟以病死于縣，母扶櫬歸，縣之民哭聲溢于郊野，其婦人載棗哭以送者，途相次如魚鱗，母都一毫無所取。」見明‧吳震元，《奇女子傳》，卷4，頁52a-52b，「白母」條。

〔註438〕前揭書，卷4，頁52b，「白母」條。

所為，認為「豈不偉然一丈夫哉！獨立不懼之膽，堅確凝定之志，奮迅激昂之氣，經略鼓舞之才，給贍存恤之義，胥見之矣」。〔註439〕由晏氏集「智勇節義」於一身以保其鄉之行，可謂「緩急有用人也」，〔註440〕因此受到士人一致的稱美。

綜上所述，士人對於婦女富有文才，尤其是詩才的危懼，實因恐其導淫亂家，故不予鼓勵甚至持反對的態度。然而對於聖賢經傳等書，認為可裨益於世道人心，故不在此限。另一方面，士人對於閨智的展現亦大表肯定，就前述所舉的傳例來看，不論閨智展現在深具明識之見抑或臨危應變之智上，皆顯現了婦女亦具「獨得之識」與「濟變之才」〔註441〕的能力與智慧，不在男子之下。不過，由女教書所輯錄的傳例可知，周代有才識的婦女似乎在比例上多過以後各代，這可能與當時社會並不貶抑「婦人之見」，甚至還加以鼓勵與尊重有相當程度的關係。

至於婦女在倉促危難之際所表現的保貞死節抑或保全父兄的應變之智上，於明代女教書所選錄者，更是不可勝數，顯見士人對於有智婦女的表現，主要仍以保全貞節與延續家族之行為榮，比起先秦時代的婦人所展現其明識智辯、深謀遠慮之閨見——足以相夫勗子、經國治家，似更為狹隘。不論如何，明代女教書所透露的閨智觀，正是符合士人理想婦女形象的典範，同時也呈現了當時社會對女性才智的肯定與標準。

〔註439〕明・呂坤，《閨範》，卷3，〈婦人之道・明達之婦〉，總頁519～522，「魯婦守磘」條。

〔註440〕明・吳震元，《奇女子傳》，卷4，頁42a-42b，「晏氏」條。

〔註441〕明・呂坤，《閨範》，卷3，〈婦人之道〉，總頁329。

第四章　明代女教書與婦女的 禮教行為

　　明代刊印的女教書與婦女表現於外的道德行為關係至深。此由許多士人為婦女撰寫的行狀、墓誌銘、墓表及州縣的地方志中，都可以發現婦女於幼時，即已誦讀過《列女傳》等女教諸書。而這些專錄古代或當朝婦女的孝賢貞烈之「典範」事例，經過長時期地潛移默化於婦女的腦海中，已視為平日即應遵循的「規範」，〔註1〕甚至不惜以生命體踐之。

　　所謂「禮教」，是指古代社會為鞏固其等級制度與倫常關係所制訂的禮法條規與道德標準，當人們遵循此套由朝廷與知識階層主導或宣揚的規範而表現於外的道德行為，可稱之為「禮教行為」。在明代婦女所表現的「禮教行為」中，最引人矚目的兩個焦點即為「貞」與「孝」，而這也是明朝自太祖開國以來極為重視的兩項婦道德目。在整個社會重視「節孝」的風氣影響下，知識水準與經濟力量較高的地區，對節烈婦女的襃揚又比偏遠地區做得更為徹底；而婦女賢孝貞烈的道德實踐，與名媛閨秀於幼時曾受女教思想的涵濡與薰陶亦有極為密切的關係。

　　本章將由清人陳夢雷所編撰《古今圖書集成》中之〈閨節部〉、〈閨烈部〉與〈閨孝部〉列傳，以及明代士人文集中論及婦女受女教書教化影響下所表

〔註1〕費絲言提出明代對「貞節烈女」的社會意識大量提升，使原先似乎遙不可及的「典範」與常人應有的行為「規範」之間的落差大為縮減，於是節烈實踐開始在社會的各個角落大量出現，並於生活中變得具體且可及。參閱氏著，〈由典範到規範──從明代貞節烈女的辨識與流傳看貞節觀念的嚴格化〉，國立台灣大學歷史學研究所碩士論文，1997.6，頁 227～228。

現的禮教行為之內涵，作一分析。至於禮教行為則從明代社會特別重視婦女的「節」、「孝」兩方面作切入探討，以究明婦女的道德實踐與明代女教書教化影響之關係。

第一節　節烈觀念的宗教化

在《明史·列女傳序》中論述到明代對婦女節烈的書寫與取材較之往昔，有愈益朝向「單一化」與「激烈化」的發展趨勢。〔註2〕不論是國制的旌獎、方志的載錄、地方鄉里的稱頌或是士人的傳記書寫，不僅「獨貴節烈」，並以「至奇至苦為難能」：

> 劉向撰列女，取行事可為鑒戒，不存一操。范氏宗之，亦采才行高秀者，非獨貴節烈也。魏、隋而降，史家乃多取患難顛沛，殺身殉義之事。蓋輓近之情，忽庸行而尚奇激，國制所襃，志乘所錄，與夫里巷所稱道，流俗所震駭，胥以至奇至苦為難能。而文人墨客往往借儌儻非常之行，以發其偉麗激越跌宕可喜之思，故其傳尤遠，而其事尤著。然至性所存，倫常所係，正氣之不至於淪澌，而斯人之所以異於禽獸，載筆者宜莫之敢忽也。〔註3〕

究其節烈之舉，又與「聲教所被」兩者相互激盪，蔚為潮流，使婦女深知廉恥節義，紛紛為「重名節而蹈義勇」，〔註4〕犧牲生命亦在所不惜。

明人丘濬（1418～1495）亦表彰婦女「貞烈」於柔順之德的重要，他以為：「婦人之德，雖在於柔順，然立節行義必在於貞烈焉。」〔註5〕也就是說，婦女平時雖以曲從柔順自處，但倘遇危難困頓之時，要以能「貞烈」為立節行義的基本原則。由明人崇尚婦女貞烈觀的歷史脈絡來看，近人陳東原以為：「貞節觀念經明代一度轟烈的提倡，變得非常狹義，差不多成了宗教。」〔註6〕其中婦女節烈行為的「宗教化」表現，又以「室女守志」、「婦女殉夫」

〔註2〕前揭文，頁229。

〔註3〕《明史》，卷301，〈列女傳提要〉，頁7689。

〔註4〕前揭書，頁7690。

〔註5〕明·丘濬，《大學衍義補》，收於《丘文莊公叢書》（台北：丘文莊公叢書輯印委員會據萬曆三十三年刊本重印，1972），卷83，〈治國平天下之要·崇教化〉，頁6b，「嚴旌別以示勸」條。

〔註6〕陳東原，《中國婦女生活史》，頁241。

以及「室女殉婿」三者為保「貞節」的至高形式。〔註7〕

　　所謂「節婦烈女」，據董家遵〈歷代節烈婦女的統計〉一文中的解釋指出，「節婦」不僅指已嫁而能守節者，同時也包括未嫁而能守節者；「烈女」不僅指未嫁而能守貞者，也包括已嫁而能守貞者。因此，兩者之間的分別即在於「節」、「烈」的兩種行為上。也就是說，「節婦」只是犧牲幸福或毀壞身體以維持其節操，而「烈女」則是犧牲生命或遭殺戮以保其貞節。簡言之，前者是「守志」，後者為「殉身」。〔註8〕董氏所論，大致不出一般對「節婦烈女」的解釋範疇。故本節即就明代節烈婦女所表現的禮教行為，分為「節」、「烈」兩層面來探討，其中在「節」方面的道德實踐，擬由「已嫁守節」與「室女守志」兩項論之。至於「烈」方面，則以「避寇」、「已嫁殉夫」與「室女殉婿」三方面來分析，最後論述女教書對明代婦女節烈實踐的意義與影響。

一、「節」的道德實踐類型

（一）已嫁守節

　　基本上，在明代崇尚貞節的氛圍中，婦人於夫亡後，撫孤守節不改其志的節操，比起「室女守志」、「烈婦殉夫」或「室女殉婿」等情事相較，似乎要顯得普遍與理所當然。然而入志或入傳的節婦，在其守節的過程中，往往不能順遂地盡如己意，而有極為激烈與艱苦的一面，這其中深受《列女傳》、《女誡》等女教諸書的影響又不在少數。

　　士人描述婦女對喪夫之痛的第一表現往往是「哀毀骨立」、「哀毀嘔血」，甚至「誓以身殉」。如宣城魏氏，「年十歲能孝事王母，王母悅其慧，授《孝經》、《女誡》諸書，皆契大旨」。年十六于歸，未幾，夫病卒，魏氏「刲股者三不效，誓以身殉，家人守之不得間，哀毀骨立，勺水不入口」，姑力勸之，於是「視生如死，績紝存活，訓子成人」。〔註9〕又如辰州陳氏，「幼端靜，不

<hr>

〔註7〕周婉窈研究清代桐城學者與婦女的極端道德行為指出，在清代，婦女道德的宗教化，經常是透過極端的道德行為來表現，而所謂的極端道德行為，最常見的表現方式主要以「貞」、「孝」為中心，其中刲股是「孝」的極端表現；殉夫、殉婿與室女守志則是「貞」的至高形式。詳見氏著，〈清代桐城學者與婦女的極端道德行為〉，《大陸雜誌》，87：4（1993.10），頁13～38。

〔註8〕董家遵，〈歷代節烈婦女的統計〉，收於鮑家麟編，《中國婦女史論集》（台北：稻鄉出版社，1992.9），頁113。

〔註9〕清·陳夢雷，《古今圖書集成·閨媛典》（台北：鼎文書局，1985 再版），卷

苟言笑，讀《孝經》、《列女傳》，能解大義」。年十七于歸，逾十年，夫亡，陳氏「哀毀嘔血，誓以死守」。〔註10〕

若夫亡無子，為承續宗嗣，婦人往往會另擇子立嗣，再守節終身，如安慶張氏，「祖合父縱皆學為儒，張幼受《孝經》、《列女傳》，能暗誦」。年十八夫卒，即另立從子為嗣，廬墓終身，誓不更易。〔註11〕又如潘節婦，其母訓鞠有法，數歲教之習《孝經》、《內則》、《列女傳》，皆能成誦。出嫁未幾，夫病故，潘氏時年二十一，「痛無依倚，乃罄資奩為夫營葬。葬之日，號慟殞絕，欲投壙以殉，姻屬相持泣諭得弗死」。遂遵夫之遺令，「抱伯二歲幼男為後別祀，舉神主於室，朝夕哭奠，哀聲閭里中莫不渾涕。及除喪，猶不離主側，歲忌日感悼無異初時。布素藍縷，閉戶治麻枲」。〔註12〕

另一方面，夫亡後，若有幼子待養，節婦在欲殉身之前，往往會顧及夫家宗祧的傳續，不忍義無反顧地殉死。如據明人周如磐《澹志齋集》記黃母揭太孺人的墓誌銘載道：萬曆時，黃懋信母揭太孺人通曉書義，嫻習女訓，歸二年生子懋信，時夫遘疾，「手足癱緩，動履食息，仰於人母。服侍三載，備極勞瘁」。不幸夫仍病故，子甫五歲，「母撫棺擗踊，不難以身殉，而念兒方襁褓」，乃「忍痛煦育，秉絕華飾，足不履戶外」，平時即常召集諸媳諸女為之解析《列女傳》字義，並命其子作《女蒙求》以示訓後人。一時「聞者興起，遇有不幸守死靡他，有柏舟髮髦之風，豈獨出諸天性，則母教之所風者遠也」。〔註13〕可見揭氏不僅以身教教誡諸女媳，同時自己居常亦誦讀《列女傳》並身體力行，為子孫樹立了良好的典範。

由上所述可知，節婦往往會考慮有無子嗣的存續，而決定是否守節或殉節。至於節婦別立子嗣的意義應有三：（1）繼承夫嗣。（2）節婦年老有所依靠。（3）財產的繼承。〔註14〕即因此三點，使節婦於夫亡後，視早立子嗣為

198，〈閨節部列傳八十〉，頁 2014，後尚德妻魏氏，引《宣城縣志》。

〔註10〕前揭書，卷 191，〈閨節部列傳七十三〉，頁 1953，韓嵩妻妻陳氏，引《辰州府志》。

〔註11〕前揭書，卷 125，〈閨節部列傳七〉，頁 1295，吳汝淳妻張氏，引《安慶府志》。

〔註12〕明‧許夢熊，《襟日樓草》（台北：漢學研究中心藏日本內閣文庫景照本，萬曆十九年刊本），卷 2，頁 4a-4b，「叔母潘節婦傳」條，原文作「烈」。

〔註13〕明‧周如磐，《澹志齋集》（台北：漢學研究中心藏日本內閣文庫景照本，明萬曆四十七年刊本），卷 11，頁 39b-40a，「黃母池君配揭太孺人墓誌銘」條。

〔註14〕安碧蓮，〈明代婦女貞節觀的強化與實踐〉，中國文化大學史學研究所博士論文，1995，頁 135。

首要任務而不敢輕忽。

　　此外，節婦在守節的漫漫歲月中，除了備嘗艱辛外，又可能會遭到外在壓力的阻撓而無法順遂地守節。也就是說，若婦人年紀尚輕或姿容貌美，往往會受到父母、舅姑等親族的迫嫁或旁人諷辱的壓力。此時，諸多有烈性的節婦，會透過剪髮、斷指、甚至毀容等的自殘方式以明其堅不更易之決心。如青陽陳氏，幼通《列女傳》，嫁與舉人孫鴻祉為妻，嫻習婦儀。逾數月，夫病逝，族人共謀欲更嫁之，「氏聞怒甚，齗齒穿唇，立嗣，訓育以老」。〔註15〕又據《諸暨縣志》載：

> 趙氏淑，周本恭妻也。父孟德，嘗授以《孝經》、《列女傳》等書，能通其義。年十八歸本恭，歸十一年，而方內兵興，本恭疾且革，顧趙曰：「世亂子弱，我死能自保乎？」趙齧指擔之。本恭卒，趙挈孤從一，騰辟山谷間，饑餓顛踣。或念其艱苦，勸使易節，趙怒，斷髮以誓。亂既定，還家，日治麻縷，夜燃松脂，舉詩書，口授諸孤。〔註16〕

　　另一方面，若節婦稍有貲財，則更易受到豪族或鄰里的覬覦，多方阻撓節婦守節，以便婦人改適後得以自利，如湯慧信之例：

> 湯慧信，上海人，通《孝經》、《列女傳》。嫁華亭鄧林。林卒，婦年二十五，一女七歲。鄧族利其居，迫使歸家，婦曰：「我鄧家婦，何歸乎？」族知不可奪，貿其居於巨室。婦泣曰：「我收夫骨於茲土，與同存亡，奈何棄之。」欲自盡，巨室義而去之。婦尋自計曰：「族利我財耳。」乃出家資，盡畀族人，躬績紝以給。〔註17〕

湯氏自知族人利其財，乃盡畀家資以達守志不更的目的。又如徐州譚氏則採自毀容顏的激烈方式，使黠者不復阻撓：

> 譚氏，……以十五歲于歸，貞淑婉嫿，嫻《內則》及諸女紅中饋、絲枲織紝之事，事舅姑備物盡志得懽心。……（逾數年，夫病卒）時會強宗之黠桀亡賴者，利其他適以自潤，每於舅姑前愬愬再四，姑亦憐其苦，微諷之。氏痛哭剪髮，刺面血淋淋滴衣襟，姑遂不復

〔註15〕《古今圖書集成・閨媛典》，卷199，〈閨節部列傳八十一〉，頁2025，孫鴻祉妻陳氏，引《青陽縣志》。

〔註16〕清・章平事撰，《諸暨縣志》（台北：漢學研究中心藏日本內閣文庫景照本，清康熙年間刊本），卷11，〈女列傳・人物志〉，頁11b。

〔註17〕《明史》，卷301，〈列女一・湯慧信傳〉，頁7695～7696。

言，而黠者斂容退矣。〔註18〕

有的節婦甚至堅持不回母家省親以利守節。如宜章彭氏，「幼聰慧，喜聞古貞節遺事。年及笄，適邑人鄧承學，二十夫沒，矢志苦節，雖家人不與之面，訓子經書皆口授，年八十終」。〔註19〕又如出身名門的萬氏亦是如此：

> 劉復立妻，姓萬氏，名棄，鍾山公幼女也。生而秀朗，通《女孝經》
> 及女史烈傳諸篇。年甫十三歸，復立舅姑，咸稱其少而知禮，逾四
> 年而復立忽遘疾云逝矣。棄時年十六，未有胤嗣。且里族原非仁俗，
> 或有異議者，棄聞之泣曰：「我生自名家，我父明經庠序，嘗聞夫死
> 不嫁二夫，又聞忠臣不事二君，烈女不更二夫。但堂上二姑無託，
> 不即死耳。有子無子，命也，何計耶！」遂共姜自矢，竭孝事二姑，
> 暇則理諸經懺，足不出門戶，家人雖五尺童子不及面焉。一日鍾山
> 公受書太學歸，哀女之孀居，欲令其返母，而思以溫慰之，女竟不
> 行，雖女婢促之數，棄益堅拒焉，其慎篤類如此。〔註20〕

由此可知，許多節婦為避免閒言，甘願煢煢自處一室，即使是妯娌、小孩亦避之不見。

然而真正能做到如上述「足不踰閾」，背後有經濟力量足以支撐家計的節婦又有多少呢？許多夫死守節的嫠婦，通常無以自給，而須日績夜紡，艱苦維生，甚至有為籌措其子的束脩之費，而至典質其屋的境地，如幼通《列女傳》、《內則》、《小學》諸書的宿遷朱氏：

> 朱氏，宿遷人，處士王昉妻。……性靜淑，簡言笑，不可以非禮犯，
> 事父母克承顏色。年十五，父教以《列女傳》、《內則》、《小學》及
> 古昔故實，皆能通大意。年二十適昉，昉父母相繼沒，葬祭相昉以
> 禮，昉有幼弟，撫之若己出，凡飲食衣服必先昉為之。其年二十九，
> 昉亡，子興甫月餘，零丁孤苦，家無擔石之積，盡賣其所有服飾以
> 葬昉，家益窘，薪米朝不繼夕，氏紡績刺繡以自給，甚至稼穡樵採
> 或身親之，辛苦萬狀，志不少挫。興甫八歲，遣從明師，稍長即入

〔註18〕《古今圖書集成・閨媛典》，卷130，〈閨節部列傳十二〉，頁1350，李三省妻譚氏，引《徐州志》。

〔註19〕前揭書，卷193，〈閨節部列傳七十五〉，頁1965，鄧承學妻彭氏，引《宜章縣志》。

〔註20〕明・馮汝宗，《女範編》（台北：國家圖書館善本室藏，萬曆三十一年宛陵劉岩等刊本），卷3，〈貞女〉，頁43a-44a，「東城棄女」條。

庠序，書籍束脩之費無所出，乃質其居屋與人，曰：「吾聞古人斷
機教子，子卒成大賢，吾今棄吾廬矣。」遂別邁室僅容膝，風雨不
蔽焉。語興曰：「吾不能為汝父守故廬，蓋為汝故。汝無成，吾死
何以見汝父？」興感發，刻勵力學不少懈，先是有憫其貧，勸從他
姓者，氏憔然不答，年六十有三，守節三十八年，天順中，疏聞旌
表。〔註21〕

由朱氏一路走來的艱困守志之路看來，初不僅傾財葬夫，獨立撐持家計，又
能矢志撫孤，甘貧勵節，終能鞠子成人，實是寡婦守節的最佳典範。

（二）室女守志

　　除了節婦以各種方式達到守志終身的目地外，「室女守志」在明代亦屢見
不鮮，與「烈婦殉夫」和「室女殉婿」一般，同樣被視為「宗教化」的極端
道德實踐，這其中亦不乏諳通女教之書者，如明初劉氏，好讀《古今列女傳》
諸書，許聘後，未婚夫卒於工役，乃變服披髮，殮畢歸夫家，守志不嫁：

劉氏女，名壽貞，鄉進士劉光州女。天性剛直，好讀《古今列女傳》
諸書。稍長，許字邑人盧春，未娶，永樂初，文皇帝建都北京，春
以役卒於工。時壽貞年二九，櫬歸，泣曰：「烈女不二志，妾雖未嫁，
然已定盟，誓不更易。」語畢氣絕，良久復甦。變服披髮，奔號櫬
前，淚盡流血，既葬遂歸盧，事春父母。而其家至貧，女極勞苦，
始終無怨。逮春父母沒，躬負土以葬，見者流涕，兀坐一室，跡不
及戶外，朝夕惟女紅是務，雖親戚子弟往見不得。〔註22〕

由劉氏所說：「烈女不二志，妾雖未嫁，然已定盟，誓不更易。」可見明初的
貞節觀念已及於未嫁之守志。又有貞女於未婚夫亡後，即以「未亡人」自稱，
並堅貞不移其志，如幼承父訓，授與《孝經》、《列女傳》的歐陽氏：

江夏歐陽金貞者，父梧，授《孝經》、《列女傳》。稍長，字羅欽仰，
從梧之官柘城，梧艱歸，舟次儀真，欽仰墜水死。金貞年甫十四，
驚哭欲赴水從之，父母持不許。又欲自縊，父母曰：「汝未嫁，何得
爾？」對曰：「女自分無活理，即如父母言，願終身稱未亡人。」大

〔註21〕《古今圖書集成・閨媛典》，卷134，〈閨節部列傳十六〉，頁1394～1395，王
　　　防妻朱氏，引《宿遷縣志》。

〔註22〕《古今圖書集成・閨媛典》，卷130，〈閨節部列傳十二〉，頁1346，劉氏女，
　　　引《山西通志》。

聲哀號不止。及殮，剪髮繫夫右臂以殉。抵家，告父母曰：「有婦，
以事姑也。姑既失子，可并令無婦乎？願歸羅，以畢所事。」父母
從之。〔註23〕

此為典型的貞女為未婚夫甘願守志終身，並孝養翁姑的事例。此外，還有聞
未婚夫死，即累日悲號，掛其圖像，廬墓終身養姑的事例，如幼曾聽聞鄰里
講誦《列女傳》、《毛詩》諸書的婺源朱氏：

朱氏女，名長閨，沱川文學朱日鄰孫女。許聘余起鳳，鳳五世祖母
及祖母皆以節孝聞。女幼端靜，鄰授以《列女傳》、《毛詩》諸書，
皆能剖晰大義。未笄，起鳳沒，女聞訃不食，累日悲號幾絕，奔余
抱主謁廟，築塋廬右自待，獨處一小樓，圖鳳像旦夕與俱，冬紡夏
績，養鳳母十年而沒。〔註24〕

也有平居摒絕妝飾，「蓬首垢面，鳩形鵠立」地度日，並期死後與未婚夫合葬
者，如幼承父教，授以《女史箴》與諸節烈傳的涇縣抱貞女：

抱貞，……許字邑廩生王大侃子怡。父教以《女史箴》暨諸節烈傳，
輒泣下傷嗟。年十三，怡殤，號泣欲絕，……哭聲動天地，匍匐再
拜而歸，進見怡父母遂留焉。寂然屏息，足不踰閫者三十年。日勤
紡績，達旦不休，蓬首垢面，鳩形鵠立。卒之日，櫛沐正襟，泣告
怡母曰：「死當與怡合葬。」遂絕，聞者莫不哀慟。〔註25〕

另一方面，有貞女本身除以身作則誓不改志外，並試圖以女教之書教化
其他婦女，務以「貞孝」自守，使明代的貞節觀念得以更加廣傳與深化，如
諸暨孟氏：

孟蘊，字子溫，（許聘未幾，未婚夫被朝廷賜死）蘊時年十九，聞訃
即歸蔣氏，執喪盡禮，終事舅姑。姑亡無倚，復歸母家，搆柏樓坐
臥其上，自隨只一老婢，懿親姻屬歲時拜訊，止於樓下，面窗一揖
而去。後年踰艾，始接少婦、室女訓解《孝經》、《內則》、《女誡》
諸書。〔註26〕

〔註23〕《明史》，卷301，〈列女一‧歐陽金貞傳〉，頁7702。

〔註24〕《古今圖書集成‧閨媛典》，卷253，〈閨節部列傳一百三十五〉，頁2543，朱
氏女，引《婺源縣志》。

〔註25〕前揭書，卷254，〈閨節部列傳一百三十六〉，頁2548，抱貞，引《涇縣志》。

〔註26〕清‧章平事撰，《諸暨縣志》，卷11，〈女列傳‧人物志〉，頁12a-12b。

又如婺源江氏聞未婚夫死，即斷髮為信，誓不改志，並教育諸女婦謹守婦道，人稱「女中夫子」：

> 江氏錢娘，……從父基授誦《女訓》、《列女傳》，甚習。年二十未嫁，（未婚夫）天彞以疾歿，時弘治十四年（1501）也。錢娘聞訃，易服奔喪，撰詞致祭，斷髮為信，義不改志。既終喪，賣服飾、築墳塋，誓死同穴。姊娌間或示以玉山孫烈隕碑文，即欲自盡，論以母在中止。平居自稱為未亡人，素服菜食，事姑孝謹，遇忌日輒哀慟自毀，每嬰疾病竣，卻藥餌以待自盡。居常設一木榻，不逾戶閾者數十年，為處子師，誨以孝順節義，一時女子出其門下者，多守婦道，故士論稱為「女中夫子」。〔註27〕

二、「烈」的道德實踐類型

（一）避　寇

根據《古今圖書集成》之〈閨節部〉、〈閨烈部〉以及《古今貞烈維風什》等文獻顯示，明代中後期婦女為避賊寇污辱而不惜一死的人數相當多，僅次於夫亡殉夫的烈婦人數，而其中亦不乏閱讀過《列女傳》等女教諸書或聽聞古節烈事蹟者。又這些不論已婚或未婚女子，一方面在自知賊寇即將來臨前，為防被辱，有隨時攜刀自衛以保貞節者，如四川蠱氏：

> 蠱士榮女，幼讀書，識《女則》。年二十未嫁，適流寇陷蜀，女知不免於難，常配刀以死自衛。賊掠永川，與父兄避寺中，賊至，女即引刀自刎，氣未絕，更以兩手自裂其喉而死。〔註28〕

又有女子在城陷後，自知不免，即先行自我了斷以保其貞，如幼通《列女傳》的陝西劉氏以及自纂《列女傳》的河南楊氏與其姊娌牛氏二例：

> 劉氏女，西安咸寧人，都給事劉懋孫女。幼聰慧，通《列女傳》。逆闖陷城，同母投後園井中，母先下即斃，女尚未死，園嫗援以綆，弗應，抱母屍經宿而沒。〔註29〕

〔註27〕明·黃希周等撰，《閨範十集》（台北：國立故宮博物院藏，明刊朱墨套印本），卷2，〈貞女〉，頁47a-47b，「婺源江女」條。

〔註28〕《古今圖書集成·閨媛典》，卷84，〈閨烈部列傳四十〉，頁891，蠱士榮女，引《四川總志》。

〔註29〕前揭書，卷83，〈閨烈部列傳三十九〉，頁882，劉氏女，引《陝西通志》。

楊氏，焦復亨妻，周藩典儀四聰之女。事姑恭謹，讀書識大體，嘗手《列女傳》一編，與姒謙亨妻牛氏講，貫義旨悉通曉，登封既圍急，楊知不免，固紉其中外衣……約牛氏同死。〔註30〕

　　另一方面，在賊寇已然迫在眉睫時，明代節烈婦女均表現得大義凜然，罵賊不屈，慷慨赴死而在所不惜，茲觀以下數例：

武氏，孔俊妻。性淑慧，每夜績伴俊讀書，問《列女傳》，俊曰：「爾婦人何知？」曰：「是亦婦人耳，悉難能！」俊心奇之。正德辛未，流賊入，祁俱為所執，賊縛俊連射六矢，因謂氏曰：「從則生，不從死。」氏大罵，賊怒，以刃逼之，罵亦厲，遂遇害。〔註31〕

張濂妻王氏，年十六遭兵掠，不從被殺，計刀傷十二處。先嘗與閨人論節烈事，或歎其難，氏謂：「當為之事，不得以難。」辭至是果然。〔註32〕

王氏，進士任楓妻。性敏慧，喜讀《小學》、《列女傳》，手書成帙。崇禎辛巳，舉家牽寶，未幾獻賊陷城，氏被執，厲聲曰：「逆賊！吾豈從汝耶！」以頭觸刃至死，罵不絕口。〔註33〕

朱氏，貢士郝崇抱妻，幼好讀《列女傳》。……寇破，蕭氏被執，大罵賊，斷其十指，痛仆，罵不絕口，賊怒，刲其舌而死。〔註34〕

以上傳中的婦女均有一共同的特點，即多諳通《列女傳》或知古節烈事蹟者，遇難則以保全貞節為前提，視死如歸。有的婦女得以用智脫寇，伺機投繯或投崖而死，如登州周氏與處州包氏：

周氏，新成王永命妻，登州都督遇吉兄女也。幼通《孝經》、《列女傳》。崇禎五年，叛降耿仲明、李九成等據登州反，縱兵淫掠。一小校將辱之，氏紿之去，即投繯死。〔註35〕

包氏，蔡嚴妻，諳《內則》、《女訓》大義。正統己巳，鄉寇作亂，從舅姑避於東巖。巖破被執，乃紿賊曰：「我有金在穴中，往取之。」

〔註30〕前揭書，卷78，〈閨烈部列傳三十四〉，頁811，焦復亨妻楊氏－附牛氏，引《河南府志》。
〔註31〕前揭書，卷56，〈閨烈部列傳十二〉，頁569，孔俊妻武氏引祁縣志。
〔註32〕前揭書，卷76，〈閨烈部列傳三十二〉，頁779，張濂妻王氏，引《安肅縣志》。
〔註33〕前揭書，卷79，〈閨烈部列傳三十五〉，頁819，任楓妻王氏，引《汝州志》。
〔註34〕前揭書，卷89，〈閨烈部列傳四十五〉，頁37，郝崇抱妻朱氏，引《蕭縣志》。
〔註35〕《明史》，卷303，〈列女三・周氏傳〉，頁7744。

賊釋之同往，遂投崖下死，成化間旌表。〔註36〕

綜合以上數例可知，婦女在面對賊寇侵逼時，為保貞節，除了用智脫困，伺機而死外，多罵不絕口，寧死不屈，視貞節已然勝過生命。

除此之外，有的甚至把婦人盡節與忠臣不二其心相提並論，並視為圭臬而誓死不悖，如嘉興陸氏，崇禎末，盜至，陸氏即與女、婢一起投河殉節：

> 陸氏，明經徐士模妻，當湖侍御女孫也。幼嫻閨訓，好記古來節烈事。年及笄，適徐，生二女。崇禎末，兵戈四起，邑多薑苻，陸攜其女相戒曰：「男盡忠，女盡節，分也，倘遇不測，毋苟偷生已。」而避居俞家村。盜至，迫陸，陸即拉女及婢同投河而死。〔註37〕

由陸氏此舉，不難窺見明代已把婦人守節與人臣盡忠一般看待，而對於烈婦為維護貞節而殉死之舉，視為天經地義，理所當然。宋濂嘗云：「婦之守貞，猶人子之當孝，人臣之當忠也，烈婦之死恆道爾，何足深羨乎！」〔註38〕明萬曆進士夏樹芳亦於《女鏡・序》曰：「夫乾坤一種靈美秀物之氣，在天為日星，在地為河嶽，在人為義士忠臣、孝女節婦，兩者並藉以翊世。」〔註39〕都把孝女節婦與義士忠臣等同視之，因此明人以為婦道當「節孝」，是女德中首應兢兢不懈的目標。

由上所述，可知婦女臨難不屈，從容就死的貞烈之舉，與《列女傳》等女教讀物的流播不無關係，兩者之間的相互激盪，使婦女視寧死不污為典範而兢兢師法。

（二）已嫁婦殉夫

近人指出，明代婦女處在貞節觀日漸強化的時代中，多能以「貞烈」自許，故出現夫亡後，殉夫人數激增的現象。〔註40〕觀文獻所載，不僅生長知書達禮之家的婦女為之，即使身處窮鄉僻壤的婦女亦為之。事實上，這些極

〔註36〕《古今圖書集成・閨媛典》，卷51，〈閨烈部列傳七〉，頁519，蔡嚴妻包氏，引《處州府志》。

〔註37〕前揭書，卷92，〈閨烈部列傳四十八〉，頁977，徐士模妻陸氏─附二女及婢，引《嘉興縣志》。

〔註38〕明・宋濂，《宋文憲公全集》，收於《四部備要》第515冊（台北：台灣中華書局，1965），卷49，〈韓刻補輯〉，頁3a，「宋烈婦傳」條。

〔註39〕明・夏樹芳，《女鏡・序》（台北：國家圖書館善本室藏，明萬曆間楊同春刻本），頁1a。

〔註40〕安碧蓮，〈明代婦女貞節觀的強化與實踐〉，中國文化大學史學研究所博士論文，1995，頁115～130。

端道德行為的實踐者，受明刊《列女傳》等女教諸書的影響亦不可小覷，由書中對貞節的注重，益使「婦女殉夫」的貞烈行為更加深化於明代婦女的思想與生活中，至死不渝。

明代婦女典型殉夫的事例，可從以下二例觀之：

> 胡氏，西隅胡永光女。光兄永祥嘗月朔率子姪輩聽講，婦女悉侍階下，凡《內則》、《列女傳》之類，已稔聞之，及笄，歸西隅周尚潔。七年，潔病死，氏閉戶自縊，家人奔救，破門解縛，已絕矣，萬曆間奉旨建坊。〔註41〕

> 姚氏，惠安庠生陳文銹妻。少通《孝經》、《列女傳》。銹亡，姚賦詩剪髮納柩中，越五旬，為文辭家廟，奠文銹，拜姑及諸親黨俱畢，遂自盡，萬曆中旌表。〔註42〕

又親族對烈婦欲殉夫之念，總是勸諭百端且嚴加戒防，惟烈婦往往殉意堅決，不為所動，終究趁隙殉節身亡，以明其志，如幼通《女範》、《內則》諸書的濟南謝氏：

> 謝氏，德州人，御史廷策女，幼通《女範》、《內則》諸書。年十八適郡諸生周光烈，事舅姑至孝。光烈沒，慟曰：「周生俟我。」整衣辭姑及母，絕粒誓以身殉，母與兄陞遷，諭之不聽，觸階碎其首，越五日死，事聞旌表建祠。〔註43〕

再如萬曆時伍烈婦，出身金谿望族，稍長授《孝經》、《女誡》諸書，盡通，尤好觀《列女傳》，曰：「女不當如是耶！」及歸伍氏，事舅姑唯謹，日夜惕勵伍君力學。未幾，夫亡，烈婦「誓決死終，不使伍君亡，己獨生，絕粒數日」，其姑乃「敕侍婢左右，謹宿衛……諸所繫帶、刀錐之器盡遠徙之，而孺人志益堅」，趁隙投水死。〔註44〕

又有葉氏與蔣烈婦兩人均出身書香門第，好讀古節烈傳，其中處州葉氏，於夫病逝前，即與夫承諾當以身殉君，家人力阻不成，仍絕粒死：

〔註41〕《古今圖書集成‧閨媛典》，卷71，〈閨烈部列傳二十七〉，頁715，周尚潔妻胡氏，引《太平縣志》。

〔註42〕前揭書，卷72，〈閨烈部列傳二十八〉，頁728，陳文銹妻姚氏，引《閩書》，原文作烈。

〔註43〕前揭書，卷80，〈閨烈部列傳三十六〉，頁834，周光烈妻謝氏，引《濟南府志》。

〔註44〕明‧劉孔當，《劉喜聞先生集》（台北：漢學研究中心藏日本內閣文庫景照本，明萬曆三十九年刊本），卷4，頁14a-15a，「伍烈婦傳」條。

葉氏，太學生吳化妻。性沉默端重，好讀書，尤喜評騭《列女傳》，
每至節義事，輒三復不忍置。年十四適吳，夫肄業南雍，值姑病，
躬調湯藥，極勞瘁。比夫歸，得羸疾，乃旦暮祈天，叩頭出血，願
以身代。夫疾革遺囑曰：「吾死，汝善擇所適，毋徒自苦。」泣而應
曰：「是何言哉！設不幸，當以身殉君耳。」夫歿，哀慟辯踊，絕而
復甦，自經求死，家人嚴守之，遂絕飲食七日，放聲一慟，嘔血而
殞，時年二十。〔註45〕

又蔣烈婦於其夫病故後，即自殉數次未果，家人曾千方百計防範之，其生前
並曾自纂《烈女傳》，書將成，仍殉節而死：

蔣烈婦，丹陽姜士進妻，幼穎悟，喜讀書。……歸士進數年，士進
病療死，婦屑金和酒飲之，并飲鹽鹵，其父數偵知，奔就免。不食
者十二日，父啟其齒飲之藥，復不死。禮部尚書實，士進從父也，
知婦嗜讀書，多置古圖史於其寢所，令續劉向《列女傳》。婦許諾，
家人備之益謹。一日，婦命於總帳前掘坎埋大缸貯水，笑謂家人：「吾
將種白蓮於此，此花出泥淖無所染，令亡者知予心耳。」於是日纂
輯不懈。書將成，防者稍不戒，則濡首缸中死矣。為文脫稿即毀，
所存《烈女傳》及《哭夫文》四篇、《夢夫賦》一篇，皆（弟）文止
竊而得之者。御史聞於朝，榜其門曰：「文章貞節。」初，其兄見女
能文，以李易安、朱淑真比之，輒嚬蹙曰：「易安更嫁，而淑真不慊
其夫，雖能文，大節虧矣！」其幼時志操已如此。〔註46〕

由以上兩例婦人執意殉夫之行來看，殉夫乃是明代貞節觀念愈趨「宗教化」
的副產品，時人亦視「婦人之從夫，要以致死為極至」〔註47〕為天經地義。

若夫亡無子，加上年紀尚輕，則更易遭受到舅姑等親族逼嫁的壓力，此
點亦是構成節婦不惜殉死以明其志的重要因素，如幼曾受父教，授與《列女
傳》諸書的魏縣李氏：

趙廷璧妻李氏，幼從父受《列女傳》諸書，頗知大義。十七歸趙，
以孝敬稱。逾年夫亡無子，……悲痛欲絕，舅姑憐其少，擬俟服闋

〔註45〕《古今圖書集成‧閨媛典》，卷92，〈閨烈部列傳四十八〉，頁982，吳化妻葉
氏，引《處州府志》。

〔註46〕《明史》，卷301，〈列女二‧蔣烈婦傳〉，頁7723。

〔註47〕明‧歸有光，《震川先生別集》，收於《國學基本叢書》第310冊（台北：台
灣商務印書館，1968.12），卷9，〈公移〉，頁172，「陶節婦呈子」條。

嫁之，氏竊聞，於除服前五日絕食死，時年二十有一。〔註48〕

另一方面，傳統中國主要由男子承繼宗祧大任之責，若夫亡欲以身殉，其子尚處襁褓或稚齡，則不僅會有中斷子嗣之慮，更會得不到親族的諒解。因此，婦女往往基於夫家宗祧的傳承大局考量，會選擇忍死負重，撫子成立之後，再隨夫於泉下，如幼時即知書達禮，好讀《列女傳》的開封井氏：

> 井氏，迺國柱妻，幼知書達禮，好讀《列女傳》。夫歿，欲以身殉，或勸之，流涕指子應張，曰：「為此子且苟活二三年。」後張與弟既能自立，號泣撫柩曰：「吾初不願活，今子長，可以報夫於地下矣！」遂哭死。〔註49〕

甚至還有婦人因其夫病篤時方有妊，乃與夫承諾若生男則矢志撫孤，生女則立隨夫後，如程鄉李氏：

> 李氏，郭大順妻，鄭鈞人。幼讀書識大義，尤熟《孝經》。年十七，大順得痘，證氏方有身，順與絕曰：「生男幸為我計門戶，生女誤若芳年。」氏答曰：「生男如命，生女即促隨君後。」於臘月雪夜舉一女，氏大哭七日夜不休，嚥井水七碗，樹夫靈遺三匝，一躍而死。
> 〔註50〕

李氏終因得一女，無法完成立嗣的任務，遂毅然殉夫，可見傳統社會特重嗣續之一斑。

（三）室女殉婿

所謂「室女殉婿」係指未嫁女已許聘，但尚未過門，室女在聞知未婚夫亡時，亦不忍背棄聘約，而以死從之。此與「烈婦殉夫」相較，實有過之而無不及，畢竟彼此尚未謀面，也無平日感情的培養，故「室女殉婿」的貞烈之舉，同樣被視為明代貞節觀念愈趨嚴苛，也愈益朝向「宗教化」發展而產生的極端道德行為之一。同時許多文獻顯示，烈女在作殉死的決定之前，即曾諳通《列女傳》等女教讀物，抑或聽聞古節烈事蹟者，故不願「心知行背」，而誓死師法之，如鳳陽張氏：

〔註48〕《古今圖書集成‧閨媛典》，卷59，〈閨烈部列傳十五〉，頁597，趙廷璧妻李氏，引《魏縣志》。

〔註49〕前揭書，卷77，〈閨烈部列傳三十三〉，頁792，迺國柱妻井氏，引《開封府志》。

〔註50〕前揭書，卷66，〈閨烈部列傳二十二〉，頁667，郭大順妻李氏，引《程鄉縣志》。

> 張氏女，父守恭，家貧，女幼聞瞽娼談節烈事，常津津羨之。許配
> 劉氏子，未歸，劉子亡，不食不言，垂涕而已。三日父母往送葬，
> 招從娣伴之，女乃舉所聞謂娣曰：「豈昔人有，今人無耶！」娣解之，
> 女曰：「吾不忍心知而行背也。」竟自縊死。〔註51〕

又如秀水項貞女，於許聘後，忽聞未婚夫病篤，即禱以身代，不幸未婚夫仍
病故，遂紉期衣裳，從容自縊死：

> 項貞女，秀水人。國子生道亨女，字吳江周應祁。精女工，解琴瑟，
> 通《列女傳》，事祖母及母極孝。年十九，聞周病瘵，即持齋、燃香
> 燈禮佛，默有所祝，侍女葦竊聽，微聞以身代語。一日謂乳媼曰：「未
> 嫁而夫亡，當奈何？」曰：「未成婦，改字無害。」女正容曰：「昔
> 賢以一劍許人，猶不忍負，況身乎？」及訃聞，父母秘其事，然傳
> 吳江人來，女已喻。……夜伺諸婢熟睡，獨起以素絲約髮，衣內外
> 悉易以縞，而紉其下裳。檢衣物當勞諸婢者，名標之，列諸床上。
> 大書於几曰：「上告父母，兒不得奉一日驩，今為周郎死矣！」遂自
> 縊。兩家父母從其志，竟合葬焉。〔註52〕

另有明宣德時陳大娘，幼頗通《女誡》、《列女傳》諸書，許聘呂用和之子重
熙，未嫁，重熙死，大娘即「素服白舄，絕粒號哭，矢以身殉」。母憐之，乃
尼之曰：「婦有三從，汝父在外且安之？」大娘曰：「從一而終，父之教也，
棄小從以成大從，可乎？」遂出拜天地，遍拜舅姑父母及親戚後，投繯而死。
〔註53〕由此例可知，陳氏在受到女教書宣揚節烈的影響下，面對母親的質疑，
乃義正詞嚴地把女子從一而終的女德思想發揮得淋漓盡致，終以身殉。

　　此外，貞女表現在「從一而終」的道德實踐上，於決定殉死前，為表明
其堅貞不二，多會暗中把訂婚時的聘物戴上，再從容赴死，如幼時諳通《列
女傳》的開封高氏與無錫浦氏二例：

> 高氏女，西華夏城人，幼許配朱廉子諲，稍長，父以《列女傳》誦
> 之，即解大義。未婚，諲染病死，聞訃趨弔，諲母以兒在親理帶一
> 副示之，女藏袖中。葬畢，取定婚諸物佩於身，以絲帶懸梁死，年

〔註51〕前揭書，卷71，〈閨烈部列傳二十七〉，頁722，張氏女，引《鳳陽府志》。
〔註52〕《明史》，卷301，〈列女二·項貞女傳〉，頁7729。
〔註53〕明·蔡獻臣《清白堂稿》（台北：漢學研究中心藏日本尊經閣文庫景照本，明
　　　　崇禎年刊本），卷13，頁25a-b，「同安趙陳二烈女傳」條。

十七。〔註54〕

> 浦氏女，父慶祥，幼頗知書，能讀《列女傳》。許字陳毓華，毓華殁，訃聞，女驚欲死，父母密守之，女佯自剪釋道家鞋式授其小妹，比晚，俟隙投屋後河中死，衣皆密紉不可卸，有雙環繫焉，乃陳聘物也。〔註55〕

又如徐州陳氏，聞訃知未婚夫病殁，即手書夫名於懷中，從容就死：

> 陳季春，……性聰慧，嘗讀《孝經》、《列女傳》，通大義。里人甄時用聘之，年十六，未歸，時用以疾終。春聞，入寢室手書時用及己姓名，置諸懷中，自經死，與時用合殯。〔註56〕

　　另有幼時曾誦讀過《列女傳》、《女誡》諸書的休寧汪氏與嘉定徐氏均為未嫁而已許聘之身，一日忽聞未婚夫病殁，乃力請視葬與服喪，不為父母所允，遂雙雙自縊殉死：

> 休寧臨溪汪女……許聘臨溪吳文袞。女長而讀《列女傳》，……文袞病溲，法在不治，女聞而謁母，請往省及面一訣，母呵止。女及訃，遂衰服見力請持喪，父黨母黨交沮之，女正色曰：「能行，我則死吾家，不行，則死吾室，等死爾。」……入房就涵，而紉褵衣陰繫組八尺為內經出，……自經矣。〔註57〕

> 徐氏女，……少有淑質，能誦《孝經》、《女誡》，性行孤耿，不類凡女。同邑甘元雋聘為子應麒婦，嘉靖丁亥應麒亡，女聞訃，哭之慟，請於父母，將詣甘持服，父母難之。及聞葬期，更素衣請往視葬，復不許……至夜遂自縊，年二十有二。〔註58〕

再如婺源游氏，「生員游天祿女，名益安。幼通《列女傳》、《女訓》、《內則》諸篇」，受聘後，聞未婚夫客死外地，乃力請父母往視奠，唯父母因恐生事端，僅允就道迎櫬，葬畢，謝氏並服喪三年，仍不改殉死初衷，沐浴後絕食死。〔註59〕

〔註54〕《古今圖書集成·閨媛典》，卷59，〈閨烈部列傳十五〉，頁598，高氏女，引《開封府志》。
〔註55〕前揭書，卷88，〈閨烈部列傳四十四〉，頁940，浦氏女，引《無錫縣志》。
〔註56〕前揭書，卷71，〈閨烈部列傳二十七〉，頁720，陳季春，引《徐州志》。
〔註57〕明·馮汝宗，《女範編》，卷4，〈烈女〉，頁48a-49b，「臨溪汪女」條。
〔註58〕《古今圖書集成·閨媛典》，卷62，〈閨烈部列傳十八〉，頁626～27，徐氏女，引《嘉定縣志》。
〔註59〕前揭書，卷70，〈閨烈部列傳二十六〉，頁711～712，游氏女－附程氏，引《婺源縣志》。

　　值得注意的是，不論節婦貞女在夫喪或婿亡之後，若欲堅持誓不更易的節操，總會遭到父母、舅姑等親族的反對與勸阻，而節婦貞女為表堅貞不二，往往不惜以死明志。例如饒州烈婦胡氏，幼讀《列女傳》，明大義，夫亡後，因母疾歸省探望，未料遭人「諷使他適甚力，氏以石撾胸，絕粒不食」，自縊而死。〔註60〕又如饒州貞女王氏，幼聰穎，識《列女傳》，許聘後，將于歸，未料未婚夫忽病歿，王氏聞訃號慟欲絕欲殉，雖經父母力勸，仍「剪髮抉面，誓不他適，引石擊胸，嘔血不食，尋死」。〔註61〕

　　從前述所舉事例可知，不論節婦貞女，面臨「貞」、「孝」兩難的境地時，多會捨「孝」而從「貞」，從容就死以明其不更之志。由此亦可顯見明代婦德中對「貞」的期許，已儼然凌駕「孝」之上，成為婦女兢兢不懈的目標。

　　除此之外，節烈婦女殉死之前，往往在維護死後的名節上亦煞費苦心。此因明清時代「男女授受不親」的觀念已根深蒂固於人心，〔註62〕婦女的身體除了手、臉以外，是不能被任何男性看到或接觸的。因此婦女在自殺前還得考慮以何種方式自殺，才能保證身體不被男性看到或接觸。最常見的情況，是在自殺前將身上衣服的開襟與縫隙部分一一密縫，如前述秀水項貞女於自縊前，即預先「衣內外悉易以縞，而紉其下裳」，〔註63〕又如無錫浦氏於投河前，即先「衣皆密紉不可卸」，〔註64〕如此一來，不論投水或上吊，在獲救或屍體被解撈時，手臉以外的部分始不致外露而損及貞節。類似此種的防閑之舉，誠如明人汪廷訥所說：「婦女之節，其方自殊，或涉嫌疑，或擯污辱。」〔註65〕明代節烈觀念的愈趨「宗教化」，使婦女不論於生前或死後均須運用各種方式來保全貞節以達成寧死不污的目的。

　　綜合本節所述可知，明代節烈婦女不論在「守節」或「殉節」兩方面均有愈益朝向極端、激烈與「宗教化」的趨向，且所呈現的型態，多以「其事

〔註60〕前揭書，卷61，〈閨烈部列傳十七〉，頁614，夏一陽妻胡氏，引《饒州府志》。
〔註61〕前揭書，卷70，〈閨烈部列傳二十六〉，頁706，王桂容，引《饒州府志》，原文作烈。
〔註62〕周婉窈，〈清代桐城學者與婦女的極端道德行為〉，《大陸雜誌》，87：4（1993.10），頁15。
〔註63〕《明史》，卷301，〈列女二·項貞女傳〉，頁7729。
〔註64〕《古今圖書集成·閨媛典》，卷88，〈閨烈部列傳四十四〉，頁940，浦氏女，引《無錫縣志》。
〔註65〕明·汪廷訥，《人鏡陽秋》（台北：國家圖書館善本室藏，明萬曆二十八年新都汪氏環翠堂原刊本），卷16，〈婦節部〉，頁1。

雖甚難而跡多相類」〔註66〕的情節出現。即在國家、方志、鄉里的大力傳誦與表揚下，使節烈婦女的人數較之前朝激增，而其中《列女傳》、《女誡》、《內則》等女教諸書的傳播，對婦女極端道德行為的產生及影響，實不容小覷。

第二節　孝道實踐的激烈化

　　孝道在明初即備受帝王重視，並紛紛著書勸諭以廣教化，據明人朱鴻輯《孝經彙編》載：「太祖高皇帝首倡孝順父母，狥鐸警民。成祖文皇帝繼纂《孝順事實》，垂訓斯世，列聖相承，孝益丕顯。今上篤孝，兩宮化由身率，重熙累洽，媲美虞周，海內士庶，孝悌踵接。」〔註67〕可知不論海內士庶皆依循「明王以孝治天下」〔註68〕的禮教推廣，並隨之受到重視，即使婦女亦不例外。

　　與節烈觀念一樣，明代婦女孝道的實踐也日趨激烈化，〔註69〕除了朝廷的致力教化、方志的大量傳誦外，女教書的廣為流布及其宣揚「孝烈」的觀念，亦構成了明代孝女、孝婦人數激增的重要因素。婦女為了體現孝道，甚至不惜以自殘方式割股療親，即使冒生命的危險亦在所不辭的孝道實踐，同樣可視為儒學趨於「宗教化」的一部份。而《孝經》、《列女傳》等書的傳播，也在其中扮演了推波助瀾的角色，驅使婦女甘願捨己為親，義無反顧。以下即就女教諸書與明代婦女行孝的道德實踐作一對照，期使對婦女行孝的內涵有更深入的瞭解。

　　基本上，明代刊印的女教書中，尤其是傳記體例的女教書，對歷朝婦女行孝的事蹟多所載錄，以呂坤的《閨範》來說，「孝女」與「孝婦」兩者，均列於〈女子之道〉與〈婦人之道〉中首加討論，〔註70〕足見對孝道的重視。按未嫁女行孝稱之為「孝女」，行孝對象當指父母而言；至於已嫁婦行孝則稱

〔註66〕明・何喬遠，《名山藏列傳》，收入周駿富輯，《明代傳記叢刊》第 78 冊（台北：明文書局印行，1991），〈列女記二〉，頁 27b。

〔註67〕明・朱鴻輯，《孝經彙編》（台北：國家圖書館善本室藏，明萬曆間仁和朱氏刊本），頁 2b，沈淮，〈孝經總序〉。

〔註68〕前揭書，頁 2a，沈淮，〈孝經總序〉。

〔註69〕林麗月，〈孝道與婦道：明代孝婦的文化史考察〉，《近代中國婦女史研究》第 6 期（台北：中央研究院近代史研究所編輯，1998.8），頁 1～29。

〔註70〕呂坤於〈婦人之道〉中，列「兼德婦人」為首，其意指：「備有眾善，一長不足以盡之也」稱之，而對於婦女孝行的專論，實則列於婦德之首加以討論，顯見其對孝婦的重視。詳見氏著，《閨範》，卷 3，〈婦人之道〉，總頁 324～325。

之為「孝婦」，其行孝對象除了舅姑外，尚包括繼姑、祖姑或其他夫族親人等。

大體而言，明代女教書所載歷朝孝女、孝婦行孝的事蹟，不脫以下兩個範疇：

（1）救親於難：有的是父母遭遇猛獸襲擊（通常為虎豹之類），或困於水火，孝女、孝婦多因孝念迫切，而奮不顧身地捨身相救；有的是父母遭逢牢獄，或被盜匪殺害，孝女為營救雙親而多方奔走，或明查暗訪以復血親之仇，表現其智勇雙全的一面。〔註71〕

（2）侍疾祝禱：倘若父母或舅姑等親族有疾，孝女、孝婦多會衣不解帶地隨侍在旁，甚至「禱以身代」期使感動上天，讓親族沈疾得以早癒的事例亦屢見不鮮，比比皆是。

至於《古今圖書集成》中的〈閨孝部〉以及士人文集的墓誌銘、墓表、行狀等文獻所載明代孝女、孝婦的道德實踐類型，多集中於「侍疾」與「喪葬」兩方面的表現，這其中亦不乏幼時即已誦讀過《孝經》、《列女傳》等書者。茲先就「侍疾」方面討論之。

（一）侍　疾

不論孝女、孝婦在侍奉雙親或舅姑時，除了晝夜目不交睫地呈進湯藥外，為表現其心誠篤孝的一面，更日日「禱以身代」，期使孝感動天而親疾得癒，如自幼閨教甚嚴的婺源余氏：

> 余氏，名德馨，官源汪檢妻，沱川余璧女。璧閨教端嚴，嘗以《列女傳》、《孝經》訓之。年十七，歸汪。克嫻婦道，顰笑不苟，足不踰閾。歲大疫，舉家寢疾，氏獨免，以一身支持，調度湯藥，晝夜目不交睫，舅姑病篤，焚香籲天，願以身代，病者盡起，一家全活，人謂「賢孝」所感，郡守何束序表其門。〔註72〕

又據萬曆時，秦戀德為其妻王氏所撰行狀說：「安人生而端嚴，不妄言笑……長就內傅，習《小學》、《列女傳》諸書……適余家，常服荊布，一切綺縠俱卻不御，事余父母恪守婦道，未嘗少有驕色」，又說其母素患脾胃之疾，「安人朝夕執饋嘗藥，少加餐即喜，或聞嘔吐聲，則亦不食，曰：『姑椓腹，吾食

〔註71〕 另外漢代還有孝女曹娥為尋父屍，不惜身殉的事例，亦為許多明代女教書載錄之，諸如《閨範》、《女範捷錄》、《古今貞烈維風什》等。

〔註72〕 《古今圖書集成・閨媛典》，卷33，〈閨孝部列傳二〉，頁344，汪檢妻余氏，引《婺源縣志》。

自不下咽耳。」〔註73〕由此可窺見王氏為其姑憂心如焚的焦慮之情。若不幸
姑染疫癘，家人紛紛遠避時，孝婦多會義不容辭地朝夕隨侍，如寧州陳氏，
甚至還不負姑託，撫小姑等親族成人，充分顯示其「孝義」的節操：

> 陳氏，高市陳鳳岐女，節判查仲儒妻也。幼習女訓，事舅姑孝養備
> 至。時家邁癘，姑徐氏疾劇，家人悉遠避，陳朝夕侍側，飲食湯藥
> 必親奉，徐病革，以幼女及甥女託氏曰：「汝能善字之，吾瞑目矣！」
> 因感泣唯諾，撫二女及笄，皆為擇配厚裝遣之。〔註74〕

除了隨侍在側與禱以身代的孝行表現外，明代還有一個比前朝更激烈的
侍疾療法，即為「自殘療法」。〔註75〕其具體的實踐方式，即在婦女遇親人患
疾時，割下身體的一部份作為藥引，和糜或和藥給親人服食，〔註76〕此種療
法雖然具有相當的危險性，但由於最後通常會得到不可思議的療效，故廣為
明代孝女、孝婦所採行。

據邱仲麟的研究指出，從明代以來，由於婦道的日趨講求，對婦女盡孝
形成了某種程度的壓力，婦人在自我角色的認定中，通常認為割股療舅姑乃
其分內之事。〔註77〕事實上，割股療疾不僅孝婦為之，孝女亦為之。由於婦
女一生所扮演的角色頗多，既要為人女、人妻，適人後又須為人媳，既可以
救父母，也可以救翁姑，自然也可以救夫，故割股的可能性與機會實比男性
更多。

例如歙縣許氏，幼承母教，其母李氏「口授《論語》、《孝經》、《列女傳》
諸書，輒成誦」，年十七，父病篤，女即「齋沐刲左股和藥以進，父疾頓愈」。
〔註78〕又如尤溪趙氏，幼時父嘗以古女史訓之，年十四，母病劇，女即「刲

〔註73〕明・秦懋德，《淮海吏隱稿》（台北：漢學研究中心藏日本內閣文庫景照本，
萬曆十六年刊本），卷2，頁16b-17b，「明敕封安人亡室王氏行狀」條。

〔註74〕《古今圖書集成・閨媛典》，卷35，〈閨孝部列傳四〉，頁367，查仲儒妻陳氏，
引《寧州志》。

〔註75〕對於割股療親此種以自殘療法來奉侍親疾的源起、內涵與擴展，可詳閱邱仲
麟，〈不孝之孝：隋唐以來割股療親現象的社會史考察〉，國立台灣大學歷史
學研究所博士論文，1997.6。

〔註76〕明代女教書中出現婦女割股療親的圖像，往往為割臂的部分，如呂坤的《閨
範》、馮汝宗的《女範編》、黃希周的《閨範十集》與汪氏的《繪圖列女傳》
等均是。

〔註77〕邱仲麟，〈不孝之孝：隋唐以來割股療親現象的社會史考察〉，國立台灣大學
歷史學研究所博士論文，1997.6，頁15。

〔註78〕《古今圖書集成・閨媛典》，卷35，〈閨孝部列傳四〉，頁368，許伯玉女，引
《歙縣志》。

股肉和飪以進，母疾遂瘳」。〔註79〕

　　除了孝女為雙親割股療治外，明代孝婦為舅姑等親族割股的事例亦所在多有，如諸暨酈氏：

　　　　酈氏，幼敏慧，讀《孝經》，能解大意，日與諸姊弟講誦焉。年十六
　　　　適徐行怛，以貿遷在外，不歸者有年。忽一日，姑患病，焚香籲天，
　　　　割股以進其病，得愈，而姑莫知之，惜行年五十一而卒。〔註80〕

再如宿松劉氏，出身仕族，幼嫻《內則》，通《孝經》，繼姑病，劉氏「割股和粥以進」。〔註81〕又據《全遼志》載孝婦劉氏，幼聰慧，父授《孝經》、《列女傳》，皆能成誦。年十六適同郡裴貴，事舅姑以孝聞。一日貴忽得疾，劉氏乃「潛割股和糜以奉」，並每夜叩禱於天，誓以身代。〔註82〕由以上數例可知，若干明代婦女採行割股療親之舉，與其深受《列女傳》、《內則》、《孝經》等書的影響有關。

　　割股療親之療效以現代醫學觀而言，既具危險性又未免不可思議，然而在明代鄉里、郡邑方志的大力傳誦與宣揚下，孝女孝婦無不起而效尤，即使犧牲生命亦在所不惜。

　　近人李飛曾指出，傳統中國婦女的孝行除了承續前朝的孝道觀與孝行外，另一方面又有不斷的創新，使傳統婦女孝行史充滿「求異」的特徵。他根據《古今圖書集成》歷代閨孝列傳的資料，羅列了每個朝代出現並較典型的新異孝行。其中明代計有以下十一種類型，分別為：1. 為父洗冤臥釘板而卒。2. 割體肉、刺血治姑病。3. 以乳乳姑治姑病。4. 割乳和藥治姑病。5. 母亡悲飲其尸水，父死則斷髮毀容不嫁。6. 自墜千仞崖以救治父疾。7. 割膝肉治父疾。8. 斷指治母疾。9. 割耳治母病。10. 食糞治舅（姑）之疾。11. 割膚治母疾。〔註83〕較之宋、元婦女，〔註84〕明代的新異孝行，可謂洋洋大觀。

　　　　　　　　　　　　　　　　　　　　　　　　

〔註79〕前揭書，卷36，〈閨孝部列傳五〉，頁378，趙琦使，引《尤溪縣志》。
〔註80〕清・章平事撰，《諸暨縣志》（台北：漢學研究中心藏日本內閣文庫景照本，
　　　　清康熙年間刊本），卷11，〈女列傳・人物志〉，頁16a。
〔註81〕《古今圖書集成・閨媛典》，卷36，〈閨孝部列傳五〉，頁372，石思琳妻劉氏，
　　　　引《宿松縣志》。
〔註82〕前揭書，卷53，〈閨孝部列傳九〉，頁531，裴貴妻劉氏，引《全遼志》。
〔註83〕李飛，〈中國古代婦女孝行史考論〉，《中國史研究》，1994年第3期，頁76〜77。
〔註84〕李飛統計宋朝出現的新異孝行，計有：1. 割肝治父病。2. 兩次割股治姑病。
　　　　3. 恨繼父毆母，擊殺繼父未遂。4. 割股割肝治母病。5. 姑死，三年不食肉。
　　　　元朝有：1. 斷髮燃指以示思念母親。2. 鑿腦治父病。3. 賣子求棺。4. 孝事
　　　　舅姑，積勞成疾而卒。5. 守母墓四十餘年後，絕食三日殉死。6. 為母吮吸濃

從這樣的歷史脈絡來看，明代婦女割股、割臂以救治翁姑等極端道德行為，似乎反顯得較為尋常普遍。〔註85〕

值得注意的是，從以上明代婦女割股療親的事例看來，許多都已誦讀過《列女傳》、《內則》等女教讀物。在《孝經・開宗明義章》即曰：「身體髮膚，受之父母，不敢毀傷，孝之始也。」〔註86〕已明白地提出孝道的原始精神即在不毀傷受之父母的身體。呂坤在《閨範》中亦舉明洪武初年曾受旌表的「韓太初妻」為例，提出其對割股療親的看法，原傳曰：

> 韓太初妻，劉氏，新樂人。太初仕元為顯官，洪武七年，家徙和州，劉氏奉姑甯氏以行，至南宮，姑仆地傷腰，劉氏禱天，刺臂血，和藥以進，遂愈。至瓜洲，姑復病，再進，再愈。至和州一年，姑患風疾，不能起便溺，劉氏親手扶拭，時盛暑。劉氏日夜揮逐蚊蠅，蛆生枕席，劉氏嚙之，蛆不復生。姑病尋愈，一日姑忽病危，嚙劉氏手指，意欲永訣，劉氏不悟，刺指血和湯以進，姑病驟愈，越月而卒。五年未得歸葬，劉氏哀傷如一日。〔註87〕

觀劉氏「割股刺臂」、「嚙蛆刺指」等行為，呂坤認為其孝道情操雖值得嘉許。但不免有「過中」的顧忌，他評述說：

> 子婦事親，無過分之事。至於割股刺臂、嚙蛆嘗糞，皆一念迫切至情，足以動天地、感神明。然而聖賢未嘗為者何？道不出於中庸，在人子自盡則可，以之示訓則不可也。若劉氏者，繩孝不可及矣，吾錄之，以媿世之薄於舅姑者。〔註88〕

由此可知，呂坤為感惕晚明社會那些不知恪盡婦道而薄待舅姑的媳婦，乃於

血。前揭文，頁77。

〔註85〕 林麗月根據《古今圖書集成》所錄明代閨孝列傳中探討孝婦的孝道實踐指出：入志的480名孝婦中，其孝行絕大多數集中於「侍疾」方面。其中，「割股療親」佔孝行總數的49%，與未以自殘方式行孝的「侍奉湯藥」兩項合計，佔孝行總數的60%，可見侍疾方式中的「割股療親」在明代反而顯得較為普遍與尋常。詳見氏著，〈孝道與婦道：明代孝婦的文化史考察〉，頁15。此外，筆者檢閱同樣文獻亦發現，明代孝女採行割股方式療治雙親的事例亦為數不少，所在多有。

〔註86〕 明・秦鑅編，《求古齋訂正九經》（台北：國家圖書館善本室藏，明崇禎十三年錫山秦氏刊本），頁1a。

〔註87〕 明・呂坤，《閨範》，卷3，〈婦人之道・孝婦〉，總頁373～375，「韓太初妻」條。

〔註88〕 前揭書，卷3，〈婦人之道・孝婦〉，總頁375～376，「韓太初妻」條。

《閨範‧孝婦》中著錄此例以提振風教（參見圖 15）。但針對劉氏「割股刺臂」、「嚙蛆嘗糞」之舉卻不表鼓勵與支持的態度，認為不足為訓。

圖15：《閨範》明‧韓太初妻刺臂療姑圖

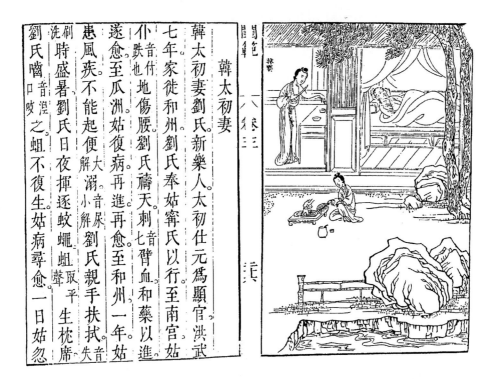

相反地，明末王相母劉氏所撰《女範捷錄‧孝行篇》中，即對婦人極端的孝行表現，不僅沒有「過中」的顧忌，更對婦女的割股殉死等行為，表示嘉許與直接的肯定，贊之為「孝烈」，其〈孝行篇〉曰：

> 男女雖異，劬勞則均。子媳雖殊，孝敬則一。夫孝者百行之源，而猶為女德之首也。是故……劉氏醫姑之蛆，刺臂斬指和血以丸藥。……張女割肝以蘇祖母之命。……是皆感天地，動神明，著孝烈於一時，播芳名於千載者也，可不勉歟！〔註89〕

至於其他的女教書，諸如官修的《古今列女傳》，私修的《女鏡》、《女範編》（參見圖 16）、《閨範十集》及《繪圖列女傳》（參見圖 17）等多部女教書對婦女割股之孝舉亦多所載錄，足見其對婦女割股行孝的讚賞。

〔註89〕明‧王節婦，《女範捷錄》，頁28，「孝行篇」條。

圖16：《女範編》明・馮應時妻刲股療夫圖

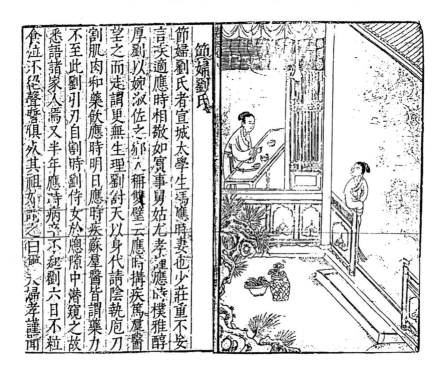

節婦劉氏

節婦劉氏者宣城太學生馮應時妻也少莊重不妄
言笑適應時相敬如賓事舅姑尤孝應時樸雅醇
厚劉以婉淑佐之鄉人稱雙璧云應時搆疾屢醫
望之而走謂更無生理劉籲天以身代請陰執刀
割肌肉和藥歙應時明日應時病瘥侍女於牕隙窺之故
不至此劉引刃自割時劉侍女蘇舉簪皆謂藥力
悉語諸家人爲又半年應時病瘥不起劉六日不粒
食泣沰絕聲驚俱殞其祖知之曰嗟夫婦孝謹可聞

圖17：《繪圖列女傳》明・韓文炳妻刲股療姑圖

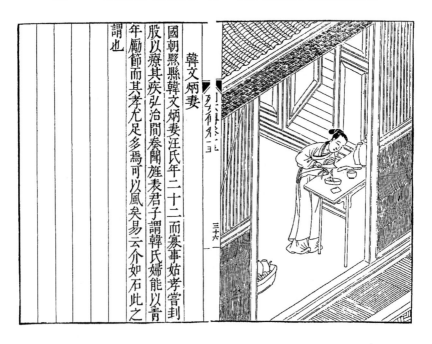

韓文炳妻

國朝縣韓文炳妻汪氏年二十二而寡事姑孝嘗刲
股以療其疾弘治間奏聞旌表君子謂韓氏婦能以青
年勵節而其孝尤足多焉可以風矣易云介如石此之
謂也

（二）喪　葬

除了「侍疾」外，明代婦女於「喪葬」方面的孝行，也時有令人嘆為觀止的表現。如吳縣文氏，幼承庭訓，通《孝經》、《語孟》及《小學》，皆能成誦，每行事亦必循古訓。歸諸生俞濟伯後，貧不治生，舅姑相繼病歿，適濟伯赴應天試，文氏強忍悲慟，獨挑喪葬事宜，自罄簪珥含斂，人稱「賢孝」。〔註90〕又如命婦黃氏，幼時承母親鄒氏教以《孝經》、《女訓》及《古節孝傳》，皆能通曉其義，迨鄒氏病故，黃女「晝哭於帷，夜哭於寢，三年不言笑，枯瘠委頓，幾於滅性」，鄰里聞之，未有不嘖嘖稱「孝女」者。〔註91〕由士人宣揚黃氏對其母喪亡哀慟之情的描述，顯見士人眼中婦女行孝的典範形象，一如貞節一般，以「至苦」為難能。甚至有婺源李氏，聞父執義遇害，備極哀慟之餘，不惜捨生殉父，如此極端、激烈的孝舉也受到了郡邑的稱揚：

> 李氏女，名韞珠，李坑德伭女。性端謹聰明，通《孝經》、《列女傳》。
> 年十六，父執義遇害，女慟哭不已，自經。洪武九年郡守張孟旌之，
> 為立祠祀焉。〔註92〕

此外，據《古今圖書集成》明代閨孝列傳所載，為孝女者，長適他人後，亦必克盡婦道，孝事舅姑如同父母。如咸寧常氏，「幼嫻女訓，未及笄，失怙，哀毀幾喪明」，適人後不僅孝事舅姑如事父母，對祖姑高氏亦竭力致孝，絲毫不怠。〔註93〕又有宿松吳氏，幼時喜誦讀《孝經》、《內則》諸書，年十二，母馮氏疾篤，吳氏哀慟切至，禱以身代，終孝感動天，母疾得癒。適人後，其姑久病不癒，吳氏割股和粥以進，姑遂康復：

> 吳氏，吳子桂長女，黃正中妻。性賢淑，女紅之外，輒喜誦讀《孝經》、
> 《內則》諸書。年十二，母馮氏疾篤，弟妹皆幼，哀痛切至，禱以身
> 代，哭泣暈地。神告曰：「汝有孝心，可保母無虞。」母遂愈。嬪於
> 黃，閨門素雍，言不踰閾。姑王氏沈疴弗痊，吳潛割股和粥食之，復
> 蘇，左右扶抱，載離寒暑，未嘗少倦。姑沒，哀毀骨立，族里咸化之。

〔註90〕《古今圖書集成·閨媛典》，卷33，〈閨孝部列傳二〉，頁342，俞濟伯妻文氏，引《吳縣志》。

〔註91〕明·張萱，《西園存稿》（台北：漢學研究中心藏日本內閣文庫景照本，清康熙四年刊本），卷23，頁25b，「敕贈太孺人吳母黃太君墓表」條。

〔註92〕《古今圖書集成·閨媛典》，卷33，〈閨孝部列傳二〉，頁340，李氏女，引《婺源縣志》。

〔註93〕前揭書，卷35，〈閨孝部列傳四〉，頁364，翁婦常氏，引《咸寧縣志》。

居家勤儉和睦，課子女諄諄以忠厚廉潔為務，年四十卒。〔註94〕

從以上二例顯示，未有「孝女」適人後，不為「孝婦」者，故女子終身恪盡婦道之孝，足可作為明代婦女孝行的典範。

除了「孝女」與「孝婦」兩者多為一體之兩面外，呂坤並嘗言：「未有貞妻，不為孝婦者」，〔註95〕言下之意，即指「節婦」與「孝婦」的形象也往往兩相重疊，倘若節婦於夫亡後，堂上尚有舅姑，下有幼子，則節婦多會以大局為重，不會輕易殉死。此種「節孝兩全」者，也是明代女教書所極力褒揚與稱頌的。

例如建昌余氏，幼通《孝經》大義，于歸後，數年夫病亡，氏年十九，欲以身殉，後不忍舅姑幼子，乃終身甘貧孝事舅姑。又於歲歉之時，自食藜藿而以稻粱養其舅姑，可謂孝養備至：

> 余氏，余孔德女。幼通《孝經》大義。適同鄉李宗魯，數年魯病亡，氏年十九，欲以身殉，觸棺流血骨折，氣幾絕，賴救復甦，已而斷髮撫孤，奉舅姑以孝。歲歉，家徒壁立，自食藜藿而以稻粱養其舅姑，每朔望及忌辰，輒號哭竟日，歷五十年無改。〔註96〕

又如廣昌何氏，幼讀《孝經》、《列女傳》，輒通大意，夫亡無子，將殮之日，觸棺欲從，但轉念為舅姑著想，乃強忍悲慟，甘貧勵節，終身無悔：

> 何氏，太學生傅哲妻。幼聰慧，讀《孝經》、《列女傳》，輒通大意。年十八適哲，善事舅姑。哲亡，氏年二十四無子，止一女，殮之日，觸棺欲從，以姑故，強自寬解，毀容茹蔬，甘貧勵節，歷五十年如一日，邑令旌之。〔註97〕

另有蘇州顧氏，父常以忠節賢淑之事訓之。適人後，逾月夫亡，顧氏乃獨撐家計，侍姑疾不倦，並進而教子成名儒，其「持節矢孝」的冰操懿行亦傳佈里中：

> 顧氏，名妙明，吳縣人，知州均義女。義好談忠節，常以古賢淑訓之，妙明曰：「此亦人耳！」均義喜曰：「女志可見矣！」嫁杜玉，……子瓊生，逾月，玉亡，顧盛年惡衣食，紡績以養翁姑。翁亡，姑病癱，

〔註94〕前揭書，卷34，〈閨孝部列傳三〉，頁372，黃正中妻吳氏，引《宿松縣志》。

〔註95〕明‧呂坤，《閨範》，卷3，〈婦人之道‧孝婦〉，總頁371～372，「俞新之妻」條。

〔註96〕《古今圖書集成‧閨媛典》，卷194，〈閨節部列傳七十六〉，頁1978，李宗魯妻余氏，引《建昌縣志》。

〔註97〕前揭書，卷195，〈閨節部列傳七十七〉，頁1987，傅哲妻何氏，引《廣昌縣志》。

氏侍湯藥六年。瓊長，令從學，夜執女紅共燈火讀書，瓊以學行為名

儒。里人某病革，屬其妻學杜節婦，其妻感之不再嫁，其節行之化人

如此，正統四年，郡守奏旌，卒年八十有四。〔註98〕

　　值得一提的是，明代婦女在遭逢喪夫之痛時，也有深切感受到孝事舅姑

為代夫盡子道的份內之事，如常熟節婦蔡氏，少讀書，知古列女事。年二十

二夫亡，其子尚在襁褓，蔡氏矢志守節，迨姑死，翁無養，蔡曰：「將父者，

夫之責，今則未亡人之責也。」孝事之。〔註99〕又如命婦劉氏，幼時，其父

嘗以古列女圖示之，十七于歸，二十四夫死，劉氏欲殉，人力勸之，劉氏始

曰：「吾知代吾夫，事吾舅姑而已。」〔註100〕乃竭力孝養，終不更志。

　　由上所述，可知明代不論孝女、孝婦在「侍疾」與「喪葬」方面，都有

令人驚嘆的孝行表現。這其中除了受到明代朝野重視節孝之風的影響外，同

時又與《列女傳》、《內則》等女教諸書所傳播的教化思想不無關係，即在女

教思想的長期潛移默化之下，使婦女視孝事舅姑等同父母，為盡孝婦之責而

矢志不悔。

　　綜合本章所述，可知明代婦德的兩大內涵──「貞」與「孝」，在明代婦

女的道德實踐上，均有愈益朝向「至奇至苦」的「宗教化」趨向。就「貞」

而言，不論已嫁或未嫁的婦女，在遇盜寇侵逼或城陷臨危之際，無論用智紿

賊或罵不絕口，均表現其寧死不污、大義凜然的節操。

　　平居時的婦女，若不幸遭逢夫喪或婿亡，倘若在守志的歲月中可以得到

家人的支持，則較能達到奉姑撫子而持節終身的目的。但若面臨迫嫁、諷辱

或奪產等壓力，節婦以散財或斷指、破面等毀容的激烈手段來平息眾人的疑

慮，若仍無法釋疑，此時節婦貞女徘徊在「貞」、「孝」之間，往往捨「孝」

而從「貞」，置生死於度外，於「櫛沐正襟」後，即自縊、投繯或投水從容就

死。

　　至於明代婦女孝道的實踐，亦如同節婦烈女所表現得「奇節艱貞」一般，

充滿壯烈、激奇的色彩。不僅有「舐目嘗糞」等孝行，又有不惜冒性命之危

而「割股療親」，甚至還有「殉親」的事例，多不勝舉。而明代士人對節婦兼

孝婦「矢貞全孝」的節操，多大表嘉許與稱美。然而誠如前述分析所見，若

〔註98〕前揭書，卷132，〈閨節部列傳十四〉，頁1368，杜玉妻顧氏，引《蘇州府志》。
〔註99〕前揭書，卷256，〈閨節部列傳138〉，頁2568，陸棟妻蔡氏，引《常熟縣志》。
〔註100〕明‧劉孔當，《劉喜聞先生集》（台北：漢學研究中心藏日本內閣文庫景照本，
　　　　明萬曆三十九年刊本），卷4，頁13a，「彭貞婦傳」條。

孝婦面臨「節孝兩難」的境遇，往往會捨「孝」而從「貞」，顯見明代婦女視「貞」的道德價值，儼然超越「孝」之上。

值得注意的是，從上述這些節烈婦女的貞烈孝行看來，許多曾於幼時或平時即已誦讀過《內則》、《女誡》、《孝經》、《女範》、《列女傳》等書，其中又以明刊《列女傳》與《孝經》居首。至於教授婦女誦讀的，多由雙親或家中師傅，或是經由兄長、鄰里、瞽嫗講誦而聽聞之，甚至還有因己身學養豐富，知書達禮，而有自纂《列女傳》的事例。這其中最常見的，即是經由父親所教授，婦女在閱讀或聽聞之後，多有「津津羨之」或「輒嘆而不忍置」的反應。因此節婦貞女在長期涵濡於女教諸書的薰陶下，對她們往後立身處世的禮教觀念影響至深，據趙南星《味檗齋文集》中所載一鍾節婦張氏，其父「日以《列女傳》諸書授，節婦讀之，每至貞順節義事，輒歡羨之，……坐臥一樓，偶失火，群婢皆逃，（其母）宜人令之下，曰：『兒聞宋恭伯姬之事矣。彼婦也，猶不避火，況女乎！』竟不下，火亦尋滅」。〔註101〕張氏在未出嫁前，不但已讀女教之書，並且還身體力行，學習《列女傳》中魯宣公的女兒伯姬，家中失火卻不肯下樓避火，這次火災幸因即時撲滅，張氏得以未死。適人後不久，其夫不幸早逝，張氏乃強忍悲慟，含辛撫孤，日事紡績，守志終生。又如明人汪廷訥於《人鏡陽秋》中力讚詹孝女「貞孝兩全」的烈操曰：「女子於倉促危殆之際，智足以脫禍，勇足以明節，非天分之賦厚，必觀感之功深也。詹氏女以父兄故，詭隨於賊，計其遁遠，即以死繼之，……信得於《列女傳》者多也。」〔註102〕由此可知，《列女傳》等女教讀物對於少出閨門的婦女有其一定的影響力，使婦女於危難之際，能用智脫困，既救父兄，又得保全貞節外，但也不免導致婦女深以古烈婦孝女自許而做出「過中」之舉，值得省思。

究其婦女之所以能諳通女教諸書，又常與平日所受的閨訓有關，明人蔡獻臣云：「矢志而不移，就義而不逼，夫寧一決之為烈哉！蓋得於天植與閨訓者素矣！」〔註103〕換句話說，女子的貞孝節烈之舉，除了根於天性外，還多半與平時所受的閨訓有關，如明人劉孔當的〈彭貞婦傳〉載：「孺人方幼時，

〔註101〕明·趙南星，《味檗齋文集》，收於《叢書集成新編》第75冊，卷9，頁682，「鍾節婦傳」條。
〔註102〕明·汪廷訥，《人鏡陽秋》，卷10，〈孝部·致死類〉，頁32b，「詹孝女」條，原文作烈。
〔註103〕明·蔡獻臣，《清白堂稿》，卷13，頁19b，「旌表貞烈顧門薛氏傳」條。

少雲君（彭父）數指所繪古列女圖示之，孺人欣然願附焉。豈非天性哉！豈非天性哉！抑少雲君之風教遠矣！」〔註104〕

　　不論婦女平時所受的閨訓承襲父教或母教，往往促使婦女耳濡目染之餘，立下志操，趙南星指出：「節者，根於性而成於志者也。」〔註105〕而此「志」的養成，也就是平日積累所涵濡的閨訓使然，《列女傳》等女教書也就居中發揮了催化的功能。誠如呂坤所說：「夫孝賢貞烈根於天性。彼流芳百世之人，未必讀書，而誦習流芳百世者，乃不取法其萬一焉。」〔註106〕即藉由《列女傳》等女教書的傳布，使誦習者觀覽之餘，可從中「取法其萬一」，對婦女的思想與行為之影響實不可小覷。

〔註104〕明・劉孔當，《劉喜聞先生集》，卷4，頁14a，「彭貞婦傳」條。

〔註105〕明・趙南星，《味檗齋文集》，收於《叢書集成新編》第75冊，卷9，頁372，「姚節婦傳」條。

〔註106〕明・呂坤，《閨範・序》，總頁4。

結　論

　　傳統中國女教書的刊刻，歷經兩漢、唐、宋時期的發展，至明代愈臻成熟，不論朝廷或地方，官、私修女教書的刊刻品質與數量均達於鼎盛。本文所探討的二十三本女教書中，除四本為官修外，餘皆私修。以官修女教書而言，朝廷所御製的女教書側重宮闈母儀之教的培育，多具濃厚的防微杜漸之政治目的。由於明太祖有鑑前代女禍貽害深鉅，建國之初，首嚴內教，除命儒臣纂修《女戒》，重申儒家之倫理綱常外，並立下后妃不得干政的祖訓，歷朝皇帝也多能恪遵太祖遺訓，杜絕后妃預政。此外，明初在太祖馬皇后、成祖徐皇后的以身作則下，宮壼得以雍然肅清；同時，也連帶使其後的后妃多以賢德自勉，繼而師法其著書立說，倡揚女德，對女教的推廣不餘遺力。

　　就私修女教書的編纂者而言，除《溫氏母訓》與《女範捷錄》兩部由女性口述或撰著外，其餘以文人儒士主筆者居多，反映出士大夫對明代社會日趨敗壞，女性道德日漸廢弛的憂心，乃紛紛編纂或資助女教讀本的刊印，期使振興禮教、提升女德。因此明代重視女教的風氣，后妃與士大夫的積極倡導，實為主要之關鍵。

　　從內容與體例來看，私修女教書較官修女教書更增豐富的文化色彩。官修女教書，主要以告誡體和傳記體的形式呈現，多於明代初期所刊刻。以解縉等奉敕編纂的《古今列女傳》而言，所輯錄的人數亦僅至洪武朝而已。私修女教書則除了有告誡體、傳記體、告誡與傳記兩者並採之體例外，尚有供女孩學習誦讀的詩歌體裁。其中採傳記體裁的女教書，其取材則多以西漢劉向《列女傳》為本，另添加歷朝正史列女傳或方志的婦女典範故事。傳前並多附有人物插畫，所蒐羅的人物亦有多部至明代晚期，較官修女教書更具明

代女德典範的時代意涵。

　　本文探討的私修女教書，以一人一傳的傳記體裁為數最多，堪稱女教讀本中廣受歡迎的主流。在明代中期以來版刻技術不斷改良以及社會經濟日趨繁榮的基礎上，採用《列女傳》形式的女教書進而有結合套色印刷與插圖版畫的刊本問世，此兩大雕印技術運用於女教書中，係前代所未嘗見。雖然採用套色印刷的《列女傳》本傳世者甚少，卻有多部附加人物插畫，而在這些插圖裏，可以發現多與園林景緻相互輝映，是其一大特色。這主要是由於明代中期以來，江南園林造景之盛，文人儒士多重視山水園林的記遊，促使當時不少刻工在繡像中很自然的穿插園林景物，以使畫面襯托的更為文雅恬靜，意境幽美。這種圖文並茂的女教書，不僅可增加刻本的美觀，同時也可達到雅俗共賞之目的，間接使粗通文墨的婦女得以透過《列女傳》等女教書作為其誦習的教本。

　　大體而言，明代江南與靠近京城的地區，一方面文人儒士薈集，一方面書籍出版業相當繁盛，因此，士紳家族或家道殷盛的家庭大多鼓勵婦女讀書識字，這當中以《列女傳》或《女誡》形式出版的女教書，仍然是受到普遍的推廣與重視，成為訓誡婦女立身處世的啟蒙教材。

　　探究晚明流通於書市中的女教讀本，其實是結合各方不同動機之下的參與。就士大夫而言，其編纂女訓讀本的目的，主要是為整頓晚明婦德的放縱。而士紳家族大力資助家鄉節烈婦女傳記的出版，除了紀念傳主與榮耀門閭外，其實也是從振興風教的立場出發，期使婦女觀覽之餘而興見賢思齊之思。至於一般坊間的書商，在謀求商業利潤的前提下，主要則藉由精美的插圖與哀婉動人並富戲劇化的情節，來增強讀者的購買慾。晚明《列女傳》等女教書所形塑的大量貞女烈婦之形象，雖不免成為社會發揮情色意識的場域，但無可否認地，明代中期以來日益活躍的市場經濟與蓬勃發展的印刷出版事業，促使《列女傳》等女教讀本得以流傳於世，並進而影響明代婦女的生活，使婦女紛紛把「貞孝」視為至善道德標準的楷模。因此，即使是由書坊所出版的《列女傳》等女教讀物，在提振婦德的力量上，仍然有其不可忽視的作用。

　　女教書所主張的教化思想，其中蘊含明代士人理想的婦女形象，本文從德行觀、貞節觀以及才智觀三方面加以考察。就德行觀來說，「男尊女卑」與「三從四德」為女教書闡揚婦教思想的核心。由於婦女一生所經歷的階段與

扮演的角色頗多，除后妃與閨女外，出嫁後，即融於夫族的家族體系中，扮演為人婦、人母或為人姑嫂、妯娌等種種的角色，而處於這些角色中所應盡的義務與職司，也無一不考驗著婦女的智慧與能力。

　　女教書強調的婦道，德目雖多，其中最基本且責無旁貸的義務，則為「主中饋」與「廣繼嗣」，兩者均以維繫父系家族的和諧與綿延為主要目的。至於與夫族家人的相處，除丈夫外，又以舅姑、婢妾或妯娌、姑嫂等人的關係至為密切。其中以奉侍翁姑來說，婦事舅姑務以「敬順」為要，切忌專擅違忤，一切莫不以得其歡心為前提。待家中婢妾，則宜以「寬慈」之態度為原則，一切以嗣續為重，嚴誡因妒忌而招致「絕嗣」、「亂家」的「妒婦」惡名。至於與妯娌、姑嫂等親族相處之道，則凡事持以「禮文遜讓」，以和為貴。婦人處在父系家族中，若能知曉「家和萬事興」的重要，莫不使居處之間和樂融融、昌盛興旺。

　　母德的賢良與否亦為婦道的一環，關切著子孫的賢肖與家國的興衰。《古列女傳・序》云：「父之教子也，倍母；而子之化於母也，十父」，〔註1〕可見母子關係的密切實不亞於父親。母德中的胎養之教，乃為防子孫日後放逸，故為士大夫亟所重視。至於教導之責，除「繼母」與「乳母」以「慈」為要外，餘皆以能「善教」為主。所謂「善教」，係指母子關係去其姑息溺愛，採恩威並濟的教育方式，倘能更積極地助其德業，始為克盡善教之職。總之，婦道「上奉舅姑，中諧妯娌，內相夫子」，〔註2〕一家雍睦和諧，乃士大夫認為理想且基本的婦德形象。

　　次就貞節觀而言，自先秦以來「男女有別」的觀念，深深影響人們對貞節的雙重標準。〔註3〕明代女教典籍中的訓誨，仍然強調婦女應受禮法與家規重重的限制，只扮演「主於內」的角色。除告誡不得恣意出遊外，更要謝絕「三姑六婆」等外婦的登門造訪，以免招致「人財兩失」之禍。其實，儒家男／女與內／外等防閑遠別的禮教規範，無一不是為教化婦女謹保貞節而設定的性別藩籬。隨著明代社會意識對婦女貞節的日趨重視，晚明《列女傳》

〔註1〕明・黃嘉育，《古列女傳・序》，收入清・陳夢雷等輯，《古今圖書集成》（台北：鼎文書局，1985再版），《明倫彙編・閨媛典》，卷4，〈閨媛總部藝文一〉，頁37。

〔註2〕明・周詩，《與鹿先生集》（台北：漢學研究中心藏日本內閣文庫景照本，明刊本），卷11，頁9a，「明汪繼室王孺人墓誌銘」條。

〔註3〕林維紅，"Chastity in Chinese Eyes: Nan-Nü Yu-Pieh,"《漢學研究》，9：2（1991.12），頁13～40。

等女教書所羅列當朝婦女的典範中亦多呈現「貞烈」的形象。不僅夫亡守節視為常道之事例屢見不鮮，夫亡殉夫、室女守志抑或室女殉婿的事例亦不勝枚舉、比比皆是。

然而在這些無數可歌可泣的貞烈事蹟背後，女教書亦揭示了士大夫眼中理想「貞烈」形象之意涵。無論婦女（包括在室貞女）於其夫（或未婚夫）亡後，選擇守節、殉節或死節，均應審慎酌量當時情勢。倘若上有舅姑，下有幼子，婦女應當忍死守志，委屈圖全，以善盡人子之道與母道為先。因此，「矢孝全貞」抑或把守志不更的「貞」節與實踐「信」、「義」的道德信條鎔鑄為一，乃當時士人認為婦女至高的「貞烈」典範，也足以為後世閨閫仿效的楷模與表率。

再就才智觀而言，明代女教承襲前朝，對婦女的「道德」教育與「家事」教育至表重視，無非期使婦人具備「治於內」的本事與「卑順」的美德，進而持家有道、相夫教子。但對於婦女知書識字的培育，則主要係用來解讀「聖賢經傳」之類的道德蒙養書籍，藉以從中學習「節孝」、「事夫」〔註4〕之道。至於進一步的詩詞之學，則多以為徒長淫心，不僅有大壞「男女之防」的危慮，且無補於世道人心，故不予鼓勵。另一方面，士人對「閨智」的運用得當，多持鼓勵與激賞的態度。尤其在古賢婦人展露「明識之見」抑或「臨難應變之智」上，認為小可益於「相夫勗子」，大可收「經國祚家」之效而多予肯定。不過，究其所以鼓勵女性顯露閨智的背後，並非要求婦女得以「自立」，而係期盼能帶給夫族一定的助益並使家道愈益昌盛。〔註5〕

值得一提的是，女教書顯示，周代有才識的婦女在比例上多過歷朝，愈至後代則愈少見婦女展現明識賢達、輔佐夫君的智才。至於婦女在倉促危難之際所表露的濟變之智，多呈現在「保全貞節」抑或「捨己全親」兩方面，足見士人對有智婦女的推崇，仍集中於嚴守貞節與延續夫族為主，比起先秦時代的婦女展現其明達智辯、深謀遠慮，足以相夫勗子、經國祚家之智，似顯狹隘。

除女教書外，本文另參酌《古今圖書集成》所輯錄的明代方志，以及士

〔註4〕陳東原以為傳統中國的女教，純粹就父系家族的立場出發，教導婦女「賢良」之德，故可稱之為「事夫主義」的教育。見氏著，《中國婦女生活史》（台北：台灣商務印書館，1990.12），頁244。

〔註5〕吳燕娜，〈貞順節烈足夠嗎？由女兒書看古代對有智婦女之重視〉，《九州學刊》，5：1（1992.7），頁123～128。

人為婦女撰寫的墓誌銘、墓表、行狀等文獻考察明代婦德所表現的禮教行為中，最引人矚目的兩個焦點「貞」與「孝」，在士人的傳記書寫中，其道德實踐的方式，多朝激烈化、宗教化的極端趨勢發展。以「貞」而言，婦女守志的漫長歲月中，除了為奉姑撫子而備嘗艱辛外，〔註6〕又往往會遭遇險阻而無法順利地保全貞節。尤其在節婦年紀尚輕、姿容秀美或稍有貲財的情勢下，更易受到來自於本家、舅姑、鄰里豪族的迫嫁、奪產或諷辱等內外壓力。節婦處此困境下，或毀容自誓、或以死明志以表達其堅貞不二之節操。至於為避賊寇污辱，或不幸遭逢夫喪而執意殉夫，終博得「貞烈」之美名者，在維護死後的名節上亦煞費苦心。往往於決意殉死之前，即先行密紉其衣，以防屍體尋獲時，手臉以外的部分外露而損及貞節。女教書中類似的情節描述不一而足，顯見明代貞節觀愈益朝向嚴格與狹隘的方向發展。

　　就「孝」而言，婦女為體踐孝道，不惜冒生命的危險，藉刲股自殘之法以療治親人的事例亦多不勝數。從這些孝行事例可知，不僅「孝女」適人後，未有不為「孝婦」者，且「孝婦」與「節婦」的形象又往往重疊，而此種「節孝雙全」者，也正是士人積極襃揚的婦道典範。值得注意的是，倘若婦人面臨「節孝兩難」的困境時，往往會選擇捨「孝」從「貞」，顯見明代社會「貞」的道德價值已儼然凌駕於「孝」之上。

　　綜觀明代士人撰述婦女實現貞、孝的傳記書寫，可以顯見一套專為女性所建構的文化模式，其內容往往呈現「其事雖甚難而跡多相類」的風貌，不僅顯現以「至奇至苦為難能」的形象，在情節的舖敘上雖具衝突性，實際上則多為格套化的模式。透過這些大量貞烈或孝烈形象的塑造與流傳，不僅傳達了士人編纂女教書所欲宣揚的道德理念，同時也從中反映了明代社會對婦德楷模的認同標準。晚明《列女傳》等即藉由激奇艱苦的傳記書寫，使閱讀者留下更為深刻的印象，而進一步擴大其風教的影響力。

　　此外，在女教書對婦女的教化影響方面，本文發現，許多明代孝女節婦自幼或平時即誦讀《孝經》、《列女傳》等道德訓誡之書。其中《列女傳》所輯錄當朝貞孝節烈的典範傳記，經由平日雙親的閨訓薰陶，逐漸在其腦海中形成一套依循的準則，使婦女耳濡目染之餘，深以烈婦孝女自許。或許《列

〔註6〕熊秉貞指出，明清時期的母親，尤其是守志寡母其茹苦撫孤又訓子有方的母德形象，是中國美德與苦難的象徵，也足以作為母儀的楷模表率。見氏著，〈明清家庭中的母子關係——性別、角色及其他〉，收於李小江等主編，《性別與中國》（北京：生活、讀書、新知三聯書店，1994.6），頁514～544。

女傳》等女教書對社會所產生的教化功能並非全然是正面的教育意義，但毋
庸置疑，透過《列女傳》等女教書與明代社會文化的變遷相結合，對婦女思
想與生活的影響實不容小覷。

附錄：明代歷朝女教書著錄概況表

類別	書　名	卷篇數	撰編者	題名揭載書目	原文收錄書　名	備　考
官修	女戒	不詳	朱升	太祖實錄卷 31，洪武元年三月辛未條 朱升，《朱楓林集》，卷 9，〈翼通續略〉	未見	《朱楓林集》原文作「誡」。
	女誡	一	不詳	明史卷 96 藝文志 1	未見	洪武中命儒臣編。
	歷代公主錄	一	不詳	明史卷 97 藝文志 2 國史經籍志卷 1 制書類記卷數為 2 千頃堂書目卷 11 子部·儒家類記卷數為 2	未見	洪武時編。始自隋藍陵公主迄於唐襄陵公主，分善惡、示勸誡。
	內訓	一	太祖馬皇后	明史卷 96 藝文志 1 國史經籍志卷 1 制書類	未見	
	內訓	二十篇	成祖徐皇后	四庫全書總目卷 93 子部 3·儒家 3	景印文淵閣四庫全書第 709 冊	
	貞烈事實	二	同上	國史經籍志卷 1 制書類 千頃堂書目卷 10 史部·傳記類 歷代婦女著作考卷 6	未見	始啟母明訓，終岳氏自縊，凡 88 條。
	古今列女傳	三	解縉等纂	明史卷 97 藝文志二 國史經籍志卷 1 制書類疑闕古今二字 四庫全書總目卷 58 史部 14·傳記類 2 千頃堂書目卷 10 史部·傳記類	景印文淵閣四庫全書第 452 冊	

	高皇后傳	一	解縉等纂	千頃堂書目卷 10 史部・傳記類	單行本－明永樂 4 年內府刊本	
	女訓	十二篇	世宗生母蔣氏	明史卷 96 藝文志 1 國史經籍志卷 1 制書類 歷代婦女著作考卷 6	未見	
	內則詩	一	方獻夫等	明史卷 96 藝文志 1 千頃堂書目卷 11 子部・儒家類	未見	嘉靖中命方氏等撰。獻夫（？～1541）字叔賢，號西樵，南海人，弘治 18 年進士。
	女鑑	一	神宗生母李氏	明史卷 96 藝文志 1 國史經籍志卷 1 制書類 千頃堂書目卷 11 子部・儒家類	未見	
	女誡	一	原編者東漢班昭		古今圖書集成・閨媛典卷 4 閨媛總部・藝文 1 記有萬曆 8 年神宗御製之序文。	萬曆時，重刊班昭之女誡。
	內訓	一	原編者成祖徐皇后		同上	萬曆時，重刊成祖徐皇后之內訓。
私修	八貞女傳	不詳	葉茂才	千頃堂書目卷 10 史部・傳記類	未見	
	女小兒語	二篇	呂得勝		清・陳弘謀・五種遺規・教女遺規	
	女小學	一	不詳		單行本	日本內閣文庫藏。
	女四字經	一	不詳		單行本	日本內閣文庫藏。
	女史全編	二	朱瑞圖		單行本－明啟禎間萬卷堂刊本	
	女兒經註	不分卷	趙南星		教家二書	
	女則	四	朱家棟	千頃堂書目卷 11 子部・儒家類	未見	家棟，清江人，歲貢官鎮江府學教授。
	女則	不詳	樓一堂	千頃堂書目卷 11 子部・儒家類	未見	一堂，浦江人。
	女貞傳		葛焜	千頃堂書目卷 10 史部・傳記類	未見	葛焜，字仲韜，上虞人。

女訓	不詳	陳其蔥	千頃堂書目卷 11 子部・儒家類	未見	其蔥，東陽人。
女教經	不詳	朱隆姬	歷代婦女著作考卷 5	未見	隆姬，明宗室朱翊鉉女，張心選妻。
女教篇	一	鄭氏	歷代婦女著作考卷 6	古今圖書集成・閨媛典卷 3 閨媛總部總論 2	
女教續篇	一	王直	明史卷 96 藝文志 1	未見	王直（1379～1462）字行儉，號抑菴，泰和人，永樂 2 年進士。
女蒙求	不詳	黃佑	千頃堂書目卷 11 子部・儒家類	未見	黃佑，廣昌人，萬曆中貢士，國子監典籍。
女誡衍義	一	夏雲英	歷代婦女著作考卷 6	未見	雲英，山東莒州人，周憲王宮人。
女誡雜論	一	徐淑英	歷代婦女著作考卷 6	未見	淑英，福建莆田人，徐廷龍女。
女德議	不詳	高妙瑩	名山藏列女傳列女記 1 歷代婦女著作考卷 6	未見	妙瑩，字叔婉，吉水人，高若鳳女，解開妻，解縉母。
女範	八	王氏	歷代婦女著作考卷 5	未見	王氏，山西人，陵川，宗人鎮國將軍鍾坪妻。
女範	不分卷	胡氏		綠窗女史	胡氏，柳城人。
女範捷錄	十篇	劉氏	歷代婦女著作考卷 6	古今圖書集成閨媛典卷 3 閨媛總部總論二	劉氏，江寧人，王集敬妻，王相母。
女範篇	三	朱天球		未見	日本內閣文庫藏。
女範編	四	馮汝宗		單行本－明萬曆 31 年宛陵劉岩等刊本	
女學	不詳	徐泰	千頃堂書目卷 11 子部・儒家類	未見	徐泰（1429～1479）字士亨，號白生，海鹽人。
女鏡	八	夏樹芳	明史卷 97 藝文志 2 千頃堂書目卷 10 史部・傳記類	單行本－明萬曆間楊同春刻本	
內則類編	四	曹思學	明史卷 97 藝文志 2 千頃堂書目卷 10 史部・傳記類	未見	千頃堂書目記有萬曆丙辰序。

古今女鑑	不詳	同上	歷代婦女著作考卷6	未見	
古今列女傳評林	七	茅坤補、彭烊評		單行本－明萬曆間金陵富春堂刊本	
古今彤史	八	陳克仕	明史卷97藝文志2 千頃堂書目卷10史部·傳記類	未見	
古今貞烈維風什	四	許有穀	四庫全書總目卷62 史部18·傳記類4	單行本－明陽羨許氏刊本	
古今賢妾傳	不詳	丁雄飛	千頃堂書目卷10史部·傳記類	未見	
古俠女傳	六	鄒□□	千頃堂書目卷10史部·傳記類	未見	
四烈傳	一	吳國倫	千頃堂書目卷10史部·傳記類	未見	
列女傳演義	六	東海猶龍子輯、西湖鬚眉客評		單行本－明末古吳三多齋本	有人以為東海猶龍子係指馮夢龍所輯，也有人以為係他人所偽託。
孝節錄	不詳	秦約	千頃堂書目卷10史部·傳記類	未見	秦約（1316～？）字文仲，太倉人。
奇女子傳	四	吳震元	千頃堂書目卷10史部·傳記類	單行本－明末葉刊本	
姆訓	一	黃佐	明史卷96藝文志1	未見	黃佐（1490～1566），字才伯，香山人，正德16年進士。
孟姜女集	一	秦烈婦	千頃堂書目卷10史部·傳記類	未見	
河南烈女集	五	楊俊民	千頃堂書目卷10史部·傳記類	未見	
表烈外史	一	王祖嫡	千頃堂書目卷10史部·傳記類	未見	
昭節錄	一	文節婦葛氏	千頃堂書目卷10史部·傳記類	未見	
貞錄	四	蔣德璟		單行本	日本內閣文庫藏。
貞節錄	不詳	馮孜	千頃堂書目卷10史部·傳記類	未見	

書名	卷數	作者	著錄	版本	備註
貞懿錄	十六	楊應震		單行本－明天啟間潼津楊氏家刊本	
風教錄	不詳	鄧鈴	歷代婦女著作考卷 6	未見	鄧鈴，字德和，閩縣人，鄭坦妻。
婦訓	一	王敬臣	明史卷 96 藝文志 1	未見	
清風錄	五	王貞婦	千頃堂書目卷 10 史部·傳記類	未見	千頃堂書目記有嘉靖壬辰鄭琛序。
新婦譜	二十五篇	陸圻		叢書集成續編第 62 冊	
新婦譜補	十一篇	陳確		叢書集成續編第 62 冊	
溫氏母訓	一	陸氏	四庫全書總目卷 93 子部 3·儒家類 3	景印文淵閣四庫全書第 717 冊 清·陳弘謀，五種遺規·教女遺規	是書為溫璜筆錄其母陸氏所纂。
節婦錄	不詳	虞嬊	歷代婦女著作考卷 6	未見	虞嬊，號潔菴，武原人，海寧董湄妻。
壼訓集	不詳	朱氏	歷代婦女著作考卷 5	未見	朱氏，海寧人，舉人朱一是女，諸生查大讓妻。
閨戒	一	呂坤		呂司寇全書	
閨閤女四書集註	四	王相	歷代婦女著作考附錄一·合刻	單行本－為女誡、女論語、內訓、女範捷錄四書之合輯	日本內閣文庫藏。
閨範	四	呂坤	四庫全書總目卷 132 子部 42·雜家類 9 千頃堂書目卷 11 子部·儒家類	單行本－明啟禎間新安泊如齋刊本	
閨範	不詳	方仲賢	歷代婦女著作考卷 5	未見	仲賢，字維儀，桐城人，方大鎮女，姚孫棨妻，早寡。
閨範十集	六	黃希周		單行本－明刊朱墨套印本	
潞州四貞傳	一	不詳	千頃堂書目卷 10 史部·傳記類	未見	

雙節集	二	鄭氏	千頃堂書目卷 10 史部‧傳記類	未見	鄭氏，上饒人，楊廉為之序。
雙節錄	不分卷	不詳		單行本－明鈔本	
繪圖列女傳	十六	汪氏輯、仇英繪圖		單行本－清知不足齋刊本	
續列女傳	九	邵正魁	明史卷 97 藝文志 2 四庫全書總目卷 62 史部 18‧傳記類 4 千頃堂書目卷 10 史部‧傳記類	未見	正魁，字長孺，休寧人。

資料來源：本表主要依據《明史》藝文志（台北：鼎文書局，1991）、焦竑，《國史經籍志》、《景印文淵閣四庫全書總目》史部、子部（台北：台灣商務印書館，1986）清‧黃虞稷編，《千頃堂書目》（台北：廣文書局，1972）、胡文楷編，《歷代婦女著作考》（台北：鼎文書局，1973.5）；另參酌山崎純一，《教育からみた中國女性史資料の研究──女四書と新婦譜》（東京：明治書院，1986.10）姜賢敬，〈中韓女誡文學之研究〉，國立台灣師範大學國文研究所博士論文（1990.4）官修部分之排序按時間先後為序；私修部分則按書名筆畫為序。

徵引書目

壹、文獻史料

一、官書典籍

1. 漢・毛公傳、鄭元箋，唐・孔穎達注，清・阮元校勘，《毛詩正義》，收於《十三經注疏附校勘記本》，台北：大化書局據清嘉慶二十年南昌府學堂重刊宋本影印，1977。

2. 漢・孔安國傳，唐・孔穎達等正義，清・阮元校勘，《尚書正義》，收於《十三經注疏附校勘記本》，台北：大化書局據清・嘉慶二十年南昌府學堂重刊宋本影印，1977。

3. 漢・鄭玄注，唐・賈公彥疏，清・阮元校勘，《周禮注疏》，收於《十三經注疏附校勘記本》，台北：大化書局，據清嘉慶二十年南昌府學堂重刊宋本影印，1977。

4. 漢・鄭玄注，唐・孔穎達疏，清・阮元校勘，《禮記注疏》，收於《十三經注疏附校勘記本》，台北：大化書局據清嘉慶二十年南昌府學堂重刊宋本影印，1977。

5. 漢・鄭玄注，唐・賈公彥疏，清・阮元校勘，《儀禮注疏》，收於《十三經注疏附校勘記本》，台北：大化書局據清嘉慶二十年南昌府學堂重刊宋本影印，1977。

6. 漢・戴德撰，《大戴禮記》，收於《四部叢刊經部》，台北：台灣商務印書館據上海涵芬樓藏明袁氏嘉趣堂刊本景印。

7. 魏・王弼、韓康伯注，唐・孔穎達等正義，清・阮元校勘，《周易正義》，收於《十三經注疏附校勘記本》，台北：大化書局，據清嘉慶二十年南昌府學堂重刊宋本影印，1977。

8. 南朝宋・范曄撰，唐・李賢等注，《後漢書》，台北：鼎文書局，1991。

9. 明・朱元璋，《大誥武臣》，收於吳相湘主編，《中國史學叢書・明朝開國文獻》，台北：台灣學生書局，1966。

10. 明・夏吉撰，《明太祖實錄》、《明英宗實錄》、《明世宗實錄》，台北：中央研究院歷史語言研究所，1968.6。

11. 明・仁孝文皇后徐氏，《內訓》，收於清・紀昀等編，《景印文淵閣四庫全書》第 709 冊，台北：台灣商務印書館，1983～86。

12. 明・不著撰人，《高皇后傳》，台北：正中書局據明永樂四年內府刊本重印，1982。

13. 明・解縉等撰，《古今列女傳》，收於《景印文淵閣四庫全書》第 452 冊。

14. 明・朱翊鈞，《女誡、內訓序》，收於清・陳夢雷等輯，《古今圖書集成・閨媛典》，台北：鼎文書局，1985。

15. 明・呂毖校次，《明宮史》，收於《景印文淵閣四庫全書》第 651 冊。

16. 明・李東陽等奉敕撰，申時行等奉敕重修，《大明會典》，台北：東南書報社據萬曆十五年司禮監刊本影印，1963。

17. 明・馮繼科撰，《建陽縣志》，收於《天一閣藏明代方志選刊》第 31 冊，台北：漢學研究中心藏，明嘉靖年刊本。

18. 清・張廷玉撰，《明史》，台北：鼎文書局，1991。

19. 清・章平事撰，《諸暨縣志》，台北：漢學研究中心藏日本內閣文庫景照本，清康熙年間刊本。

20. 清・廖大聞等修，金鼎壽纂，《桐城續修縣志》，收於《中國方志叢書》，台北：成文出版社據清道光七年重印，1975。

21. 《景印文淵閣四庫全書總目》史部、子部，台北：台灣商務印書館，1986。

二、文集、筆記、小說及其他

1. 唐・鄭氏，《女孝經》，收於明・陶宗儀，《說郛》，《景印文淵閣四庫全書》第 880 冊，台北：台灣商務印書館，1989.2。

2. 唐・宋若華、宋若昭合撰，《女論語》，收入明・陶宗儀，《說郛》，《景印文淵閣四庫全書》第 880 冊，台北：台灣商務印書館，1989.2。

3. 宋・司馬光，《家範》，收於《景印文淵閣四庫全書》第 696 冊。

4. 宋・李氏，《女戒》，收於明・呂坤，《閨範》，《中國古代版畫叢刊二編》第 5 輯，上海：上海古籍出版社據明啟禎間新安泊如齋刊本重印，1994.10。

5. 宋・袁采，《袁氏世範》，收於《叢書集成新編》第 33 冊，台北：新文豐出版社，1985。

6. 元・陶宗儀，《輟耕錄》，收於《筆記小說大觀》第 7 編，台北：新興書

局，1982.11。

7. 元・鄭太和，《鄭氏規範》，收於《叢書集成新編》第 33 冊，台北：新文豐出版社，1985。

8. 元・釋思聰註解，《金剛般若波羅蜜經》一卷一冊，台北：國立國家圖書館藏有元至正元年（1341），中興路資福寺刊朱墨套印本，採經摺裝形式。

9. 明・不著撰人，《雙節錄》，台北：國家圖書館善本室藏，明鈔本。

10. 明・王孟箕，《家訓・御下篇》，收於清・陳弘謀輯，《五種遺規・教女遺規》。

11. 明・王朗川，《言行彙纂》，收於清・陳弘謀輯，《五種遺規・教女遺規》。

12. 明・王節婦，《女範捷錄》，收於清・陳夢雷等輯，《古今圖書集成・閨媛典》，台北：鼎文書局，1985。

13. 明・王錡，《寓圃雜記》，北京：中華書局，1984.6。

14. 明・丘濬，《大學衍義補》，收於《丘文莊公叢書》，台北：丘文莊公叢書輯印委員會據萬曆三十三年刊本重印，1972。

15. 明・朱瑞圖，《女史全編》，台北：國家圖書館善本室藏，明啟禎間萬卷堂刊本。

16. 明・朱鴻輯，《孝經彙編》，台北：國家圖書館善本室藏，明萬曆間仁和朱氏刊本。

17. 明・何倫，《何氏家規》，收於清・張伯行輯，《課子隨筆鈔》。

18. 明・何喬遠，《名山藏列傳》，收於周駿富輯，《明代傳記叢刊》第 78 冊，台北：明文書局印行，1991。

19. 明・佚名，《霞山文集》，台北：漢學研究中心藏日本內閣文庫景照本，明刊本。

20. 明・吳氏，《中饋錄》，收於明・秦淮寓客輯，《綠窗女史》，台北：國家圖書館善本室藏，明末心遠堂藏版。

21. 明・吳震元編撰，《奇女子傳》，台北：國家圖書館善本室藏，明末葉刊本。

22. 明・呂坤，《去偽齋文集》，收於《呂司寇全書》，台北：國家圖書館善本室藏，彙集明萬曆至清康熙間刊本。

23. 明・呂坤，《四禮翼》，收於《呂司寇全書》，台北：國家圖書館善本室藏，彙集明萬曆至清康熙間刊本。

24. 明・呂坤，《閨戒》，收於《呂司寇全書》，台北：國家圖書館善本室藏，彙集明萬曆至清康熙間刊本。

25. 明・呂坤，《閨範》，收於《中國古代版畫叢刊二編》第 5 輯，上海：上海古籍出版社據明啟禎間新安泊如齋刊本重印，1994.10。

26. 明·呂坤,《閨範》,收於清·陳弘謀輯,《五種遺規·教女遺規》,台北:台灣中華書局,1984.5。

27. 明·呂得勝,《小兒語》,收於清·陳弘謀輯,《五種遺規·養正遺規》,台北:台灣中華書局,1984.5。

28. 明·宋詡,《宋氏家要》,收於《北京圖書館古籍珍本叢刊》第 61 冊,北京:書目文獻出版社據明刻本縮印,1988。

29. 明·宋詡,《宋氏家規》,收於《北京圖書館古籍珍本叢刊》第 61 冊。

30. 明·宋濂,《宋文憲公全集》,收於《四部備要》第 515 冊,台北:台灣中華書局,1965。

31. 明·宋濂,《宋學士文集》,收於《國學基本叢書》,台北:台灣商務印書館,1968.12。

32. 明·宋應星,《天工開物》,收於《叢書集成續編》第 88 冊,台北:新文豐出版社,1989。

33. 明·沈德符,《萬曆野獲編》,收於《筆記小說大觀》第 15 編,台北:新興書局,1976。

34. 明·汪氏增輯、仇英繪圖,《繪圖列女傳》,台北:正中書局,據清知不足齋藏版重印,19971.8。

35. 明·汪廷訥,《人鏡陽秋》,台北:國家圖書館善本室藏,明萬曆二十八年新都環翠堂原刊本。

36. 明·周詩,《與鹿先生集》,台北:漢學研究中心藏日本內閣文庫景照本,明刊本。

37. 明·周如磐,《澹志齋集》,台北:漢學研究中心藏日本內閣文庫景照本,明萬曆四十七年刊本。

38. 明·東海猶龍子編、西湖鬚眉客評,《列女傳演義》,收於《古本小說集成》,上海:上海古籍出版社據明末古吳三多齋重梓,1990。

39. 明·金敞,《宗約》,收於清·張伯行輯,《課子隨筆鈔》,台北:文史哲出版社,1987.5。

40. 明·金敞,《宗範》,收於清·張伯行輯,《課子隨筆鈔》,台北:文史哲出版社,1987.5。

41. 明·姚舜牧,《藥言》,收於《叢書集成新編》第 33 冊,台北:新文豐出版社,1985。

42. 明·施閏章,《施愚山集》,安徽:黃山書社,1993.11。

43. 明·胡氏,《女範》,收於明·秦淮寓客輯,《綠窗女史》。

44. 明·胡應麟,《少室山房筆叢》,收於《景印文淵閣四庫全書》第 886 冊。

45. 明·茅坤增補、彭烊評,《古今列女傳評林》,收於《中國古代版畫叢刊

二編》第 4 輯，上海：上海古籍出版社據明萬曆間南京富春堂刊本重印，
1994.10。

46. 明・郎瑛，《七修類稿》，北京：中華書局，1961.9。

47. 明・夏樹芳，《女鏡》，台北：國家圖書館善本室藏，明萬曆間楊同春刻
本。

48. 明・徐三重，《明善全編》，收於《古今圖書集成・家範典》。

49. 明・秦懋德，《淮海吏隱稿》，台北：漢學研究中心藏日本內閣文庫景照
本，萬曆十六年刊本。

50. 明・秦鏷編，《求古齋訂正九經》，台北：國家圖書館善本室藏，明崇禎
十三年錫山秦氏刊本。

51. 明・張萱，《西園存稿》，台北：漢學研究中心藏日本內閣文庫景照本，
清康熙四年刊本。

52. 明・張萱，《西園聞見錄》，收於周駿富輯，《明代傳記叢刊》第 116 冊，
台北：明文書局，1991.10。

53. 明・張元禎撰，張默編，《東白張先生文集》，台北：漢學研究中心藏日
本內閣文庫景照本，明刊本。

54. 明・張淑媄，《刺繡圖》，收於明・秦淮寓客輯，《綠窗女史》。

55. 明・曹端，《曹月川集》，收於《景印文淵閣四庫全書》第 1243 冊。

56. 明・曹勳，《曹宗伯全集》，台北：漢學研究中心藏日本內閣文庫景照本，
清刊本。

57. 明・許有穀，《古今貞烈維風什》，台北：國家圖書館善本室藏，明陽羨
許氏刊本。

58. 明・許相卿，《許雲菏貽謀》，收於《叢書集成新編》第 33 冊，台北：新
文豐出版社，1985。

59. 明・許夢熊，《襟日樓草》，台北：漢學研究中心藏日本內閣文庫景照本，
萬曆十九年刊本。

60. 明・陳確，《陳確集》，北京：中華書局，1979。

61. 明・陳確，《新婦譜補》，收於《叢書集成續編》第 62 冊，台北：新文豐
出版社，1991。

62. 明・陳繼儒，《安得長者言》，收於王雲五等輯，《叢書集成初編》第 70
冊，上海：上海商務印書館據寶顏堂秘笈本排印，1936。

63. 明・陸圻，《新婦譜》，收於《叢書集成續編》第 62 冊，台北：新文豐出
版社，1991。

64. 明・陸楫編，《古今說海》，收於《景印文淵閣四庫全書》第 886 冊。

65. 明・湯顯祖，《牡丹亭》，台北：里仁書局，1986.4。

66. 明‧焦竑，《國史經籍志》台北：台北：廣文書局，1972。

67. 明‧馮琦，《北海集》，收於沈雲龍等輯，《明人文集叢刊》第 26 冊，台北：文海出版社據明萬曆末年雲間林氏刊本影印，1770。

68. 明‧馮汝宗，《女範編》，台北：國家圖書館善本室藏，明萬曆三十一年宛陵劉岩等刊本。

69. 明‧馮夢龍，《智囊》，河南：中州古籍出版社，1986.3。

70. 明‧馮夢龍，《醒世恆言》，台北：世界書局據明天啟七年葉敬池刊本景照，1983。

71. 明‧黃希周等撰，《閨範十集》，台北：國立故宮博物院藏，明刊朱墨套印本。

72. 明‧黃居中，《千頃齋初集》，台北：漢學研究中心藏日本內閣文庫景照本，明刊本。

73. 明‧黃嘉育，《古列女傳‧序》，收於清‧陳夢雷等輯，《古今圖書集成‧閨媛典》。

74. 明‧黃標，《庭書頻說》，收於清‧張伯行輯，《課子隨筆鈔》，台北：文史哲出版社，1987。

75. 明‧楊本仁撰，《少室山人集》，台北：漢學研究中心藏日本內閣文庫景照本，明刊本。

76. 明‧楊應震，《貞懿錄》，台北：國家圖書館善本室藏，明天啟間潼津楊氏家刊本。

77. 明‧楊繼盛，《楊忠愍公集》，收於《叢書集成新編》第 75 冊。

78. 明‧楊繼盛，《楊忠愍公遺筆》，收於《叢書集成新編》第 33 冊。

79. 明‧楊繼盛，〈諭應尾應箕兩兒〉，收於清‧張伯行輯，《課子隨筆鈔》。

80. 明‧溫璜述，《溫氏母訓》，收於《景印文淵閣四庫全書》第 717 冊。

81. 明‧葉良佩，《海峰堂前稿》，台北：漢學研究中心藏日本內閣文庫景照本，明嘉靖三十年刊本。

82. 明‧詹詹外史評輯，《情史》，瀋陽：春風文藝出版社，1986.7。

83. 明‧趙南星，《女兒經註》，收於《教家二書》，台北：中央研究院傅斯年圖書館藏，清光緒間高邑趙氏修補重刊本。

84. 明‧趙南星，《味檗齋文集》，收於《叢書集成新編》第 75 冊，台北：新文豐出版社，1985。

85. 明‧劉孔當，《劉喜聞先生集》，台北：漢學研究中心藏日本內閣文庫景照本，明萬曆三十九年刊本。

86. 明‧蔡獻臣，《清白堂稿》，台北：漢學研究中心藏日本尊經閣文庫景照本，明崇禎年刊本。

87. 明·衛泳,《悅容編》,收於明·秦淮寓客輯,《綠窗女史》,台北:國家圖書館善本室藏,明末心遠堂藏版。

88. 明·鄭氏,《女教篇》,收於《古今圖書集成·閨媛典》。

89. 明·霍韜,《霍渭厓家訓》,收於王雲五編,《涵芬樓秘笈》第 1 冊,台北:台灣商務印書館,1967。

90. 明·薛瑄,《薛敬軒先生文集》,收於《叢書集成新編》第 75 冊。

91. 明·謝肇淛,《五雜俎》,台北:偉文圖書出版公司,1977.4。

92. 明·歸有光,《震川先生別集》,收於《國學基本叢書》第 310 冊,台北:台灣商務印書館,1968.12。

93. 明·歸有光,《震川先生集》,收於《國學基本叢書》,台北:台灣商務印書館,1968.12。

94. 明·魏文焴,《石室私抄》,台北:漢學研究中心藏日本內閣文庫藏景照本,明崇禎四年刊本。

95. 明·龐尚鵬,《龐氏家訓》,收於《叢書集成新編》第 33 冊,台北:新文豐出版社,1985。

96. 明·顧炎武,《天下郡國利病書》,收於《四部叢刊廣編》21 冊,台北:台灣商務印書館據上海涵芬樓景印崑山圖書館原編第九冊藏稿本。

97. 明·顧炎武,《日知錄》,台北:台灣商務印書館,1978.6。

98. 清·毛奇齡,《勝朝彤史拾遺記》,收於周駿富輯,《明代傳記叢刊》第 70 冊,台北:明文書局,1991。

99. 清·周亮工,《書影》,台北:漢京文化事業有限公司,1984.3。

100. 清·查琪,《新婦譜補》,收於《叢書集成續編》第 62 冊。

101. 清·徐康,《前塵夢影錄》,收於《叢書集成初編》第 251 冊,上海:商務印書館,1937.6。

102. 清·章學誠,《文史通義》,台北:廣文書局印行,1967.11。

103. 清·焦循,《雕菰集》,收於《叢書集成初編》第 347 冊。

104. 清·黃丕烈,《士禮居藏書題跋記續》,收於《叢書集成新編》第 2 冊,台北:新文豐出版社,1985。

105. 清·黃虞稷編,《千頃堂書目》,台北:廣文書局,1972。

106. 清·葉德輝,《書林清話》,台北:世界書局,1988。

107. 清·蔣伊,《蔣氏家訓》,收於《叢書集成新編》第 33 冊。

108. 清·錢泳,《履園叢話》,收於沈雲龍等編,《近代中國史料叢刊續輯》第 813 冊,台北:文海出版社,1981。

109. 清·藍鼎元,《女學》,收於沈雲龍編,《近代中國史料叢刊續輯》第 41 冊。

110. 清‧顏元，《習齋記餘》，收於《叢書集成初編》第 385 冊。

111. 清‧魏象樞，《寒松堂全集》，北京：中華書局，1996.8。

112. 清‧顧廷龍、潘承弼同纂，《明代版本圖錄初編》，台北：文海出版社，1971。

貳、今人論著

一、中文著作

甲、專　書

1. 王伯敏，《中國版畫史》，台北：蘭亭書店，1986。

2. 何冠彪，《生與死：明季士大夫的抉擇》，台北：聯經出版社，1997。

3. 吳晗編，《朝鮮李朝實錄中的中國史料》，北京：中華書局，1980.3。

4. 李致忠，《歷代刻書考述》，成都：巴蜀書社，1990.4。

5. 周樹人（魯迅）、鄭振鐸同編，《中國版畫史圖錄》，版畫叢刊會影印，1934。

6. 周蕪，《中國版畫史圖錄》，上海：上海人民美術出版社，1988.10。

7. 胡文楷，《歷代婦女著作考》，台北：鼎文書局，1973.5。

8. 馬泰來，《中國圖書文史論集──錢存訓先生八十榮慶紀念》，台北：正中書局，1991。

9. 張秀民，《中國印刷史》，上海：上海人民出版社，1989。

10. 張秀民，《張秀民印刷史論文集》，北京：印刷工業出版社，1988。

11. 張敬註譯，《列女傳今註今譯》，台北：台灣商務印書館，1996.4。

12. 張薔編，《鄭振鐸美術文集》，北京：人民美術出版社，1985.6。

13. 陳東原，《中國婦女生活史》，台北：台灣商務印書館，1990.12。

14. 喬衍琯、張錦郎，《圖書印刷發展史論文集》，台北：文史哲出版社，1982。

15. 喬衍琯、張錦郎，《圖書印刷發展史論文集續編》，台北：文史哲出版社，1977。

16. 彭信威，《中國貨幣史》，上海：人民出版社，1958.11。

17. 雷良波、陳陽鳳、熊賢軍合著，《中國女子教育史》，湖北：武漢出版社，1993.5。

18. 杜學元，《中國女子教育通史》，貴州：貴州教育出版社，1995。

19. 魏隱儒，《中國古籍印刷史》，北京：印刷工業出版社，1988。

20. 羅樹寶，《中國古代印刷史》，北京：印刷工業出版社，1993。

乙、論 文

1. 丁偉忠，〈明代的婦女教育〉，《中國典籍與文化》，1994 年第 3 期。

2. 王春瑜，〈論明代江南園林〉，《中國史研究》，1987 年第 3 期。

3. 王重民，〈套版印刷法起源於徽州說〉，收於上海新四軍歷史研究會印刷印鈔分會編，《雕版印刷源流》中國印刷史料選輯之一，北京：印刷工業出版社，1990.9。

4. 王家范，〈明清江南消費風氣與消費結構描述──明清江南消費經濟探測之一〉，《華東師範大學學報（哲社版）》，1988 年第 2 期。

5. 王鍾翰，〈北京書肆記〉，收於清・葉德輝等著，《書林掌故》，九龍：孟氏圖書公司，1972.7。

6. 安碧蓮，〈明代婦女貞節觀的強化與實踐〉，中國文化大學史學研究所博士論文，1995。

7. 衣若蘭，〈近十年兩岸明代婦女史研究評述（1986～1996）〉，《國立臺灣師範大學歷史學報》第 25 期，1997.6。

8. 衣若蘭，〈從「三姑六婆」看明代婦女與社會〉，國立臺灣師範大學歷史研究所碩士論文，1997.6。

9. 吳哲夫，〈明代版畫的發展與特色〉，收於《明代版畫藝術圖書特展專輯》，台北：國立中央圖書館編，1989.12。

10. 吳燕娜，〈貞順節烈足夠嗎？由女兒書看古代對有智婦女之重視〉，《九州學刊》5：1，1992.7。

11. 李東鄉，〈唐代傳奇小說叢考〉，國立臺灣大學中國文學研究所碩士論文，1970.6。

12. 李美娟，〈正史列女傳研究〉，國立政治大學中國文學研究所碩士論文，1983。

13. 李貞德，〈超越父系家族的藩籬：台灣地區「中國婦女史研究」（1945～1995）〉，《新史學》7：2，1996.6。

14. 李飛，〈中國古代婦女孝行史考論〉，《中國史研究》，1994 年第 3 期。

15. 李媛珍，〈明代的命婦生活〉，國立中正大學歷史學研究所碩士論文，1997。

16. 周婉窈，〈清代桐城學者與婦女的極端道德行為〉，《大陸雜誌》87：4，1993.10。

17. 周舸岷，〈《三言》、《二拍》反映的明代後期物價和市民經濟生活〉，《浙江師大學報》，1980 年第 1 期。

18. 昌彼得，〈套版印刷術的演進〉，收於《明代版畫藝術圖書特展專輯》，台北：國立中央圖書館編，1989.12。

19. 林柏亭，〈明代刻本與明代畫家的參與〉，收於《明代版畫藝術圖書特展

專輯》，台北：國立中央圖書館編，1989.12。

20. 林麗月，〈孝道與婦道：明代孝婦的文化史考察〉，《近代中國婦女史研究》第 6 期，台北：中央研究院近代史研究所編輯，1998.8。

21. 林麗美，〈《三言二拍》中的女性研究〉，國立中央大學中國文學研究所碩士論文，1995。

22. 邱仲麟，〈不孝之孝：隋唐以來割股療親現象的社會史考察〉，國立臺灣大學歷史學研究所博士論文，1997.6。

23. 姜賢敬，〈中韓女誡文學之研究〉，國立臺灣師範大學國文研究所博士論文，1990.4。

24. 姜賢敬，〈劉向《列女傳》探微〉，國立臺灣師範大學國文研究所碩士論文，1986.5。

25. 徐秀芳，〈以教育和法律的角度試論唐代婦女的角色〉，國立清華大學歷史研究所碩士論文，1988.6。

26. 徐泓，〈明代家庭的權力結構及其成員間的關係〉，《輔仁大學歷史學報》第 5 期，1993.12。

27. 徐秉愉，〈正位於內──傳統社會的婦女〉，收於《（吾土與吾民）中國文化新論社會篇》，台北：聯經出版社，1989。

28. 秦佩珩，〈明代米價考〉，收於《明代社會經濟史論稿》，河南：中州出版社，1984。

29. 翁同文，〈印刷術對於書籍成本的影響〉，《清華學報》6：1，1967.12。

30. 袁同禮，〈明代私家藏書概略〉，《圖書館學季刊》2：1，1927.9。

31. 袁逸，〈明後期我國私人刻書業資本主義因素的活躍與表現〉，《浙江學刊》雙月刊，1989 年第 3 期。

32. 馬濤，〈論呂坤的閨範圖說〉，《河北師院學報（社會科學版）》，1991 年第 1 期。

33. 張秀民，〈明代徽派版畫黃姓刻工考略〉，收於《張秀民印刷史論文集》，北京：印刷工業出版社，1988。

34. 張鳴岐，〈中國古代的女子教育課本：《女四書》〉，《文史知識》，1988 年第 6 期。

35. 張建，〈宋民政府之域外賜書與書禁探研──以韓日兩國為例〉，收於《第三屆中國域外漢籍國際學術會議論文集》，台北：聯經出版社，1990.11。

36. 莊伯和，〈明代小說繡像版畫所反映的審美意識〉，收於《明代版畫藝術圖書特展專輯》，台北：國立中央圖書館編，1989.12。

37. 許培基，〈蘇州的刻書與藏書〉，《文獻》第 26 期，1985.4。

38. 陳東原，〈中國的女子教育──過去的歷史與現在的缺點〉，收於鮑家麟

編，《中國婦女史論集續集》，台北：稻鄉出版社，1991。

39. 陳昭珍，〈明代書坊之研究〉，國立臺灣大學圖書館學研究所碩士論文，1984。

40. 陶晉生，〈北宋士族婦女的教育〉，《中央研究院歷史語言研究所集刊》第67本，1996.3。

41. 費絲言，〈由典範到規範——從明代貞節烈女的辨識與流傳看貞節觀念的嚴格化〉，國立臺灣大學歷史學研究所碩士論文，1997.6。

42. 黃才郎，〈明代版刻圖像的畫面經營〉，收於《明代版畫藝術圖書特展專輯》，台北：國立中央圖書館編，1989.12。

43. 黃嫣梨，〈中國婦女教育之今昔〉，收於鮑家麟編，《中國婦女史論集續集》，台北：稻鄉出版社，1991。

44. 楊繩信，〈歷代刻工工價初探〉，收於新四軍歷史研究會印刷印鈔分會編，《歷代刻書概況》，上海：印刷工業出版社，1991.9。

45. 蒲隆、楊士虎譯，原著者（Katherine Carlitz）〈慾望、危險、身體——中國明末女德故事〉，收於李小江等主編，《性別與中國》，北京：生活、讀書、新知三聯書店，1994.6。

46. 葉長青，〈閩本考〉，《圖書館學季刊》2：1（1927.9）

47. 葉萬忠，〈蘇州歷史上的刻書和藏書〉，收於《古籍論叢》，福州：福建人民出版社，1982。

48. 葉樹聲，〈明代南直隸江南地區私人刻書概述〉，《文獻》，1987年第2期。

49. 董家遵，〈歷代節烈婦女的統計〉，收於鮑家麟編，《中國婦女史論集》，台北：牧童出版社，1979。

50. 董家遵著，卞恩才整理，〈明清學者關於貞女問題的論戰〉，收於《中國古代婚姻史研究》，廣州：廣東人民出版社，1995。

51. 詹康，〈明代的教化思想〉，國立臺灣大學政治研究所碩士論文，1993.7。

52. 熊秉貞，〈明清家庭中的母子關係——性別、角色及其他〉，收於李小江等主編，《性別與中國》，北京：生活、讀書、新知三聯書店，1994.6。

53. 劉詠聰，〈中國古代的女禍史觀〉，收於《女性與歷史——中國傳統觀念新探》，台北：台灣商務印書館，1995.1。

54. 潘銘燊，〈書業惡風始於南宋考〉，《香港中文大學中國文化研究所學報》，1981年第12卷。

55. 鄭桂瑩，〈元朝婦女的守節與再嫁——以律令為主的討論〉，清華大學歷史研究所碩士論文，1995.7。

56. 鄭培凱，〈天地正義僅見於婦女：明清的情色意識與貞淫問題〉，《當代》16、17（1987.8～9）收於鮑家麟編，《中國婦女史論集》（三）、（四），

台北：稻鄉出版社，1993、1995。

57. 鄧前成，〈明代婦女的貞節問題〉，《四川師範大學學報（文哲版）》，1989
年第 6 期。

58. 盧建榮，〈從書寫材料看三至七世紀女性的社會形象塑模〉，發表於「神
話、傳說與歷史──先秦兩漢魏晉南北朝的婦女與兩性」學術研討會，
台北：臺灣大學人口研究中心婦女研究室，1996。

59. 蕭東發，〈建陽余氏刻書考略〉，收於上海新四軍歷史研究會印刷印鈔分
會編，《歷代刻書概況》，北京：印刷工業出版社，1991.9。

60. 聶崇岐，〈女子再嫁問題之歷史的衍變〉，收於鮑家麟編，《中國婦女史論
集》，台北：牧童出版社，1979。

61. 羅溥洛（Paul Ropp）著，梁其姿譯，〈明清婦女研究：評介最近有關之
英文著作〉，《新史學》2：4，1991.12。

62. 嚴佐之，〈論明代徽州刻書〉，《社會科學戰線》，1986 年第 3 期。

63. 巔鈔，〈明萬曆時刻書價格〉，《中華日報》，1954 年 3 月 30 日，第 6 版。

二、外文著作

1. 大木康，《明末江南における出版文化の研究》《廣島大學文學部紀要》
第 50 卷特輯號 1，1991.1。

2. 大木康，〈明末における白話小說の作者讀者について〉，《明代史研究》
第 11 號，1983。

3. 中山八郎，〈明朝內廷の女訓書について〉，《明代史研究》第 2 號，1975.3。

4. 酒井忠夫，《中國善書の研究》，豐島：國書刊行會，1972.12。

5. 酒井忠夫，〈明代の日用類書と庶民教育〉，收入林友春編，《近世中國教
育史研究──その文教政策と庶民教育》，東京：國土社，1958.3。

6. 磯部彰，〈明末における『西遊記』の主體的受容層に關する研究──明
代「古典的白話小說」の讀者層をめぐる問題について〉，《集刊東洋學》
第 44 號，1980。

7. 山崎純一，《教育からみた中國女性史資料の研究──女四書と新婦
譜》，東京：明治書院，1986。

8. 林維紅, "Chastity in Chinese Eyes：Nan-Nü Yu-Pieh," 《漢學研究》9：2，
1991.12。

9. Carlitz Katherine N., "The Social Uses of Female Virtue in Late Ming
Editions of Lienü Zhuan," *Late Imperial China* ,12：2,1991.12.

10. Carlitz, Katherine N. , "Desire,Danger,and the Body：Stories of Women's
Virtue in Late Ming China," in Christina K. Gilmartin, Gail Hershatter,Lisa
Rofel, Tyrene White, *Engendering China：Women, Culture, and the State,*

Cambridge：Harvard University Press, 1994.

11. Carlitz, Katherine N., "Writing for Women and Writing for Oneself：Lü Kun's Gui Fan Tu Shuo（閨範圖說）and Shen YinYu（呻吟語），"《性別的文化建構：性別、文本、身體、政治，國際學術研討會論文集》第 2 版，新竹：清華大學，兩性與社會研究室，1997.5。

12. Furth,Charlotte, "The Patriarch's Legacy：Household Instructions and the Transmission of Orthodox Values," in Kwang-Ching Liu,eds.,*Orthodox in Late Imperial China*,Berkeley：University of California Press,1990.

13. Elvin, Mark, "Female Virtue and the State in China," *Past and Present*, No.104,1984.

14. Handlin ,Joanna F., "Lü Kun's New Audience：The Influence of Women's Literacy on Sixteenth Century Thought," in Margery Wolf and Roxane Witke eds.,*Women in Chinese Society,* Standford：Standford University Press, 1975.

15. Holmgren,Jennifer, "The Economic Foundations of Virtue： Widow-Remarriage in Early and Modern China," *The Australian Journal of Chinese Affairs*, No.13,1985.1.

16. Ko, Dorothy,（高彥頤）*"Toward a Social History of Women in Seventeenth-Century China,"* Ph. D. dissertation, Standford: Standford University,1989.

17. Ko, Dorothy, *Teachers of the Inner Chambers: Women and Culture in Seventeenth–Century China*, Stanford：Standford University Press,1994.

18. Mann ,Susan, "The Education of Daughters in the Mid-Ch'ing Period," in Benjamin A.Elman and Alexander Woodside,*Education and Society in Late Imperial China,1600-1900*, California: California University Press,1996.

19. Soulliere ,Ellen Felicia, " *Palace Women in the Ming Dynasty: 1368-1644,"* Ph. D. dissertation, Princeton University,1987.

20. Tao ,Chia-lin Pao, "Women and Jealousy in Trtaditional China," 《中國近世社會文化史論文集》，台北：中央研究院歷史語言研究所，1992。

21. Wu ,K.T.,（吳光清）"Ming Printing and Printers," *Havard Journal of Asian Studies,*7：3,1943.2.